浙江省重点学科“新闻传播学”研究成果
浙江传媒学院新闻传播研究院成果

电视传播与影响力

黄鸣刚　著

中国广播影视出版社

图书在版编目（CIP）数据

电视传播与影响力 /黄鸣刚著. --北京：中国广播影视出版社，2016.12
ISBN 978-7-5043-7802-6

Ⅰ.①电… Ⅱ.①黄… Ⅲ.①电视—传播媒介—研究 Ⅳ.①G22

中国版本图书馆CIP数据核字（2016）第299899号

电视传播与影响力
黄鸣刚 著

策　　划：庞　强　刘　媛
责任编辑：周　玲
封面设计：何漫·贝壳悦读

出版发行：中国广播影视出版社
电　　话：010-86093580　010-86093583
社　　址：北京市西城区真武庙二条9号
邮　　编：100045
网　　址：www.crtp.com.cn
电子信箱：crtp8@sina.com

经　　销：全国各地新华书店
印　　刷：北京市媛明印刷厂

开　　本：710毫米×1000毫米　1/16
字　　数：286（千）字
印　　张：16
版　　次：2016年12月第1版　2016年12月第1次印刷

书　　号：ISBN 978-7-5043-7802-6
定　　价：48.00元

前　言

自20世纪二战结束开始，电视迅速成长为西方社会最有影响力的媒体，这种成长尽管在不同国家有不同的路径，但是基本上离不开电视对国家政治大事的直播和各种突发事件的现场报道，因此电视开始了其相对而言较长的一个黄金时期。在这一段黄金时期，电视新闻产生的巨大影响力，几乎无人能够否认，因为它是直观的、眼见为实的，与事件的发生是同步的，所以具有其他媒介无法比拟的传播优势，尤其是在卫星电视出现之后，全世界共享同一重大国际事件已经成为现实，比如2001年美国纽约双塔被袭事件和2008年中国汶川地震报道。

任何事物的发展都会遇到新的变化和挑战。进入21世纪以来，新媒体技术以日新月异的速度呈跳跃式发展，西方发达国家的民众已经开始目睹一些纸质媒体的撤并或者倒闭，互联网和手机传播以及互动功能带走了大批受众，同时，由新媒体引起的一系列媒介和社会的改变引起了全世界广泛的关注和热烈的讨论，对于电视形成的挑战，也使得业界感受到了很大的压力。比如在美国，除了Google、维基百科、Facebook等等向web2.0迈进的网站正在吸引大量受众以外，后来被Google收购的视频网站YouTube也在同时迅速崛起，成为全球网民共同培育的一个视频网站。西方电视媒体正在经受的这一挑战和积极应对其实也已经在中国上演。尽管中国特殊的媒体政策还在保护着所属关系方面隶属于国家的电视媒体，但是自21世纪以来，互联网在中国的扩张有目共睹，近年来随着新技术的进一步发展，手机互联网一体化的传播更快地蚕食着传统媒体的受众，尤其是年轻受众。不仅如此，日渐活跃的社交媒体比如微博、微信和手机客户端正在吸引越来越多的社会精英，呈现出直接沟通政府与受众从而抛弃传统媒介的巨大力量，电视媒体正面临公信力下降和影响力递减的危险。

人无信不立，媒体也一样。公信力是媒体的核心竞争力。公信力在很大程度上决定着媒体传播信息功能的发挥。媒介实现的传播效果的优劣与媒介的公信力是紧密相关的。这一观点最早在霍夫兰的“可信性研究”中就有论证：信源的可信度高，则说服力度大，说服效果好；可信度越低，则说服力度小，说服效果差。在传播活动中，公信力高的媒体更易被受众接受，公信力低则相反。所以，拥有良好公信力的媒体，才能产生良好的传播效果。公信力决定着媒介是否被信任，是否被理解，也决定着媒介在社会中的影响力。我国长期以来，电视媒体都被认为是最具影响力、最权威的媒体，特别是视听兼备的电视新闻，往往使受众将“新闻”等同于“事实”。但是传媒技术的发展使得新媒体带走了大量受众、大量的意见领袖，当突发事件发生之后，人们已经开始习惯于从网络得到答案，而不再是电视。我国的电视媒介作为国家新闻宣传的重要组成部分，是党和国家的喉舌，更应该重视保持强大的影响力和良好的公信力，才能长期保持对受众的感召和吸引，更好地发挥在我国传媒领域的领军作用。电视一旦失去受众，影响力和公信力便无从谈起。在这种情况下，电视媒体作为传统的主流媒体急需重新找回自己的位置。如何在网络时代，电视媒体实现与网络传播达到双赢、重塑电视媒体的影响力和公信力就成为一个很现实的问题。

新媒体的冲击是巨大的，过去电视占用人们的时间现如今被各种新媒体取代，过去电视带来的万人空巷的时代已经远去。现在，网络的使用已经跨越了年龄，从年轻人群迅速向儿童和中老年人扩展。近年来，伴随着宽带网络的普及，互联网在线播放视频的清晰度也已经与电视不相上下，有些甚至超过电视。微内容、碎片化、即时性、个性化……新媒体吸引了越来越多人的眼球，也深刻地改变了人们的生活方式、思维习惯甚至生活关系。面对新媒体的冲击，我国各类传统媒体无不纷纷开始寻求应对之策，而其中与新媒体进行合作以拓展发展空间的做法已正在成为我国主流媒体方兴未艾的策略之一。在这种情形下，具有大众传播优势的我国电视新闻在新媒体时期将何去何从、与新媒体如何互动以保持已有的传播影响力等问题可谓迫在眉睫，尤其是在电视新闻的生产和社会舆论的影响层面，如何在特殊的社会转型期和全球新媒体迅速发展的当下，清晰地寻找到一条跨越思想和现实的边界，将理论和实践相结合的融合发展路径，不仅关乎电视媒体自身何去何从的发展问题，也关乎稳定政治经济秩序的建构等问题。

目　录 /CONTENTS

第 3 章 民生新闻与社会认知

第 4 章 娱乐节目与文化责任

第 7 章 危机传播与心理影响

第 1 章　社会转型与改革压力

从 1978 年我国迈入社会转型期以来，社会结构发生了很大的变化，其中社会阶层结构的变化尤为显著，整个社会结构呈现出一种不断细化和不停重组的趋势。改革开放以来，中国社会已分化为十大社会阶层，凡是现代化社会阶层的基本构成都已具备，现代化的社会阶层位序已经确立，一个现代化社会阶层结构已经在中国形成的这种变化，不仅波及与社会政治、经济紧密相关的一些领域，如国家政治方针、经济政策制度的制定和实施，作为社会文化组成部分的大众传播业也不可避免地受到了影响。建立在原有阶层结构之上并为之服务的电视传播业，为适应新的社会转型的需要也不得不随势而变，从而引发在不同层面上的变革。

第1节　社会转型中的影响与矛盾

一个社会的基本特征是多方面的，有经济的基本特征、政治的基本特征、文化的基本特征，相应的，社会的“型”也是多方面的，有经济之型、政治之型、文化之型等等。把握社会之型的常用方式是对社会做横向或纵向的分型，横向分型是从地域的角度划分社会之型，纵向分型是从历史的角度划分社会之型。科学的分型理论能够让人更清楚地认识社会历史，进而深入地把握社会历史的演进趋势和未来趋向，并对社会转型所引起的各种社会现象做出科学合理的解释和分析。

一、社会转型的内涵界定

社会转型理论可以反映不同社会基本特征内涵的社会理想和价值观念，实现人类对自身的认识和批判。社会转型不是纯粹的事实问题，其中不可避免地包含着价值问题。对现实社会和历史做出某种分型，或者以某种价值观念为前提，或者是能够导出某种价值观念。人们常常通过对社会转型的机理进行分析，评判当前的社会现实，以表达对美好社会生活的向往和追求。

其一，社会转型的界定。

社会学、人类学和文化学中认为社会和文化也有式样或类型。社会之型是一种类比的说法，指一个社会与另一个社会相区别的基本特征。社会之型被杂乱无序的现象所遮蔽，必须经过认真的考察、分析，透过纷繁芜杂的表面现象，揭示出社会的内在秩序，这样才能发现社会的基本特征。

“社会转型”是一个有特定含义的社会学术语，源自英文Social Transformation，它在社会学上的本来含义是指从农业的、乡村的、封闭的社会，向工业的、城镇的、开放的社会转变。而根据马克思主义哲学，上述意义下的“社会转型”实质上是一种技术社会形态的变化。“社会转型”的思想是西方社会功能结构学派现代化理论的经典思想。西方社会学家借用这个概念来描绘社会结构具有进化意义的转变和性变，用来说明传统社会向现代社会的转换。西方较早使用“社会转型”一词的是社会学者D·哈利生。台湾学者认为“发展就是由传统社会走向现代社会的一种社会转型与成长过程”[①]。而国内研究提出社会转型是指社会发展过程中发生的一种整体的全面的结构过渡状态，它包括社会结构的转换、社会体制的更新、社会利益的重组与价值观念的嬗变。简言之，社会转型就是社会由一种类型转向另一种类型[②]，并呈现出过程性、阶段性、不平衡性的发展特征。

其二，中国社会转型的两个转变。

当代中国的社会转型是指我国从传统型社会向现代型社会、从农业社会向工业社会、从封闭性社会向开放性社会的转变和过渡。具体地说，从传统型社会向现代型社会的转变是传统型的消解和现代性的生成过程，它表现在物质生活、社会生活、政治生活和精神生活的转型。物质生活由自然经济过渡到市场经济，与此相应，社会生活逐步由权力主导型关系向权利主导型关系过渡，政治生活逐步向民主过渡，精神生活逐步由集体主义向个人主义过渡。

1978年以来的社会变迁，中国社会发生了两个重要方面的转变：一是社会结构的转变，即从农业的、乡土的、封闭半封闭的传统社会向工业化的、城市化的、开放的现代社会转变，这是一个发展问题；二是经济体制的转变，即从高度集中的计划经济向市场经济转变，这是生产、交换方式的转变，是我国社会特殊的进程，这是一个改革问题。正是这两种转变同时并进，相互推动又相互制约，呈现出结构冲突和体制摩擦交织在一起的态势，反映出当前我国社会发展的重要特征。

---

① 范燕宁．当前中国社会转型问题研究综述［J］．哲学动态，1997（1）：18.

② 郦正、钟贤巍．当代社会发展趋势与中国社会的结构转型［J］．社会学，2005（1）：6.

当代中国正处在社会转型时期。这次社会转型本质上是一场在新的历史条件下启动的，以社会主义市场经济为基本起点，物质生活、社会生活、政治生活和精神生活的现代化为总体价值目标的现代化运动。在这一过程中，生产力的发展、交往的扩大、体制的更新，带来利益关系的分化和重组，冲击原有的各种社会关系，引起了社会各方面的巨大变化，并影响到人们之间的沟通和交流，最终影响到传播系统的转型。

二、社会阶层的分化和影响

根据社会学界的研究，当前我国的社会阶层结构经过转型期的分化演变已初步定型，并将在相当长时间内成为我国社会关系的基本模式。“一个社会的阶级阶层结构发生重大变化的时期，往往也是该社会发生划时代变化的时期。从某种意义上说，社会划时代性变化，就是这个社会的阶级阶层结构的时代性变化”[①]。中国社会科学院“当代中国社会阶层结构课题组”于 2002 年发布研究报告，提出当前我国的社会阶层结构通过 20 多年的分化与流动，一个现代化的以职业为基础的社会阶层结构已初步孕育形成。

所谓社会阶层结构，实质上是一种社会资源、社会机会在不同群体和个人之间进行分配的稳定性模式。社会阶层结构的初步定型，也就是资源配置格局的初步形成：资源向着特定阶层重新积聚并呈现出不均衡趋势，不平等机制逐渐形成。可以根据三种资源的拥有量和其所拥有的资源的重要程度将当代中国社会各阶层结构划分为三大块：强势集团：拥有充分的组织资源的国家与社会高层管理者，拥有充分的文化资源或组织资源的大型企业经理人员，拥有充分的文化资源的高级专业人员，拥有充分的经济资源的大私营企业主；中间阶层：拥有相当的或一定的组织资源、经济资源、文化资源的国家与社会管理者、经理人员、私营企业主、专业技术人员、办事人员、个体工商户、商业服务人员、产业人员、农业劳动者；弱势群体：由仅仅拥有很少量的或基本没有三种资源的商业服务产业员工、产业工人、农业劳动者、城乡无业失业半失业者构成。

其一，阶层分化的积极影响。

一是推动从“身份社会”到“契约社会”的转化。传统社会结构是一种以身份为核心的高度凝固化的社会结构形式。身份是凝固化的，人们很难通过后天努力自主地获取某种身份。在契约社会中每个人可以通

① 陆学艺．当代中国社会流动［M］．北京：社会科学文献出版社，2004：206.

过自身的努力，在遵守和履行契约的过程中实现自由流动。从身份到契约的转变，其实质是人的解放，是用法治取代人治，用自由流动取代身份限制，用后天努力取代先赋资格。现在，高校招生考试、自学考试、国家公务员制度、差额选举制度、住房制度改革等，无不使利用身份优势获取利益的余地大大缩小，这些都表明中国正加快向“契约社会”过渡。

二是推动民主化和法制化的进程。社会阶层分化本身并不属于民主和法制建设的范畴，但能够为民主和法制建设提供生长点，从这次社会阶层分化的情况来看，这种推动作用集中体现在三个方面：其一，农民的主体意识迅速觉醒，其民主意识和法制观念也在不断增强。瓦解了中国社会非民主、非法制因素的社会根基。其二，随着社会阶层的发展和稳定，各阶层群体寻求表达自己利益要求的机会和以法律手段保护自己利益的愿望不断加强，民主与法治建设正成为阶层出于维护自身利益需要的真实的内在需要。其三，社会阶层分化已经在继续改变着当代中国的政治权力结构。社会阶层分化，政治权力结构在它的基础层面上发生了虽然力度不是很大，但却是引人注目的变化，即以党政机构、党政官员为核心，以企业家和知识分子等阶层为重要方面，开始共同形成了一种新的社会权力结构。

三是加速了政治体制改革和政府职能转变。转型后社会阶层开始发生变化，阶层群体的多层化产生的不同利益表达，利益竞争和利益矛盾改变了经济运行和社会运行机制，增强了社会活力，推动和促进了社会主义政治制度的完善和发展。党和国家为了实现各阶层利益的兼顾和各阶层利益的最大限度满足，通过政治活动和国家管理手段来协调各自的利益关系，逐步实行了政治体制的改革，党政分开、政企分开、实施依法治国方略等等都是这方面的体现。

此外，社会阶层的分化还促进了政府职能部门的转变，使政府从直接干预生产转向利益协调和社会保障等的管理；使政府在利益协调方面从较多地依靠行政协调转向更多地依靠法律协调。

其二，阶层分化的消极影响。

一是引起一定的社会非公正趋向。公正从一般意义上说，是指从某种道德规范出发，对社会关系做出的一种主观评价，因而它实质是某种社会关系的观念表现。它反映社会生活中人们的权利与义务，作用与地位，行为与报偿之间是否相适应。公正体现的是对利益的最完全的保护，不仅保护个人利益，也保护集体利益、社会利益。它强调社会在分配权利和义务时必须遵循公正的道德准则，也要求在调节人与人之间的相互关系时必须遵循公正的道德要求。

在社会阶层分化的实际过程中会产生一系列问题，使社会公正面临新的挑战，甚至使社会公正遭到严重的侵蚀。一是社会转型时期，社会分配秩序存在一定程度的混乱和非规则化，必然产生社会分配不公和社会公正遭到严重践踏。二是一些重要领域的体制改革较为滞后，一些部门、单位和个人凭借计划体制赋予的优势地位，在市场交换中换取高额的特殊利益、垄断利益，成为规则不公平的最大受益者。三是一定程度上，政府职能转换滞后、政府调控缺位、阶层群体分化失控，导致社会不公分配，违法乱纪时有发生，而政府对非法违规行为有时不能有效地惩处和控制，有时也未能对高额收入进行合理调节及对社会贫困阶层提供起码的社会地位保障。

社会公正与公平问题是发展中国家的重大问题，社会不公正、不公平只能强烈地阻碍公众对发展的参与，从而妨碍政治和经济的健康发展。

二是增加阶层间的矛盾和冲突。社会转型后，随着社会主义市场经济体制的逐步确立和各项改革措施的推行，社会利益的调整，我国社会阶层在加快分化的同时，阶层群体间的利益矛盾和冲突也日益凸显出来。从阶层群体收入划分的角度看，我国主要存在高收入阶层群体与低收入阶层群体的矛盾及某些低收入者之间的矛盾等。这些矛盾中，经济利益的矛盾占主导地位，而且日益显现化、多样化、复杂化。社会阶层之间利益差异的存在，分配收入差距和贫富分化呈逐渐扩大趋势，引发群体矛盾增加，群体性突发事件增多，直接影响我国的社会稳定和社会生产的发展。

三是导致潜在的社会矛盾与冲突显现化。社会阶层分化是整个社会结构转型的一部分，社会阶层分化同社会结构的其他方面发生相互影响、相互制约关系。在利益格局不断变动的背景下，社会各阶层群体不断向政治领域提出利益诉求，通过参与、影响国家政策的制定与执行来实现自身的利益要求。这就要求政治体系必须有能力把这些因现代化而达到新的社会觉悟的社会力量成功地吸收进体系中。目前，一方面，我国利益格局的变化和利益关系的调整，极大地激发了公众利益表达的愿望和政治参与的热情；另一方面，我国的政治制度化水平尚不高，其民主性和开放性尚未达到能够容纳公众进行广泛政治参与的程度。从两者的发展态势来分析，政治制度化水平落后于政治参与的发展程度。当前，我国非制度化参与、抗议性参与及暴力参与的出现和增多就是一部分公众不能通过正常渠道来表达自己的愿望、要求而产生的结果。

四是阶层分化导致社会焦虑。社会阶层的急剧分化对早已习惯了旧的社会生活秩序的人们，将产生巨大的心理冲击。不同主体在价值取向和价值认识、价值评价上存在着明显的差异，并通过群体心理反映出来。阶层群体心理的分化呈现出在社会常态期所少见的无规则的纷乱状态，这主要体现在以下几个方面：

首先是相对剥夺感。我国贫富差距呈扩大趋势，进入绝对不平均区，而且呈逐年扩大的趋势。各阶层的相对剥夺感比较强烈，由此演化为各阶层相互指责、互不信任，而缺乏各阶层自我约束、自我进步的压力机制。

其次是期望相对丧失。特别是社会发展中的一些不正常、不平等现象，使有些人对社会产生了一定的失望心理。

再次是不安全感。改革一定程度上就是对利益分配格局的再调整，势必引起人们利益关系的新变化。目前，社会保障体系仍不够健全，不少社会成员特别是缺乏专长的一般劳动者存在不安全感，甚至是危机感。

最后是失落宣泄心理。社会利益格局的重组、阶层结构群体的变动必然会引起人们社会地位的变迁，一些社会地位相对下降或地位一直很低的人目睹“沉舟侧畔千帆过，病树前头万木春”的景象，会产生强烈的心理失落。

三、社会转型中的利益矛盾

社会转型期，作为国家政治生活主题的人民内部矛盾必将置于新的时代坐标之中，这一矛盾从内容到形式都表现出一些新的特点。利益矛盾日益凸现为社会转型期一个焦点，成为人民内部矛盾的重要内容，协调好人民群众之间的利益关系成为正确处理人民内部诸矛盾的前提。社会转型期，人民内部的利益矛盾日益凸显，处理得好，就会形成一种竞争激励机制，推动社会经济的发展；处理得不好，就会挫伤人民群众的积极性，妨碍经济发展和社会进步，干扰改革开放和社会主义现代化建设的大局。这就要求我们正确认识和整合社会转型期的利益矛盾，促成矛盾向有利的方面转化，化消极因素为积极因素。

其一，利益是矛盾的根源。

利益总是被一定社会关系所支配，是一切社会矛盾的内在根据。利益是主体对于客体作用的价值肯定，即某种客体（物质和精神上的东西）能够满足主体（个人、集体和国家）的某种需要。马克思说过：“人们奋斗所争取的一切，都同他们的利益相关。”[①] 人类进行各种实践活动均源于利益，利益是人类生存、发展和享受的各种需要的总和。“为了生活，

---

① ［德］马克思、恩格斯．马克思恩格斯全集（第2卷）[M]．北京：人民出版社，1957：82.

首先就需要衣、食、住及其他的东西。因此第一个历史活动就是生产满足这些需要的资料，即生产物质生活本身。”①

利益是支配人们之间关系的基本原则。人类的实践活动是多方面的，不仅有探索自然和改造社会的实践活动，而且还有人与人之间的交往活动。人类所进行的一切交往的基本动机就是寻求有助于实现自己物质利益和精神利益的条件，所以人与人的各种交往活动与探索和改造自然的实践活动一样也受利益的支配。

其二，社会转型期的利益矛盾。

在目前社会转型过程中，由于经济发展不平衡以及体制上、政策上的不完善，各种利益关系一时还难以完全理顺，各利益主体围绕利益问题而引发的利益矛盾将日益增多和表面化，并成为人民内部矛盾的主要方面，对其他矛盾的产生、发展、激化和解决起着重要的制约作用。

首先，社会转型期的利益矛盾受制于一定的经济关系。由于体制转轨的深刻作用和影响，利益矛盾广泛地存在于社会生活的经济、政治、精神文化领域。但核心是经济利益矛盾，经济决定政治并决定人类的社会意识。经济利益冲突往往引起政治、精神利益的矛盾，政治、精神利益是在经济利益基础上产生和发展起来的。

其次，在市场经济体制条件下，物质利益矛盾日益突出。在市场经济的驱动下，社会已经进入一种“物化”状态，物质利益原则得到全社会的认同，人们理直气壮地追求自己的合法的物质利益。我国现阶段出现的城乡之间、工农之间收入差距扩大问题，东部与中、西部地区经济差距问题，先富与后富关系问题，以及职工就业与失业（上岗与下岗）、工资、物价、住房等方面问题，无一不表现为一种物质利益关系的矛盾，它集中地反映了人民内部各集团、各群体如何分享改革开放所带来的物质利益问题。在今后一个时期，物质利益矛盾还会呈上升趋势。

最后，社会转型期利益矛盾的表现形式是复杂多样的。社会经济结构的变化，引起了社会阶级、阶层、群体等多元利益主体之间错综复杂的利益矛盾。雇主与雇工之间的利益矛盾关系；多种分配方式的确立导致的富裕程度和先后的矛盾；国家、集体、个人之间的利益矛盾；眼前利益和长远利益、局部利益和整体利益、中央利益与地方利益之间的摩擦与矛盾；改革的敏感点（如物价、住房改革和企业劳动工资改革等）所引起的突发性利益矛盾；人民群众对少数干部腐败行为的严重不满而

① ［德］马克思、恩格斯．马克思恩格斯全集（第 1 卷）[M]．北京：人民出版社，1972：32.

引起的干群之间的矛盾，成为利益矛盾的又一表现形式等。

总之，在这众多的利益矛盾中，既存在合理的利益矛盾，又存在不合理的利益矛盾；既存在非对抗性的利益矛盾，又潜在地存在着包含对抗性因素的利益矛盾。这些矛盾相互交织在一起，构成了社会转型期复杂的利益矛盾。

第2节　新媒体带来的社会影响

伴随着新媒体的影响不断扩大，从普通百姓到高层领导人，都通过互联网迅速获得信息。新媒体在中国已发展成为引导和洞察社会民情的重要窗口，网络传播对社会转型发挥出了越来越大的影响。中国新媒体表现出的影响力、社会地位、政治认可度、对重大事件的报道能力都清楚地证明，新媒体已成为中国重要的传媒形态，全面而深刻地渗透到人们的政治、经济、文化生活等各个方面，深刻地改变着转型期中国社会生活的形态。

一、社会冲突和诉求需要

伴随着社会转型的加快，在经济领域，市场经济的持续发展引发了两个问题：一是资源配置方式的改变导致了利益冲突加重；二是以“效率为主，兼顾公平”为原则的经济建设导致了一定的社会不平等，社会不公问题突显。在政治领域，随着市场经济的深入、民主观念的传播、私有产权的逐渐明晰，人们的权利意识增强，这有两方面表现：一是人们维权行为的增多；二是人们政治参与意识和行为的活跃。

按照国际经验，人均GDP1000～3000美元是社会不稳定的时期，利益分化和利益冲突的趋势已不可逆转。这一时期的不稳定包含两层意义：一是在社会转型阶段中，产业结构快速转型、社会利益格局剧烈变化，各种社会发展问题和病症集中显现，即所谓的矛盾激化期；另一个是社会尚未形成有效的矛盾释放和表达机制，政治体制难于应对新的挑战，在社会出现冲突事件时，非常容易诱发出现秩序失控，导致社会冲突、发展停滞。如果不能正视社会各群体的利益诉求，特别是不能正确认识和处理弱势群体所进行的抗争活动，而将其排斥于体制性利益表达之外，将在客观上积累社会动荡和爆发的能量。

其一，转型中的社会冲突。

“社会冲突”概念最早出现在1907年的美国社会学会第一次年会上，从那以后，社会冲突研究在西方开始越来越受到重视，以至到近年，在西方学术界中形成颇具影响的社会冲突流派。我们研究我国转型过程中社会冲突的目的是找出社会冲突产生的原因，解决社会冲突，维护社会稳定。因此，本文所理解的社会冲突具有以下三个方面的特征：社会冲突表现为双方和多方之间因某些原因而产生的“不相容”甚至是对抗；冲突主体的一方或双方是人数较多的群体；社会冲突危及或影响社会稳定。

从宏观和微观两个角度来看，社会冲突一般分为两类：一类是结构性的社会冲突，另一类是行为性的社会冲突。或者说，是由于结构性的原因和行为方面的原因造成了社会冲突。所谓结构性社会冲突，指在制度变迁过程中，体制不完善所导致的政治资源和经济资源分配不公而引发的社会冲突；行为性社会冲突指由于某一诱发因素而引起的群体之间的直接对抗。

一是一定程度上仍存在“私权不平等”和“公权不公正”现象。社会冲突是一个过程，它的最终表现形式是冲突事件。以“利益”为基点，这一过程可以分为两个阶段：利益表达和利益分配。其中，前一阶段是后一阶段的必然经过，前一阶段的顺利发展是实现后一阶段的充分条件。利益表达指社会个体公开表示想拥有某种利益的诉求。利益分配指按照一定原则、方案对利益占有进行的划分。人性是趋利的，当利益出现时，相关人员会为此而进行争夺。在一个完善而有效的机制下，利益表达和利益分配会顺利进行，进而完成利益由出现而变为特定“有主物”的过程。

在竞争方天然不平等、公共权力依附于强势集团而非弱势集团的情况下，利益分配不能在市场机制的调控下完成资源配置。利益竞争中的弱势群体为了维护自身利益，必然会通过组织的形成来提升自己的能力，寻求更高层政府的帮助，这时就容易产生社会冲突。

综观利益表达和利益分配这两个过程，我们可以发现，资源的非市场化、不公平配置是导致社会冲突的原因，而造成这种不公正配置的原因是社会成员没有有效的、公平的权利去表达他们的利益需求，也没有平等的权利、公开公正的程序来参与利益分配，更没有实质性的权利来监督政府决策，维护自身利益。从根本上说，导致社会冲突的原因是公民权利的不平等。由于缺乏相应的权利，并且得不到公共权力相应的保护，竞争中的弱势方只能通过形成组织的方式来提升自身的能力，当利益竞争持续不公平时，这些具有组织形式的群体就倾向于通过暴力方式实现目标，此时就产生了社会冲突。

二是公民对于政治民主化的要求上升。伴随着市场经济的深入发展，经济资源逐渐回归社会，利益竞争加剧，所以，当前社会冲突多涉及的是经济利益冲突，公民权利意识中也多倾向于维护其经济权利。但随着政治体制转变，政治体系必然要逐渐走向民主和开放，这时，对政治资源的争夺必然引发政治权利冲突。例如，人们会要求更多、更具实质意义的言论自由权、结社权、选举权、被选举权等，在一个正要步入政治现代化的国度里、在没有足够完善的制度安排的政治体系中，这种对政治权利的需求可能引发更为严重的社会冲突。

民主、公平、开放的社会是一个公民权利至上、政府权力有限的社会，这是政治现代化的目标。伴随着经济的发展、转型的加速，社会由于制度建设相对滞后，这就会造成维系社会稳定的权威产生矛盾或短暂消失，进而引发社会冲突。这主要表现在以下几个方面：首先是权利意识的觉醒。社会转型后，以经济权利为主体的个人权利开始出现，并逐渐膨胀，国家权利的绝对性地位不复存在。个人权利的占有催生了权利意识，权利意识的提升又推动社会成员去追求更多的个人权利。其次是政治参与加强。社会转型引起社会心理结构层面的最大变化就是：改革在普遍提高人们生活水平的同时，诱发了社会成员越来越高的社会期望。社会期望的推进速度总要比社会为满足这种期望所提供的现实条件快得多。结果便在期望程度和现实生活水平之间形成了越来越大的差距。一方面社会动员和政治参与的扩大，另一方面政治上的组织化和制度化却步履缓慢，这两者之间的矛盾必然会引发冲突和动乱。再次是对实质性政治权利的追求。随着社会成员权利意识的觉醒，人们不会满足于拥有一些形式上的权利，他们会通过政治参与的办法来争取具有实质意义的权利。

其二，转型中的诉求需要。

转型时期社会冲突将频繁发生于两个领域：经济领域和政治领域。在政治领域中，社会冲突源于人们对自身权利的渴望和追求。随着政治体制的逐步开放、民主意识的迅速传播和市场经济的深入发展，社会成员的权利意识逐渐增强，人们对政治体制的期望也越来越高。人们一般会通过政治参与的方式来保障权利的实现。

利益表达是利益相对方公开表示想拥有此利益的诉求。通俗地讲，就是人们将自己的某方面需求公之于众。我国《宪法》第三十五条规定："中华人民共和国公民享有言论、出版、集会、结社、游行、示威的自由。"这从宪法的高度规定了公民所具有的基本权利。当利益相对方充分表达了自己的利益需求时，下一阶段的利益分配才能够顺利展开。但在我国，由于以下几方面的原因，利益表达机制不能有效运行：首先是公民的参与意识不强，当社会利益出现，他们不能及时表达自己的诉求；其次是公民不能从现有传播途径获得足够信息，往往会对当前情况产生错误判断等。正是基于这些原因，在利益表达阶段，一部分人的利益诉求没有得到充分表达，在其后的利益分配中处于弱势，从而造成了一定程度的利益分配不公，社会中形成潜在冲突。

在市场机制的调配下，资源能够通过社会成员之间的竞争达到有效配置。而社会成员在利益表达和利益分配过程中的权利不平等就成为导致利益冲突的根本原因。当机制不完善，利益表达和利益分配过程出现运转不灵时，利益争夺被激化，那么此时很有可能产生社会冲突。

二、新媒体的使用基础

传统理论中的“枪弹论”认为，受众是“靶子”，是没有反抗能力的一群乌合之众，传播者掌握着信息流的绝对控制权，与此相对应的传播模式即是早期的大众传播模式。在这个模式中，信息从传播者（媒介）处流向受众，是一个单向的、线性的过程，从这一点上，大众传播与双向互动，及时反馈的网络传播形成了质的区别。

网络传播兼有人际传播和大众传播的特点，在网络中，定期发布信息的网站和组织机构与偶尔在网络平台上发布意见和建议的普通网民处于平等的网状信息流的交织之中，他们传播关系上具有前所未有的平等性，具体表现在以下几个方面。

其一，自由的表达权已成共识。

1948年，联合国通过《世界人权宣言》，成为战后第一个关于人权的专门性国际文件。尽管它存在着历史局限性，但它第一次系统地在全世界范围内提出了人权的具体内容和共同奋斗目标，为以后国际人权活动奠定了基础。《宣言》第19条规定：“人人有主张及发展自由之权：此项权利包括持有主张而不受干涉的自由，及经由任何方法不分国界以寻求、接收并传播消息意见之自由。”这是表达自由的第一个具有世界意义的统一而权威的表述。此后，以此为蓝本的人权公约和国家法律纷纷被制定出来，更详尽地表述了这一条文，如《欧洲人权公约》第10条、《美洲人权公约》第13条、《非洲人权与人民权利宪章》第9条、《香港人权法案》第16条等。同时根据这些条文又衍生了不少实际判例。由此大大丰富了“表达自由”的内容含义。直至1966年，第21届联大通过，并于1976年3月23日生效的《公民及政治权利公约》则对缔约国具有了法律约束力，对表达自由以法律保障的形式加以固定。其第19条规定：人人有自由发表意见的权利，此项权利包括寻求、接受和传递各种消息和思想的自由，而不论国界，也不论口头的、书写的、印刷的、采取艺术形式的，或通过他所选择的任何其他媒介。从这些条文中可以看出，所谓表达自由其实是信息的接收、发送和传递的自由。它是人之"权利链"中的基本一环，许多基本人权的范畴天生就具有表达自由的元素。它也是民主社会的重要基础，是人作为发展与进步的基本条件。因此，各国法律对"表达自由"大多持保障的立法态度，有关表达自由的形式、条件、限制或处罚方面的立法在各国法律中都是确定的。

通过网络这个媒体，传播中的受众与传播者终于站在了"平等"的位置上。受众上网，犹如进入一个偌大的信息的超级市场，信息不是从传播者那里"推"向接受者，而是由接受者从传播者那里"拉"出来。互联网上的信息发布者可以根据自己的需求和条件如思维方式、兴趣爱好、资料类型等任意分层组织自己的信息，而网上的信息获得者可以根据自己的需要和兴趣任意选择其中的每一条信息。网络传播是一种典型的个性化的传播方式，既有点对面的传播又有点对点、面对点、多点对多点的传播。网络传播意义上的"受众"，不再是一个只有一种性格的整体（单数），而是无数个个体的相加（复数）。从技术上讲，互联网络无非是将世界范围内属于不同群体和个人的计算机、计算机网络联结在一起，实现其相互间的通信。网络传播是对所有"以传播者为中心"的传播模式的解构，在网络这个全人类共同拥有的信息平台上，传播者和受众处于完全平等的地位，互为信息传播的主体。传播者与接受者都可以发言，都可以表达，没有谁能够独占表达权。

其二，公民要求平等的知情权。

知情权思想是第二次世界大战后首先由新闻界提出来的。知情权是公民的一项重要的民主权利，是公民行使言论、出版等自由权利的基本前提，也是公民行使参政议政权利的基本保障：没有公开就没有知情权，而新闻媒介是公众了解各种社会事务的重要途径。当然，其前提是新闻媒介拥有了解社会事务的权利。为了争取民众的支持，西方国家政府常常通过新闻媒介把公共事务公之于众，新闻媒介也常常设法探知政府的政务。美国政治学家道尔说："大众传播媒介应帮助人民对公共事务达到充分的了解。"道尔认为，这是民主政治的标准之一，因为"政治教育的功能在塑造人民的政治判断力和政治喜好"[①]。

为塑造人民的政治判断力和政治喜好，西方媒介常常开展对公共政策的讨论。由于媒介使社会事务透明化，暗箱操作的可能性则大为减少，从而使人民的正当民主权利得到较好的保障。新闻媒介作为相对独立的社会力量，对政府权力的运作起着监督作用，维护着政治权力的合法

---

① 马华．主义与传播［M］．台北：黎明文化事业股份有限公司，1986：68.

性。[①]1998 年的某一天，在美国独立检察官斯塔尔指控总统克林顿性丑闻的调查报告被送上了互联网后的短短几个小时内，就有数千万人在网络上浏览了总统性丑闻一案被调查及指控的全部依据。在传统的传播时代，这种事情是不可能让老百姓知晓的，正是互联网首先打破了这种不平等和不平衡，向人们昭示了一个平等平衡的传播时代的来临。网络上的传播是平等进行的，没有高高在上发号施令的权势人物和组织，也没有只接收信息而无权发表言论的被动的受众，任何人都不可能主宰整个网络。这样一来，受众的知情权就得到了尽可能的释放和发挥。

其三，能够满足多样的需求和期望。

人们从媒体的使用中获得满足有三个主要的社会和心理根源：第一，常见的原因是由于性别、年龄以及社会的角色不同会使人们产生对传媒的特定需求和期望；第二，更多的接触媒体带给人们社交的机会，或是由于缺少社交的机会想从传媒那里得到补偿；第三，个人对他或她的社会状况的主观反映和调整。[②]社会角色的不同也是网络满足不同人的需要的社会基础。依照 CNNIC 的调查数据，手机成为平日人们生活中接触频次最多、使用时间最长的媒体。还有一点不容忽视，网民对移动端应用的使用广度和深度在不断提升，“逐渐从碎片化的阅读、新闻等相对简单的应用向时长较长、黏性较大的社交、生活服务类应用发展”[③]，比如越来越多的人选择通过手机随时随地获取新闻资讯和视频内容。据新闻客户端使用情况的最新数据显示，2014 年第一季度手机新闻客户端用户规模达到 3.78 亿，环比增长 6.78%，同比增长 47.66%。[④]这些数据表明，受众越来越不会被限制束缚在固定地点，通过固定观看某档节目去获取某种信息。

对于他们，网络既是一种自我调整、逃避现实和摆脱现实世界烦恼的有效途径，也是个人的主观情况的客观反映。比如说，在遭遇挫折后，网络成了网络用户用来宣泄内心的情绪，恢复平衡的泄气阀。宣泄自己的情绪是网络使用者的一大媒介期待，喜欢在网上聊天的网民，很多都愿意在自己心情不好的时候通过网络向别人倾诉自己的痛苦，有时与陌

---

① 车英、吴献举．论西方新闻媒介与民主政治［J］．武汉大学学报，2003（5）：32.

② 常昌富、李依清编选．大众传播学：影响研究范式［M］．北京：中国社会出版社，2000：241.

③ 钱颖．手机客户端：全媒体时代城市台的突围之战［J］．南方电视学刊，2013（5）：111-113.

④ 冀静．2014 年 Q1 手机新闻客户端市场分析［EB/OL］．www.sootoo.com/content/487400.shtml，2014-04-3.

生人聊天反而比和朋友聊天更放得开，聊得更深，因为相互都不认识，没有顾虑和利益冲突，即使对方不一定能给出有用的建议和意见，但是至少可以做一个忠实的倾听者，不用担心他可能认识你而泄露了自己的秘密或者给自己带来不利影响。

在传统媒介时代，受众对这三个层面的预期往往交织在一起，比如很多观众看电视，你很难区别出他是为了交流感情或是学习知识。但是在网络传播中，传播和接受信息取得什么样的传播效果主要取决于受众的主要需求及其满足情况。因为在网络中，受众使用网络是主动的，目的明确，所以传播效果也更明显，社会效应也就更明显。

三、新媒体对社会转变的呼应

媒体的演变与发展不是在脱离社会的真空中完成的，发生在媒体方面的重大转折往往有着深刻的社会动因。媒体作为一种重要的社会资源，其本身演变与发展的效果，也终将溢出传媒业并对整个社会产生相当的作用，尤其是在信息社会到来之际，媒介对社会的“潜功能”将越来越呈显性发展态势。“社会转型的主体结构是社会结构，它是指一种整体的和全面的结构状态的过渡……具体内容是结构转换、机制转轨、利益调整和观念转变；社会转型时期，人们的行为方式、生活方式、价值体系都会发生明显的变化。”[①] 从这个意义上讲，社会转型不仅从宏观层面上对媒体的演变和发展产生了重大影响，而且从微观层面上渗透到各式各样利益表达和媒介消费的具体方式之中。

在现代社会中，大众传播媒体在利益表达方面的作用都是极为突出的。事实上，它是一种作为制度性安排的利益表达工具。在西方国家，尽管民众利益表达的渠道是多样的，但是，大众传媒在利益表达过程中所起的作用是仍然是无可替代的。这其中的原因同样在于，大众传媒往往是其他政治活动的催化剂，对民意和政策的互动，能起到刺激、鼓舞甚至予以合理化。例如，一般民众或压力团体举行的抗议示威、政府官员提供背景资料或施放试探气球，媒体均无法置身度外。

相对于西方国家，我国民众的利益表达渠道显得相对简单。通常说来，制度性的表达渠道一般有以下几种[②]：第一，通过中国共产党和国家机关的各级机构进行自下而上逐级向决策中枢进行的利益表达和利益综合是

---

① 李培林．社会学家的眼光：中国社会结构转型［M］．北京：中国社会出版社，1999：35.

② 胡伟．政府过程［M］．杭州：浙江人民出版社，1998：193.

最主要的制度性渠道；第二，各级人民代表大会和政治协商会议也是群众性利益表达和综合的重要途径；第三，各民主党派和群众性的社会政治组织也承担了一定的利益表达和综合功能；第四，还有一些群众性的直接利益表达形式，包括写信、投诉、上访等。

除此这些之外，另一个就是大众传媒，它在利益表达和利益综合方面的作用是不能忽视的。这不仅是因为它本身就是一个有效的表达渠道，某些民意可以通过大众传媒得到呈现。而且还在于，各种其他途径的利益表达如果得到了大众传媒的支持（如公民的上访或人大代表的提案等政治行为被大众传媒所公开报道和评论），形成了一定的社会舆论，往往能够对政策输出的指向产生重要的影响，因而大众传媒也具有重要的利益综合作用。

在过去城乡二元对立的社会结构中，媒体作为社会资源的组成部分完全为国家垄断，“媒介的运作与国家政权的其他工具及党的影响密切结合在一起，它的主要职责是作为‘喉舌’发布党和国家的指示。换句话说，媒介几乎专用于宣传和鼓动，即作为集体的宣传者、鼓动者、组织者，并采用通俗化的‘启发’，帮助群众接受、理解领导人的意图，提高政治觉悟”①。因此，媒体纯属意识形态工具而不具消费品属性，受众的分化无从谈起。

改革开放以后，经济体制改革带来的市场因素对媒体不断渗透，商品属性逐渐成为媒体的重要属性，受众分化也成为重要的标志。社会阶层的分化意味着各阶层消费能力的差异化，媒体的传播必定随之分层。新媒体作为大众传媒的重要组成部分，作为广大受众获取信息的重要载体，必然要成为社会各阶层必需的关注和选择对象。

而网络传播技术的“去中心化”和信息的“多样化”趋势正适应了这种社会生活状态的变化。

其一，能够适应受众移动性要求。

“群体性移动”表现人类生存的地域性的频繁迁徙，对经济发展处于上升时期的地域而言，这类迁徙是比较频繁的；“个体移动”主要体现在生活过程中，即家庭以外的生活轨迹的移动也日趋频繁。“个体移动”的移动性加速、个体的分流、越来越小众化的趋向以及人群构成的独特性和清晰性，突破了以往对社会结构形成和划分的固有思路，这就要求我们以社会学的基本理念，用动态的眼光看待和研究现代社会人群的分流和组合的特征，并从中找出特征。新媒体出现就是顺应了社会人群的

---

① 张国良．新闻媒介与社会［M］．上海：上海人民出版社，2004：54.

移动性而创造的全新概念的媒体，博客、微博、微信、BBS 和 QQ 适应了现代社会信息传播的移动性特征。

其二，能够适应受众特定性要求。

随着人类社会生产力的提高，社会分层不断加速，形成“多层级”特征是时代发展的必然趋势。社会组织的分工越来越细化、人群特征越来越清晰。从而划分社会人群分层的标准也在不断地被修正，仅用传统的人口统计学方法已经无法完成对现代社会生活状态的划分和研究。比如，同属“农民”这一概念的人群，因传统农业生产组织与后现代农业生产关系下的农民在生产组织结构、生产工具、生产方式、分配方式等方面的差异，所导致的农民的社会价值观、消费观念与消费行为，均有着鲜明的差别和完全不同的特征。面对营销信息传播战中激烈的竞争局面，在进入终端竞争的过程中，跟踪不同人群的聚集和离散，把握特定人群的思想和行动轨迹，采取不同的信息展现方式，制造不同层次信息的兴奋点，是只有网络传媒才能实现的任务。

其三，能够适应受众定制化要求。

社会阶层分化的极至表现是小众群体追求“个性化”并且讲究“定制化”。这里的“定制需求”主要指对各类消费的需求。既有物质层面的消费也有精神层面的消费。“定制”的革命性意义表现为：消费者真正有可能与制造商、销售商共同打造产品，真正实现消费者的市场主导地位。谁是“定制”可能实现的前提与桥梁？答案是：新媒体！技术的进步与媒体的发展造就了并实现了各类受众需求的“定制”，也造就了网络传媒的“去中心化趋势”和“信息多样化”的优势地位，也只有新媒体能够满足以上所有的受众要求。

其四，能够满足受众意见表达要求。

在西方，近几年来，关于公众通过网络传媒参与政治和社会生活的探讨基本上归结到公众的知晓权和接近权上。知晓权的关键意图在于让公众能够了解政府的所作所为，该权利的提出者们认为这是防止恶劣政府出现以及公民实现其他一切社会政治权利的前提条件。接近权则意在为公众争取到在媒介上表达意见和展现自身面貌的权利，接近权的论者们认为应该尽量让公众能够得到表达自己意见的机会，应该让社会的各个群体尤其是难以通过其他途径参与政治过程的弱势群体能够在媒体上表达自己的典型形象，得到社会的关注。这是通过沟通减少社会冲突，维护社会稳定的良策。网络传媒由于其传播的自由性、平等性、广泛性和信息的丰富已经成为现代社会政治过程中的一个重要环节，对于公众的利益表达来说尤其如此。

第3节 电视新闻迈出改革步伐

新闻媒体的喉舌功能一直为党的各代领导人所强调。历史地看，在近现代中国长期战争、动荡的环境中，在一切力量工具化的时代背景下，喉舌论有利于将新闻媒介当作政党的舆论工具和斗争工具，从而有利于高效率地达成政治目标。随着市场经济体制的确立，传统的喉舌论已不足以解决中国传媒活动中所出现的问题，新闻媒体的职能不再是单一的宣传政见、传播信息，而是逐渐迈向多元化。

一、时政新闻的模式开始改进

电视媒体的新闻节目大致可分为时政新闻和民生新闻两大类，这里主要指的是电视时政新闻。新闻是政治体制的“信息代理”，为维护和扩张现行体制的稳定性和有效性服务。政府通过新闻制造拟态现实传播，稳定既存的社会模式，改变、削弱和非法化与其相左的观念、信仰和行为。向媒体提供信源是执政者对电视新闻媒介施加影响的最主要方式，借助可控的传播范式，支配报道方式的要点，可以为其政治诉求和政策律令的实施创造有利的逻辑规则。此外，借助新闻修辞的“包装”，政府也能将观点隐藏在事实中推呈给观众，使媒体成为政治合法性依据的重要来源。政治生态的长期强势使政治属性始终是中国新闻媒体的根本属性。

新闻工作者需要从“喉舌论”、“舆论导向”到“三贴近”，以人民群众为核心进行新闻报道和舆论引导的观念已成为主流，并在当前一些的电视新闻实践中得到体现。从 1982 年报道“中国共产党第十二次全国代表大会”开始，中央授权《新闻联播》比其他媒体提前一天独家发布重要新闻。《新闻联播》权威严肃的形象、上情下达的角色开始确立，也因此，它超越了新闻栏目的一般意义。《新闻联播》虽然隶属于央视新闻中心的新闻编辑部，但迥异于央视绝大部分栏目采用的制片人负责制，也没有专门的采编团队，主要由中心下辖的时政新闻部、社会新闻部、地方新闻部和新闻采访部四个部门供稿。作为一种特别的规格和待遇，在央视方楼二楼，《新闻联播》是唯一一个享有专用审看间的栏目。为了保证《新闻联播》中的新闻能够准确而权威地传达，每天下午 5 时 30 分，由中央电视台台长、副台长组成的审查小组开始审定当日的新闻。而在一些重大选题上，相关报道还需中共中央办公厅直接审定。《新闻联播》经过初创时的尝试和改造，到 20 世纪 80 年代，从编排形式到播音风格，甚至到播音员，都逐渐固定。以党和国家领导人当日活动为头条，25分钟国内新闻、5分钟国际新闻的格局也罕有改变。2002年《新闻联播》的统计结果显示，在播出的所有新闻条数中，时政新闻占41.6%，而在新闻时长上，时政新闻更是占到50%以上。至于每类新闻的平均时长，占前三位的分别是领导人活动（157.8秒）、宣传重点（129秒）、会议新闻（93.2秒）。[①] 也有极少例外：1986年1月29日，美国挑战者号穿梭机升空发生爆炸，《新闻联播》将其列为头条，并播放了足足6分钟。将国际新闻置放在国内新闻之前播出，这是一向以刻板形象示人的《新闻联播》最为特别的一次。

实质上，《新闻联播》正是电视上的“党报、党刊”，是一种政治生态环境在媒介上的“象征性存在”。但我们也看到，社会转型的大潮冲击下，《新闻联播》也在进行着一些细微但不可逆的改变。21世纪初，《新闻联播》在固有的宏大叙事中，开始引入《百姓故事》式的个人化微观叙事。2007年6月10日《新闻联播》和《新闻30分》同步推出一个叫《百姓纪事》的栏目，开篇报道《徐少勤和他门前的一条路》，讲述安徽蚌埠徐家湾农民徐少勤从税负较重不断上访被村里断路，到1999年税费改革后主动平整道路并带头上缴农业税，再到2006年全面免除农业税后村里修好柏油路、徐少勤开办农资站三个阶段的故事。2008年1月15日的《新闻联播》里，播出了一则胡锦涛在安徽视察时的新闻，在这则消息里，很少见地出现了总共3分零23秒的同期。而这段新闻里的两个细节——胡锦涛查看村民的灾后补偿存折，走到院子里用手捧自来水喝，真切感人，让无数网民由衷赞叹。

1993年年初，中央电视台明确提出立足中国、面向世界，建立世界一流大台的奋斗目标。而与国际知名电视台相比，当时的央视最显著的差距恐怕就是缺乏早间直播节目。于是，经过筹备，《东方时空》应运而生，于1993年5月1日早上7点正式开播，并引发亿万观众的关注，开创了我国新闻栏目，特别是早间新闻栏目改革的先河。中国早间电视新闻节目借鉴国外经验，以新闻+服务为主，无论节目时长，尽可能都将节目向杂志型靠近。然而在众多早间节目中，真正为观众叫好的节目并不多。不少节目新闻时效性不足、节目定位模糊，有待于进一步突破。但同时，也有一些节目通过不断的改革和发展，具有了一定的知名度和美誉度，例如《朝闻天下》、《第一时间》、《看东方》等。从节目形

---

① 央视新闻联播．谁在热切关注[EB/OL]．media.icxo.com/htmlnews/2006/06/16/863861_0.htm，2006-06-16.

态上看，我国早间电视新闻节目主要分为新闻消息类节目和新闻杂志类节目，见表 1–1。

表1–1　我国早间新闻节目形态分类

新闻消息类	内蒙古卫视《草原晨曲》、河南卫视《中原晨报》、凤凰卫视《凤凰早班车》、广东卫视《广东早晨》 广西卫视《新闻早汇萃》、江西卫视《晨光新视界》 河北卫视《看今朝》、重庆卫视《直播重庆》	8个
新闻杂志类	央视1套《朝闻天下》、央视2套《第一时间》、 央视5套《体育晨报》、北京卫视《北京您早》、 东方卫视《看东方》、东南卫视《早安福建》、 天津卫视《津晨播报》、辽宁卫视《第一时间》、 吉林卫视《新闻早报》、山东卫视《早安山东》、 山西卫视《7点最新闻》、黑龙江卫视《共度晨光》、 安徽卫视《超级新闻场》、四川卫视《汇说天下》	14个

二、信息公开的呼声有所回应

在民主社会，知情权是公民享有的最基本的权利之一。享有知情权，是公众作为社会主体行使管理国家的权力和监督政府的必要条件。公民享有知情权的前提是政府信息公开。转型期的中国社会“稳定压倒一切”，而稳定发展的根基在于充分尊重和有力保障公民的合法权利。政府通过管理新闻媒体并借助传媒的力量维护公民的合法权益，是政府的职责。新闻媒体当以“保障最大多数人民的根本利益”为原则，恪守已任。国务院和中央宣传部门以及有关政府部门多次就突发性事件的报道下达文件。如 1989 年，国务院办公厅、中宣部《关于改进突发事件报道工作的通知》再次提出：“对空难、海难、铁路公路交通等国内发生的恶性事故，中央新闻单位要抢在境外传媒之前发出报道。”①2006 年 6 月 5 日，《朝闻天下》横空出世，它横跨中国最权威的央视 1 套和新闻频道，每天 6 点播出 150 分钟，是央视播出最早、跨度最长的新闻节目。最初，《朝闻天下》整合了早间时段原有的《6：00 早新闻》、《媒体广场》、《7：00 早新闻》和《新闻早 8：00》，按 6：00–7：00、7：00–8：30 分成两大段，方便编排和播出（表 1–2）。② 受到《东方时空》杂志型节目编排的影响，《朝闻天下》每个时间段又按照新闻、媒体广场和新闻的顺序编排，

① 赵俊峰．新中国灾难新闻报道的延迁［N］．中华新闻报，2006-02-22.

② 闫妮．央视早间新闻节目——《朝闻天下》研究［J］．中国传媒大学学报，2007（5）：12.

每节 20 分钟。新闻的内容丰富多样既有权威及时的时政要闻，又有新鲜丰富的社会资讯，既有生动贴近的民生新闻，又有动感十足的体育新闻，具体见表 1–2。媒体广场基本等同于读报，将平面媒体的新闻进行提炼和梳理。节目最初设有文静、赵普、长啸和李梓萌四位主播，每天男女搭配，组合主持。

表1–2　《朝闻天下》节目的时段安排

时间	6：00-6：20	6：20-6：45	6：45-7：00	7：00-7：20	7：20-7：45	7：45-8：30
内容	综合新闻	媒体广场	民生社会新闻	最新国际、体育新闻	媒体广场	综合新闻

2009 年，随着央视新闻频道的第 6 次改革，《朝闻天下》也做出了调整。节目时长延长 30 分钟，前两个半小时由 1 套和新闻频道并机播出，最后半个小时由新闻频道单独播出。时长的调整，使节目按整点重新划分为 6 点新闻、7 点新闻和 8 点新闻三节，每节又由综合新闻、天气预报和媒体广场三个板块构成。此次新闻频道改版注重树立国际化新闻频道的形象，因此《朝闻天下》也明显加大了国际新闻的报道比例。改版后的《朝闻天下》，增加了新闻含量。并且为提高新闻时效性，取消了《媒体广场》板块，使所有新闻均来自记者采访。另外节目还增加了《朝闻快评》板块，用央视特约评论员评论，多角度解读新闻事件，在第一时间发出自己的声音。

三、新闻实践的创新开始提速

政党是意识形态的载体。任何政党的产生和存在都有自己的意识形态前提。比如说，先有了霍布斯、洛克等资产阶级思想家及其思想，然后才有了现代意义上的资产阶级政党，同样，先有了马克思、恩格斯以及马克思主义的创立，然后才有了各国社会主义政党的蓬勃发展。随着政党政治的发展，各种意识形态在政治实践中广为传播，其社会理想和政治理念，在政党上台执政后转化为治国理政的路线、方针和政策。由此，意识形态为一国政治生态的氛围定下基调。①

这种意识形态作为精神内核在新闻媒体的日常宣传中长期贯彻，就是“弘扬主旋律”。意识形态是传统瓦解后，社会重建的特殊文化产物，因此具有准宗教性质、救世性质。它在长期的主导地位上如果逐步僵化

① 姜跃. 外国政党意识形态的困境与调整[EB/OL]. www.chinaelections.org/NewsInfo.asp？ NewsID=94629.

为教条，失去生命力，工具化，经院化，成为保守、萎缩、腐败势力的庇护手段，也会成为社会动乱和解体的根源。[①] 相反，没有主旋律的社会秩序必然混乱，主流意识形态作为统合社会精神的信仰力量是任何执政党都不可放弃的。在此背景下，党的十七大报告中提出："要增强社会主义意识形态的吸引力和凝聚力。"并对媒体明确要求："营造舆论强势，把社会主义意识形态贯穿到各级各类媒体传播之中。"[②] 这就要求电视媒体的工作者在报道新闻、讲述故事时，一方面要选择当前公众关注的事件或话题，另一方面，这种讲述必须纳入一个符合其受众接受心理和价值观的叙述框架内。比如，"社会主义优越性"、"一方有难、八方支援"、"党和政府对人民亲切关怀"等报道取向就是"情感"框架的典型范例。这从 2008 年雪灾的报道中可以得到体现，国内电视媒体抓住这一精髓，在新闻的胚子里做足了感情的瓤。我们以雪灾报道为例：主流电视新闻采用了"用心抗雪，用情救灾"的报道框架，大比例地在节目中选用生动感人的特例——《新闻联播》辟出"抗冰雪英雄谱"；《新闻会客厅》请相关部门领导谈抗灾救灾；《新闻调查》制作了特别节目《风雪年关》等。多档节目在后期剪辑中增添了抒情的音乐和画面特效，节目的片花多选择雪灾中的典型人物形象组成集锦，或是烟花绽放、吹生日蛋糕蜡烛和家人团圆等系列温情画面。再看节目制作和编排方面的创新，以央视《朝闻天下》为例，《朝闻天下》自身定位为杂志型新闻节目，节目信息量大，采用的是小板块复合结构，三个小时每一个小时三个固定板块，每个小时自成体系，统分自如，体现了新闻的广度和信度。而《朝闻天下》新闻内容重复编排，充分发挥滚动播出的优势。三个小时大信息量的直播容易使人产生杂乱感。《朝闻天下》以整点时间进行划分，将新闻整合播出。而且每小节节目开始时都会重复播报时政新闻和重要的国际新闻，并且对重要新闻重复编排的同时，注重内容的更新，体现了信息的递进性，使节目富有动态感。在每节节目开始前编排提要、标题字幕和串联词，不仅使观众第一时间全方位了解了最新信息，也使观众清晰地掌握了本节节目要点。每节节目均以时政要闻为开始，天气预报为结束，增强了节目的完整性。相比之下，《朝闻天下》的节目包装稍显单调，但也不乏亮点。首先，《朝闻天下》的节目口号是"开启全新一天"，与节目内容相契合。而且在每节节目开始前，主持人都会重复节目口号，加深了观众对节目名称的记忆和理解，有力地放大了传播效果。其次，

---

① 意识形态——文化内涵僵化［EB/OL］. www.ghyao.net/book/webs1/13-1.htm.

② 报告解读：增强社会主义意识形态吸引力和凝聚力［EB/OL］. www.gov.cn.

节目演播室空间开阔，即使长时间观看，也不会产生疲倦感。主持人背后屏幕以深蓝色和淡蓝色结合而成，蓝色代表大气、冷静、沉稳，侧面体现出节目国际性和权威性特点。再次，节目滚动字幕分为三行，从上到下分别为新闻发生地、新闻标题、滚动新闻，并全程加挂标准时钟。字幕颜色主要采用蓝底黄字，搭配使用红色和白色，鲜艳的颜色搭配使得新闻标题更加突出。

另外，《朝闻天下》的表现形式相对灵活，记者连线、现场快评、新闻专题等方式改变了图像加解说的晚间新闻播报方式。例如，自 2014 年 3 月 8 日凌晨马来西亚航空客机 MH370 失联以来，《朝闻天下》从 3 月 9 日开始连续 40 天推出专题报道——《关注马航失联客机》（图 1–1 ），梳理前一天客机搜寻相关新闻，并报道客机搜寻最新进展。

图1–1　央视《关注马航失联客机》专题报道

对于天天接触电视的观众来说，日常播报的电视新闻中暗含的叙述框架对他们的价值观和世界观具有无形却有效的培育作用——大众每天接触媒体的拟态现实，电视中播报的新闻构成其认定的现实镜像，电视新闻谈话节目中的话题也通过议程设置成为大众生活中的重要话题。而新闻中带有或隐或现的观点和倾向，由此，相应的价值观和世界观逐渐在受众的意识和潜意识中生根。然后，当受众再接受新闻的时候，这种潜移默化的价值观和世界观就开始成为感知判别的标准，社会大众的精神由是统合。这就是弘扬主旋律、坚持正确的舆论导向对稳定政治生态大局的积极意义。

第4节　危机传播开始科学探索

突发事件报道的比重增多，是转型期电视新闻一大突出变化。近年来，中国每年因自然灾害、事故灾害和社会安全事件等突发公共事件造成的人员伤亡逾百万，经济损失高达数千亿元，而且，在未来很长一段时间内，都将面临突发公共事件所带来的严峻考验。2007 年 11 月颁布实施的《中华人民共和国突发事件应对法》中，对于突发事件做出了定义：突发事件是指突然发生，造成或者可能造成严重社会危害，需要采取应急处置措施予以应对的自然灾害、事故灾难、公共卫生事件和社会安全事件。近年来我国的突发事件的总体发生频率不断增强，相关事件产生的影响程度也不断加深。以自然灾害为例，2008 年 5 月 12 日的汶川地震造成 69227 人遇难、17923 人失踪，直接经济损失达 8451 亿元；2010 年 8 月 7 日甘肃舟曲的特大泥石流造成 127 人遇难、2000 多人失踪；2012 年 7 月 21 日的北京暴雨造成 77 人死亡、直接经济损失超 50 亿；2013 年 4 月 20 日四川雅安地震造成 196 人死亡、直接经济损失达 422 亿元。根据国家统计局数据，2009–2011 年的地震灾害分别发生了 8、12 和 18 次，造成直接经济损失分别为 27.4 亿、236.1 亿和 602.1 亿元[①]。

表1–3　2005–2011年度全国火灾、交通事故死亡人数及直接经济损失汇总表

年份	火灾事故			交通事故		
	发生数 单位：起	死亡人数 单位：人	直接经济损失 单位：万元	发生数 单位：起	死亡人数 单位：人	直接经济损失 单位：万元
2005	235941	2496	136288.0	450254	98738	188401.2
2006	222702	1517	78446.8	378781	89455	148956.0
2007	163521	1617	112515.8	327209	81649	119878.3
2008	136835	1521	182202.5	265204	73484	100972.2
2009	129381	1236	162391.0	238351	67759	91436.8
2010	132497	1205	195945.2	219521	65225	92633.5
2011	125417	1108	205743.4	210812	62387	107873.0

以上材料信息来自：2006–2012 年国家统计局《中国统计年鉴》。

除了地震等自然灾害外，如何在突发事件的预防和处理过程中降低危害、减少损失越来越成为各级政府和全体社会成员关注的重要问题。如表 1 所示，2005 年至 2011 年全国火灾事故和交通事故的发生数以及死亡人数在总体上有下降，然而其造成的经济损失却并未减少，例如 2011 年度的火灾事故发生数是 2005 年的 53.2%，而直接经济损失却是 2005 年的 1.51 倍，交通事故的平均直接经济损失近年来也高达 10 亿元。认识转型时期社会公共危机的特征，帮助政府有效、及时、和平地处理各种危机，已成为今后一定时期内我国各级电视媒体必须高度重视的重大挑战。电视引导的成功与否不仅关系到个别事件处理的成败，更可能关系到和谐社会的发展进程。

贝克在《世界风险社会》一书中指出，现代社会风险是世界性的、

① 国家统计局．中国统计年鉴 2012[M]．北京：中国统计出版社，2012.

全球化的。例如“切尔诺贝利”核电站泄漏事故、“疯牛病”、亚洲金融危机等等。由此可见，全球风险与全球风险意识就构成了新背景下风险的主客观形式。[①]危机管理也就呈现出全球化的特点。尽管公共危机管理的过程包含了诸多变量的相互作用和影响，但在这个媒介力量越来越强大的“媒体逻辑”时代，危机传播在公共危机管理中扮演着越来越重要的角色。

一、危机传播的概念确立

广义的理解，危机传播包括公共危机情境下社会中的一切传播活动，当然也包括公共危机本身。如果从信息传播价值的意义上来说，危机传播更强调的是负面影响以及影响的普遍性（负面性和重要性）。国内有学者将危机传播定义为：“针对社会的危机现象和事件，如何用大众传媒和其他手段，对社会加以有效控制的信息传播活动。它的目的在于，按照社会传播和新闻传播规律，对危机处理过程进行干预和影响，使危机向好的方向转化。在时间紧、非常态的情况下，大众传媒更多地被运用到危机传播中。”[②]这一定义不足之处在于将媒体视为政府或组织控制的工具，将危机传播视为一个单向的、缺少参与的过程，忽视了危机中大众媒体与公众对其自身角色和利益的认同，以及从而对危机传播和管理进程产生的影响。本文认为危机传播的定义应该为：在公共危机的各个时期，以不同媒介为工具，组织和公众相互之间的信息传递与沟通行为。

一般而言，在我国危机管理中，政府是危机传播中的主角，而各种媒体则是政府与公众之间的纽带，在向公众和决策部门提供必要的事实和信息，稳定社会情绪、获取舆论支持，监督危机管理，预防和减轻危机危害等方面起到十分重要的作用。危机传播既存在于不同组织之间、组织和公众之间，也存在于公众之间。公共危机中的核心工作是政府借助传媒进行危机管理，主要内容是及时和准确地向大众传递危机信息，及时抵御和防止负面舆论和谣言的蛊惑与扩散，以赢得公众对政府采取的危机应对政策的理解、支持和配合，为进一步动员社会和调集资源应对危机奠定良好的舆论基础，树立良好的政府形象。因此，在公共危机中，媒体的监控和引导处于重要位置，是关系危机能否成功化解的关键性要素之一。我们之所以将研究的视线聚焦于电视媒体上，是出于电视媒体

---

① 杨雪冬．全球风险社会呼唤复合治理［EB/OL］．www.people.com.cn，2005-01-10.

② 方雪琴．信息公开与媒体理性——试论危机传播中的舆论引导策略［J］．中州学刊，2004（6）：27.

在我国社会生活中重要地位的考虑。电视媒体具有操作性强、影响力大的特点，伴随着当前我国电视事业的“热运行”，电视传播理论能否最大程度地对电视实践进行科学合理、行之有效的“冷思考”，做到理论联系实际，学以致用，成为决定我国电视事业能否适应社会发展，并在新时期实现其社会责任的重要因素。

当前，电视媒体在危机管理中所发挥的作用是毋庸置疑的：就信息的流动和使用而言，危机管理中的电视能够为公众提供必要的心理安抚和信心支持；为决策者提供有力支持；向危机管理的核心机构反馈灾情民意。就政府部门危机管理的整体工作而言，电视能够帮助开展公众动员工作；为实施危机处理预案争取舆论支持；监督危机管理中各种资源的调配和使用情况；减少消除谣言的不良影响；尽可能防止次生灾害的发生或其他不必要的损失等等。危机事件往往具有不确定性，如果组织内外的沟通活动不畅、不及时，会给国家和人民造成巨大损失，危害极大。例如瓮安事件和石首事件的根源就在于沟通不畅，导致信息失真，形成民众心理失衡和情绪失控发展最后演变为社会行为。

可以说，在现代媒体日益发达的今天，电视传播在公共危机管理中扮演着越来越重要的角色。作为我国目前最为普及的电视媒体在危机事件中的表现，在很大程度上能够影响危机的演变和进程。在中国，危机状态下的电视媒体应该承担起独特的信息传播职能。从信息管理的角度看，主要涉及两个环节：一是在对危机信息收集的基础上，经过选择、加工等过程，实现危机信息的大众传播；二是通过电视媒体媒介的传播功能实现对危机舆论引导功能。我国主流电视媒体，在危机管理中担负着沟通政府与社会公众的“桥梁”作用。它们在危机传播中有着自身特有的优势，同时也必须承担起更加重大的责任，在危机传播中起到“公开信息、澄清事实、平息谣言、鼓舞人心”等舆论缓释的作用。在我国，主流电视媒体对危机事件的报道具有议题建构的效果，在客观上也可以强化或弱化舆论导向的功能。我们的调查也发现，我国民众对于组织危机处理能力的评价会受到电视媒体报道评价的影响。同时，电视媒体对于危机事件处理的评价也会影响大众对政府危机处理能力的认知与态度。

二、危机报道改进的综合审视

1987年，党的十三大提出：“重大事情让人民知道，重大问题经人民讨论。”[1]这反映了党和政府对人民的尊重和信任，也是人民信任党和

① 沿着有中国特色的社会主义道路前进［EB/OL］. www. people. com. cn.

政府的必需。党和政府对自己的执政能力充分自信，对人民群众高度负责和足够信任，才能让人民信任。而政府和人民相互信任的社会才是和谐的社会，而居间沟通的媒体必须是清渠。转型期的中国社会“稳定压倒一切”，而稳定发展的根基在于充分尊重和有力保障公民的合法权利。政府通过管理新闻媒体并借助传媒的力量维护公民的合法权益，是政府的职责。新闻媒体当以“保障最大多数人民的根本利益”为原则，恪守己任。党的十五大要求：“加强对宪法和法律实施的监督，维护国家法制统一。加强对党和国家方针政策贯彻的监督，保证政令畅通。加强对各级干部特别是领导干部的监督，防止滥用职权，严惩知法犯法、贪赃枉法。”①

为了避免此前由于强调报道时机而屡屡造成的灾难报道“出口转内销”的被动局面，应对改革开放形势下的国际舆论斗争，国务院和中央宣传部门以及有关政府部门多次就突发性事件的报道下达文件。如 1987 年 7 月 18 日，中宣部、中央对外宣传小组、新华社在《关于改进新闻报道若干问题的意见》中就明确提出，“突发事件凡外电可能报道或可能在群众中广为流传的，应及时作公开的连续报道，并力争时效赶在外电、外台之前”。

经过多年自上而下的推动，总结实践中的经验教训，应对国内外媒体的竞争态势，我国各级政府的公共安全概念和信息公开观念逐渐转变，其权限管制下的电视新闻媒介在突发公共事件的报道上也慢慢施展开手脚，政府发布与媒体监督始得并肩而行。作为新中国成立以来第一个由新闻记者揭露的重大安全事故，南丹矿难的水落石出离不开政府在信息公开方面给予新闻媒体的支持。2001 年 7 月 17 日，在广西南丹拉甲坡矿发生特大透水事故，造成重大人员伤亡。在接到群众举报后，包括中央电视台在内的多家新闻媒体派出记者赴广西南丹实地调查矿难情况。事故责任人动用矿区保安，对进矿区的陌生人进行盯梢、跟踪、阻挠，致使记者的采访工作遭遇重重阻力，人身安全屡遭威胁，甚至不得不在武装保护下进行调查采访。

8 月，通过深入采访，央视《焦点访谈》的记者掌握了大量素材和真实情况。在看了记者拍回的电视素材和文字材料后，广西壮族自治区党委书记曹伯纯亲自赴南丹进行调查，并点名要央视记者同行。最终，曹伯纯南丹之行揭开了此次矿难的黑幕。②《焦点访谈》等新闻媒体对南

① 高举邓小平理论伟大旗帜，把建设有中国特色社会主义事业全面推向二十一世纪[EB/OL].www.people.com.cn.

② 转引自丁柏铨．论灾难性事件中政府、新闻传媒、公众的关系［J］．新闻界，2006（1）：9.

丹矿难事故的调查报道，最终为中央政府彻底查清并严肃处理这起特大事故提供了重要信息和线索。仰赖相关政府及其领导对新闻采访的开明协助，新闻媒体的耳目喉舌作用真正得以施展。

以 2003 年的“非典”为拐点，政府针对各种突发公共事件的应急预案编制工作开始全面提速。2004 年《国务院工作规则》修订时，温家宝总理主要强调了四点，其中之一就是建立健全各种突发公共事件应急机制，提高政府应对公共危机的能力。十届全国人大常委会第十四次会议时，突发公共事件应急预案编制工作已基本完成，全国应急预案框架体系初步建立，基本覆盖了我国经常发生的突发公共事件的主要方面。2008 年 3 月的“两会”期间，拉萨极少数人进行了打、砸、抢、烧破坏活动，西藏自治区负责人就此事答新华社记者问，将事件真相及时公之于众。3 月 15 日的《新闻联播》在“简讯”前播出了拉萨现场真实画面，将扰乱社会秩序，危害人民群众生命财产安全的暴力行径公之于众，毫不隐讳，赢得传播中的主动姿态；2008 年 3 月 21 日晚，更在《新闻联播》后播出了特别专题节目《拉萨 3・14 打砸抢烧暴力事件纪实》，完整地展现了事件过程和大量的现场细节；3 月 22 日，在拉萨目睹了现场过程的瑞典游客杨・弗里德里克出镜《新闻联播》讲述亲见实况；西藏人民医院医生洛桑次仁被暴徒袭击，冒着生命危险抢救受伤孩子，孩子父亲动情地斥责暴徒行径——用周详、全面的事实攻破误读、歪曲和流言，这才是真正的“硬”新闻，也因此为政府赢得了国际社会的广泛支持。相对应的是 CNN 在关于此事的报道中只用了警车在现场的图片，而没有暴徒打砸警车的场面，这里面暗含着其在报道中国的此类事件时所持的传统新闻框架——“国家镇压”，结果引发了观众和网民的质疑：“为什么不用完整录像视频？”纷纷指出报道不客观，并针对西方媒体对西藏骚乱的报道在网上开展攻伐，中国民众对西方媒体乃至西方表现出普遍的不信任和对立。在某网站发动的“全球华人大签名抗议西方媒体歪曲报道拉萨 3・14 打砸抢烧事件”活动中，来自全国各地 34 个省市地区和全世界 150 个国家和地区的超过 570 万网民踊跃参与，政府得到了民众前所未有的支持。[①]

时至今日，电视新闻媒体早就告别了冷战和封闭，来到了信息全球化时代。在这个时代，政治信息公开是至为开明的做法。通过国家政策规制实现信息公开，则任何政府和媒介的违规操作或不法行为，都会引

① 全球华人大签名抗议西方媒体歪曲报道拉萨 3・14 打砸抢烧事件 [EB/OL]. hi. news. sina. com. cn/news/xizang08/index. php.

起公众指责或促使国家启动制裁机器。这也为新闻媒介的发展潜能提供了生态保证，从而能够更有效地保持媒介生态的平衡和稳定。电视媒体在中国是引导和洞察社会民情的重要窗口，电视传播对社会转型发挥出了越来越大的影响。中国电视媒体表现出的影响力、社会地位、政治认可度、对重大突发事件的报道能力都清楚地证明，电视媒体已成为中国重要的传媒形态，全面而深刻地渗入到人们的政治、经济、文化生活等各个方面，深刻改变着转型期中国社会生活的形态。

表1–4　国家外交/政治方面有重大影响的事件发生时，受众利用电视关注的程度①

总是	经常	有时	很少	从不	合计
21.88%	35.82%	29.33%	9.38%	3.61%	100.00%

表1–5　国家文化/教育方面有重大影响的事件发生时，受众利用电视关注的程度

总是	经常	有时	很少	从不	合计
12.50%	31.97%	43.03%	8.89%	3.61%	100.00%

表1–6　国家经济发展有重大影响的事件发生时，受众利用电视关注的程度

总是	经常	有时	很少	从不	合计
12.26%	31.73%	38.22%	13.46%	4.33%	100.00%

表1–7　体育/娱乐方面有重大影响的事件发生时，受众利用电视关注的程度

总是	经常	有时	很少	从不	合计
20.19%	27.88%	30.29%	17.31%	4.33%	100.00%

表1–8　社会伦理道德有重大影响的事件发生时，受众利用电视关注的程度

总是	经常	有时	很少	从不	合计
11.30%	31.25%	36.78%	16.11%	4.57%	100.00%

表1–9　对自己切身利益有重大影响的事件发生时，受众利用电视关注的程度

总是	经常	有时	很少	从不	合计
19.95%	35.10%	28.13%	10.34%	6.49%	100.00%

① 表 1-4 至表 1-9 数据来自本课题组调查。

危机下的传播，是一种高度策略性、技巧性的传播，其方法、手段不同，效果也完全不同。例如2003年北京“非典”初期，由于主渠道信息不畅，各种传闻在全国大范围蔓延，而且影响到国外受众。根据“调和理论”[①]，对于国外的受众而言，如果他对中国的对外媒体评价一般或者不高则就会对通过其他渠道了解到的所谓SARS失控情况确信不疑。而1986年美国“挑战者”号航天飞机的爆炸事件中，时任美国总统的里根很快通过电视向美国人民发表演讲。在演讲中，他将罹难的宇航员视为“英雄”，并深情地说：宇航员们“挣脱了大地的束缚，去触摸上帝的面颊”。里根这篇“如诗般美好”的演说词，被称为“变失败为胜利”的讲话，对于扭转美国乃至世界人民悲痛、消沉的情绪，将其升华为对“英雄”的崇敬与礼赞，转化为完成“英雄”未竟事业的勇气和信心，起到重要的作用。因此，如何引导传播，使事实的报道，数据资料的运用产生与己有利、有益的效果，从而化危机为良机、为契机，是传播者应当认真面对的问题。[②]

第5节　电视传播和国家形象构建

一个国家的形象，从根本上来讲，当然主要取决于该国的综合国力及其在国际事务中所扮演的角色、所起到的作用等综合表现，但是，在媒介发达的今天，一个国家的形象，从很大程度上来讲，还是由媒体来建构和塑造的，尤其是在国际形象方面。源于强大的影响力及其媒介特点，音像并茂的电视传播自然成为人们认识一国形象的重要依据。

一、电视对国家形象塑造意义重大

每个国家都以一定的形象出现在纷繁复杂的国际舞台上。提起某个国家，人们的脑海中总会产生某种相对固定的印象：或富强，或贫弱，或民主，或独裁，或友好，或霸道……因此，国家形象对于我们来说并不是一个陌生的现象。“国家形象是一个综合体，它是国家的外部公众和内部公众对国家本身、国家行为、国家的各项活动及其成果所给予的

---

① 美国心理学家提出了一种对信息的来源和客体两种态度相一致的理论(这个理论只有当信息来源和信息客体在人的意识中是互相联系时才产生)。按照这种理论的基本原理，态度总是同信息所由传出的来源和信息所谈到的客体相一致的。当信息来源的态度和对信息客体的态度具有相同一种评价记号（肯定或否定）时，就会出现相一致的状态。详见http：//www.66wen.com/05wx/xinwen/xinwen/20061027/47560.html.

② 程曼丽．国家形象危机中的传播策略分析［J］．国际新闻界，2006（9）：9.

总的评价和认定。国家形象具有极大的影响力、凝聚力，是一个国家的整体实力的体现。”①有的学者则主要从国家形象的内涵上进行界定，认为“国家形象是一国内部公众和外部公众对该国政治（包括政府信誉、外交能力与军事准备等）、经济（包括金融实力、财政实力、产品特色与质量、国民收入等）、社会（包括社会凝聚力、安全与稳定、国民士气、民族性格等）、文化（包括科技实力、教育水平、文化遗产、风俗习惯、价值观念等）与地理（包括地理环境、自然资源、人口数量等）等方面状况的认识与评价”②。可见，国家形象包含两个维度的内容：一是内部公众的评价与认定，即国内形象；二是外部公众的评价与认定，即国际形象。

一个国家形象的形成实际上就是一个不断塑造的过程，既有本国对自身的塑造（即自塑），也有他国对该国的塑造（即他塑）。一般说来，自塑的形象是正面的，它可能接近真实也可能被美化；他塑时，如是盟国或友国基本上也是正面形象，而敌国或非友国的塑造则可能有接近真实的部分，更可能出现歪曲和丑化。在目前的国际形势下，民族和国家的矛盾依然存在，因此，“在实际操作中，国家形象的塑造往往会受到来自政治、经济、文化等各方面因素的制约和影响，呈现在传媒中的各国的国家形象无论是正面的还是负面的，与该国的实际状况往往存在着各种各样的差异”③。这也正是国家形象呈现出复杂性的一个重要原因。

国家形象对一个国家在国际关系中的地位和作用有着非常重要的影响，也是一个国家在涉外交往中最大的无形资产，它往往关系着国家在国际交往中的声誉、影响力和吸引力。所以各国普遍非常重视媒介的国际传播，一方面下大力气加强本国的对外传播，以期对外塑造有利于本国的国家形象。另一方面，又呼吁他国传媒能客观、公正、全面地报道本国社会状况，避免歪曲本国形象。

其一，电视是观察别国的“望远镜”。

从理想的角度来看，电视媒体应当全面公正、真实客观地传播每个国家和地区的信息。然而，现实的情况可能并非如此。因此，受众通过电视媒体所看到和认识的外部世界，只是一个被选择和建构的“媒体世界”，与真实的世界有着一定程度的差异。所以，电视媒体只是我们紧闭国门而洞察其他国家和地区的一个“望远镜”，视野不够开阔，角度

---

① 管文虎．国家形象论［M］．成都：成都科技大学出版社，2000：23.

② 何兰．发挥传媒功能　塑造国家形象［J］．现代国际关系，2005（10）：27.

③ 李良荣．新闻学概论［M］．上海：复旦大学出版社，2001：149.

受到制约，甚至于形象还有些变形。例如，20 世纪 50 年代有着广泛影响的《学习》杂志曾用五个“敌人”概括了美国的形象，即美国是“和平的敌人”、“民主的敌人”、“文化的敌人”、“全世界人民最凶恶的敌人”、“中国人民最凶恶的敌人”。生动描绘美国形象的“纸老虎”一词更是妇孺皆知。而到了 20 世纪 70 年代，在刚刚实行开放的中国，美国的形象逐渐被“具有富饶的土地，美丽的风景，进步的科技，发达的工业和丰产的农业”代替。

在信息化的现代社会中，电视媒介在国家形象的塑造中起着至关重要的作用。电视是一门选择的艺术，通过对事实有选择的报道来表达无形的意见，在貌似客观的镜头中渗透资讯传播者的思想和观点，体现一定的立场和政治倾向，而这些观点和倾向在受众接受事实信息的同时，会被不知不觉地接受。这种非同一般的潜移默化作用使电视具有左右社会舆论的力量，并通过长期的涵化培养，影响受众的价值判断，美化或丑化一国的国家形象。

其二，电视是展示本国的“万花筒”。

电视媒介毫无疑问是展示本国文化的重要平台，是别国观察的“万花筒”。通过电视屏幕，我们形成了对这个世界的固定认识，并为不同的国家贴上了各异的文化标签。一方面，受众希望透过电视这个门镜更全面、更真实地认识其他国家，而该国电视机构则由于种种制约和出于种种目的，总是力图塑造有利于本国利益的别国形象；而另一方面，电视机构又总是希望通过电视这个展示的窗口，向其他国家和人民传递尽量美好的本国形象。这似乎永远构成了一对矛盾，而矛盾的背后无疑是为了维护各自国家的根本利益。

我们可以以韩国近几年展示国家形象的电视旅游广告为例，通过对这些广告的主题语和图像的分析，看韩国如何通过电视媒介塑造本国的国家形象。2000 年韩国旅游电视广告的主题是“令人耳目一新的韩国”。广告主要通过“过山车”、“高科技的视频系统”、“高档的百货商场”等具有现代气息的符号来表现韩国已经成为一个现代化的国家，同时，通过“在湍流中漂流”、“从高山上滑雪”等动感画面表现出人民积极“进取”的精神面貌。2004 年韩国专门拍摄了针对中国的旅游广告，广告主题为“开心胜地，好客邻邦”。广告片以一位韩国女明星游览兵马俑开头，兵马俑为这位女明星所吸引，“复活”了。韩国影视作品蜂拥而入，其浪漫的爱情、传统的伦理、唯美的场景、纯净的镜头，让大量的青年男女以至中老年家庭妇女为之倾倒，韩国形象也在中国民间大幅度提升。随之，韩国产品大量涌入，韩国留学生纷至沓来，韩国旅游持续升温，甚至出现“哈韩”一族。据《新华每日电讯》报道：韩国公布的一项调查结果显示，出口韩国电视连续剧对提升韩国国家形象起到了积极作用，外国人看韩剧越多，越容易对韩国产生好感。韩国国政弘报处海外弘报院院长俞载雄通过对日本东京和中国北京成年市民进行问卷调查，得出了被调查者收看韩剧的次数和数量与其对韩国产生的善意联想、情绪和行动意图成正比的结论。俞载雄在其报告《收看韩剧对韩国形象的影响》中说，接受问卷调查的中国人和日本人人均收看过的韩剧数量分别为4.82部和4.5部。其中，女性比男性更喜欢韩剧，访问韩国次数多、收入较高的人群对韩剧的喜爱程度较高。俞载雄认为，韩剧目前对提升韩国的国家形象起着积极的作用。[①]

韩国政府高度重视并有意识地通过影视剧改善国家形象，如政府就曾出资购买《情定大饭店》、《秘密》、《四姐妹》等韩剧的版权，免费向数十家阿拉伯电视台提供播放，希望以此加强韩剧文化外交，加强与阿拉伯世界的联系。《韩国经济新闻》在《品牌经营》专题报道中指出：“在想到某个国家和企业时，首先浮上人们脑海的是那个国家和企业的品牌。现在，品牌具有的意义已经超越单纯的商标和标志，它不但是企业，也是一个国家竞争力的源泉。”

二、中国国家形象塑造离不开电视

电视媒体既是社会精神状态的建设者和传播者，也是国家形象的塑造者和构建者。从某种意义上来讲，国家形象也是一种生产力，对内体现为凝聚力，对外则体现为吸引力。

其一，国际媒体眼中的“中国形象”。

出于种种原因和目的，国际上各种版本的“中国威胁论”甚嚣尘上。尤其是美日等国媒体的涉华报道议程设置，往往集中在诸如台湾问题、环境污染、人权状况、暴力事件、知识产权等等负面话题上，而忽略中国在各方面做出的重大变革和取得的进步。对这些议题反复的负面报道自然使其民众对中国形成较深的成见，比如可能民众因此就认为中国是一个专制、好战的国家。事实上，这不仅歪曲、诋毁了中国的形象，损害了中国的国际声誉，给中国开展和平外交、争取稳定健康的国际环境带来了困难和阻力，而且制约了这些国家政府的对华政策，这种不实的报道其实最终也将损害到该国的利益。2007年4月16日，美国弗吉尼亚

---

① 收看韩剧对韩国形象的影响[EB/OL].news.xinhuanet.com/mrdx/2007-07/18/content_6394349.htm.

理工大学发生美国历史上死伤最惨重的校园枪击事件：33人在惨案中丧身，数十人受伤。枪击案发生后，《芝加哥太阳报》的专栏作家迈克尔·史涅德仅仅根据凶手黑眼睛、黑头发、黄皮肤，就武断推论凶手是“中国上海人”。这一消息很快被各大媒体争相转发，在全世界引起了巨大反响，从而给中国的国家形象带来巨大的负面影响。最后经警方调查，元凶是23岁的韩国学生赵承辉。人们普遍认为，史涅德在警方和校方都表示暂不公布疑犯名单的情况下，仅根据枪手可能是亚洲人即把嫌疑焦点指向中国留学生，不仅有违记者的职业道德，而且有歧视中国人的倾向。中国外交部发言人刘建超也正式予以谴责。

纵观冷战后的十多年间，美国媒体几乎每年都要选择、利用或制造一两起借机妖魔化中国并引起两国媒体对阵、世界舆论关注的媒体事件：1989年所谓的“天安门事件”，1993年“银河号事件”及对中国“申奥”的反宣传，1994年“中国间谍事件”，1995年“吴弘达事件”，1996年“上海孤儿院事件”，1997年“政治献金事件”，1999至2000年“误炸”使馆事件、“李文和案件”，2001年“撞机事件”……所有这些媒体事件，在妖魔化中国的既定框架下，或精心包装，善加利用，或无中生有，刻意炮制，在尊重民众知晓权和坚持新闻客观性的幌子下，这些全球性的媒体提供给的只是他们想要受众知道的事实，而并不是受众需要知道的事实的全貌。①

其二，“中国形象”的转变缓慢而艰难。

日复一日长期的灌输和熏陶，国外受众很容易形成对于中国的某种思维定式，即“刻板印象”。早在1922年，李普曼就指出：刻板印象是将各种形象组织成一些固定和简单的分类，并用来代表所有人的方法。刻板印象几乎可以在所有跨文化状况中找到，它如此普遍的原因是人类本身有着区别和分类的心理需求。显然，刻板印象并不是与生俱来的，而是从多种途径中培养出来的，尤其是由大众媒介带来的。问题是对很多人来说，这种错误的不断重复便成为他们所理解的现实。

在2006年6月下旬召开的中国国际公共关系大会上，中国国务院新闻办公室副主任王国庆向外界公布了一份有关国际传播和中国国家形象塑造的材料，分析了美国《纽约时报》、《华盛顿邮报》和《今日美国报》2005年涉华报道的内容和倾向。据介绍，美国这三家主流媒体前一年关于中国的报道共有243篇，其中客观报道占报道总数的1/4左右，偏见报道约占1/3，平衡报道的比重是40%。国务院新闻办的结论是：在倾向性上，

① 黄斌．论大众媒体与中国国家形象的塑造［D］．暨南大学，2003：28.

三家美国主流媒体对中国的中性报道占多数，负面报道略多于正面。而在20世纪90年代，西方主流媒体妖魔化中国的报道占涉华报道总数的60%到70%。两相比较，可以看出，西方主流媒体对中国的报道已经发生了变化，但妖魔化中国仍是西方一些媒体涉华报道中隐约的主题。由于意识形态、政治制度上的巨大差异，西方的媒体和受众绝大多数对中国的认识有一种根深蒂固的预设。

另一方面，全球化和中国实力的迅速发展使中国和西方相互依存程度大大增加，西方国家调整了对中国战略地位的判断和对华关系的定位，即使从西方国家的国家利益出发，那种简单的出于意识形态对立的妖魔化报道也已经显得很愚蠢。公众对中国的了解越来越多，也使媒体在报道中国时不能再像以前那样信口开河。[①] 但其改变有时显得艰难和缓慢。

其三，和平崛起离不开形象塑造。

改革开放30年来，中国的经济、军事实力逐步增强，在国际上的政治、经济和文化影响日益巨大，中国的崛起显然势不可挡。于是，世界上有越来越多关注和忧虑的目光投向了东方。同时，诸如“中国威胁论”、“中国崩溃论”、“中国发展论”、“国际体系的挑战者”等各种论调和猜测也日益弥漫：“在21世纪初期，美国可能面临的最危险前景是中国成为东北亚的潜在霸权国”，“富裕的中国不可能是一个维护现状的大国，而将是一个决心获取地区霸权的雄心勃勃的国家”。因为，总有人相信大国崛起必然导致悲剧的发生，认为国际体系是一个险恶而残忍的角斗场，要想在其中生存，国家别无选择，只得为权力而相互竞争。

特殊的国情，特殊的历史时期，决定了中国必然选择一条迥异于其他大国崛起的发展道路，然而充分研究历史上其他国家发展强大的历史，对于今天的中国尤其大有裨益。基于这样的认识，中央电视台2006年年底推出了12集电视政论片《大国崛起》，详细论述了15世纪以来，葡萄牙、西班牙、荷兰、英国、法国、德国、日本、俄罗斯、美国这9个先后崛起的国家，在历史兴衰和发展方面的典型意义，阐述其发展历史，探寻其发展轨迹，总结其经验教训。该片也确实从中总结出了一些普适的原则，例如科学、教育、激励人们创造力、消除社会弊病等如何起着催化社会发展和保障社会健康的作用。它同样指出了历史上的一些教训，例如以军事扩张来刺激“崛起”无可避免地会导向幻灭和灾难。《大国崛起》播出后，受到社会极大的关注和国内受众的普遍好评。该片总编导任学安在接受采访时一再申明，希望用理性态度看待：“我们的意图只

① 西方媒体如何写中国 妖魔化报道比例下降[N]. 环球时报，2006-6-30.

是通过解读15世纪以来世界性大国崛起的历史，探究其兴盛背后的原因，进而让我们思考，中国的和平发展，可以从中借鉴什么样的经验和教训，我们如何从容地立足于世界去探索自己的和平发展之路？”① 在《大国崛起》之后，该片的几乎原班人马创作了其姊妹篇《复兴之路》。这是中央电视台第一部全面、系统地梳理中国近现代历史的系列政论片。这两部大型政论片从不同的角度形象论述了中国的和平崛起之路，对于国内外受众明确认识、澄清误解起到了重要的作用。

三、国家形象塑造必须服从国际传播规律

如何塑造有利于中华民族伟大复兴的国家形象，为国家的发展营造健康和谐的舆论环境，是摆在今天电视媒体面前的时代任务和历史使命。在电视媒体的各类信息传播中，及时、公正、全面、准确既是一个基本的准则，也是一个最高的追求。国内外的受众主要通过以电视为代表的大众媒介来监测环境、感知世界，大众媒介就是社会这艘巨型航船的指引者和守望者。特别是在国家和社会遭遇到一些危机时，如果电视媒体不能忠实履行职责，出现了传播缺位或传播失当，则很有可能使国家形象蒙受影响。因为如果国外受众中有相当一部分对传播持有怀疑态度，那么，作为传播者的中国对外媒体，其信誉将大打折扣，中国对外媒体的传播效力也大受影响。

其一，对外宣传让位于国际传播。近年来，顺应国际形势和传媒技术的变化，在国际公共外交领域，各国突破了对外宣传单向、强制的狭隘视线，转向国际传播。国际传播是指一国政府对外向国际公众社会所展开的一系列国际公关关系活动。凭借各种国际传播媒介和传播手段，通过培植或影响国际公共舆论，减少国际公众对本国产生错误（消极）观念，着意提高本国在国际社会中的形象和影响力，进而影响他国的意志与行为来实现自身的政治、外交等战略意图。② 电视新闻作为资金、人力、技术高度集中的行业，其媒介竞争力和传播影响力在很大程度上跟国家的经济发展水平息息相关，所以目前在国际传播生态中领先的电视新闻媒体几乎都属于发达国家，尤其是美国。发达国家的新闻媒体所传播的内容中包含有大量诸如个人主义、消费主义、享乐主义和商业主义的西方价值观和政治偏见，这些带有鲜明意识形态色彩的文化产品大量涌入

---

① 我们应该学会自信[EB/OL].news.xinhuanet.com/zgjx/2007-06/11/content_6227292.htm.

② 黎斌主编．国际电视前沿聚焦［M］．北京：中国传媒大学出版社，2007：93.

经济相对落后、社会处于转型期的发展中国家，在推销发达国家的观念体系方面效力甚巨。例如NHK、国家地理频道制作的有关朝鲜的电视新闻和纪实节目中，通过高大、不可侵犯的领导人、密集的人群、僵硬的表情、狂热的欢呼都在制造这样一种印象——集权、独裁、自以为是的共产主义领袖和难以理喻、具有威胁的封闭社会。经由拍摄、编辑的加工再造，电视新闻就这样将现实转变成超现实，为政治需要而扭曲真相，再凭借强势传播蛊惑视听，使发展中国家和落后国家陷入被动的舆论迷阵中。

其二，我国对外传播平台在不断拓展。长期以来，在我国媒体报道观念和报道方式相对落后的情况下，西方跨国新闻媒体批评中国“不自由”、“不民主”、“缺少人权”的负面报道不断。在以往没有符合国际惯例的权威信息出口的情况下，在多次国内和国际新闻事件上，中国政府总是显得迟滞和无声。在当前“有所作为”的外交策略下，中国电视新闻的国际传播在转型期迅速走向规模化、规范化。肇始于境外新媒体凤凰卫视和老牌国家大台央视间的角逐。1996年，凭借其独特、大胆的电视操作理念，凤凰卫视在香港新锐亮相。之后几年里，凤凰已陆续设有中文台、资讯台、欧洲台、美洲台、澳洲版和电影台等多个频道，不断实现其面向全球华人、发出自己声音的传播理念。凤凰卫视在伊拉克战争、别斯兰人质事件等重大事件的报道中屡派精锐记者第一时间深入现场报道，在香港回归等新闻事件的直播中占尽先机，以及在港台新闻资源上的“独家”优势，都为它赢得了口碑和荣誉。中文国际频道（CCTV-4）于1992年10月1日开播，迄今已在北美、欧洲、亚洲、非洲、大洋洲和中南美洲的100多个国家和地区实现落地，据估算，对中国大陆以外华语观众的覆盖户数已超过了1000万。2000年9月25日，英文国际频道（CCTV-9）开播，2004年10月1日，西法频道（CCTV-E&F）开播。2005年2月1日，长城亚洲平台开播，覆盖中国香港、澳门、台湾地区和日本、韩国、缅甸、泰国等亚洲国家。2006年12月22日，由包括中央电视台、上海东方卫视、北京电视台等9家中文电视台组成的“长城平台”获准落地加拿大。[①] 这些陆续在海外铺设的中文频道组合“平台”多角度演绎中华神韵，全方位展现当代中国，极大地改善了中文电视节目在海外的覆盖状况，有助于制衡西方观点和偏颇言论。

其三，我国对外传播合作在持续推进。目前，我国电视媒体正通过本土发射节目信号、邀请外媒来华摄制电视节目（如奥运之前相关部门

---

① 黎斌主编．国际电视前沿聚焦［M］．北京：中国传媒大学出版社，2007：122.

组织策划的“国际导演拍北京”活动），向境外电视台提供节目、与境外电视机构联合办台或联合摄制电视节目，以及对外销售电视节目等多种渠道着力扩大对外传播。在实践中，也探索出了一些有效经验，如围绕国家和民族的发展战略和外宣工作重点进行传播，联合相关部门和国内外传媒机构发挥合力，兼顾中国特色和收视地受众心理习惯获得良好收视效果，以及利用互联网拓展电视跨国传播的空间等。如果以后在人才培养融合方面，制作手法国际化方面，新闻报道独家性方面，节目形态西方化方面有所突破，中国的国际传播就能够将其影响突破一国一地的局限，释放出超常的传播能量。

今天的电视新闻传播是国家形象塑造的主战场，是国际传播的重要平台。中国电视新闻媒体必须同步考虑国内政治生态和国际政治生态的双线需要，同时实现新闻信息传播与国家形象塑造的双重任务，任务艰巨，责任重大。作为国际传播的新秀，形象塑造的后进，应集中有限的资源，有重点、有立场地发出自己的声音并打造独有的品牌。既借鉴西方现代传播机制，包括国际公认的观念、规则，又主动拓展信息采集网络，掌握新闻报道的主动权和舆论引导权，在与各国媒体的沟通协作和资源交流中，塑造准确清晰的中国国家形象。

第 2 章　公信力与影响力

在新媒体诞生以前，电视、报纸、广播是我国新闻传播的主要途径。新媒体在中国发展起来以后，尤其是在近些年，新兴媒体大量涌现后，人们的信息渠道越来越多。新媒体在迅速抢走大量受众的同时，也对电视媒体这一传统主流新闻媒体的公信力提出挑战。处于传统媒体核心地位的电视媒体正在经历一场前所未有的公信力危机。如何化解新媒体对电视媒体的冲击，重新塑造电视媒体的公信力？对于电视媒体而言，这个问题尤为紧迫。

第1节　提升公信力关键在新闻

公信力在很大程度上决定着媒体传播信息功能的发挥。媒介实现的传播效果的优劣与媒介的公信力是紧密相关的。在传播活动中，公信力高的媒体更易被受众接受，公信力低则相反。所以，拥有良好公信力的媒体，才能产生良好的传播效果。

一、公信力的研究概况

公信力最早是政治学中的一个概念，指的是领导者获得其选民信任和信心的能力，新媒体被新闻传播学领域引入后，则指受众对新闻传媒的信任程度。[①]新媒体国内外对媒体公信力起源的研究大致有两个看法，一说，公信力的研究起源于二战时期的美国：霍夫兰的可信性效果研究，即对信源的可信性与说服效果关系的实证考察。也有人认为，公元前 4 世纪，古希腊的学者们对于“可信度”的探讨，可以看作是关于公信力最早的研究。笔者认为，对于公信力的起源可以借鉴第二种的观点，即公元 4 世纪的信源信赖度讨论。以此为源头探讨公信力的研究。公元前 4 世纪，学者们演讲比较盛行，亚里士多德在他的著作《修辞学》中阐释：演讲者要取得好的效果，需要四个重要的条件：信誉、明智、品德、善意。明智，指演讲者对话题的判断力；品德，就是演讲者的道

① 许向东．关于公信力的传播学探源［J］．青年记者，2009（5）：21.

德操守；善意，则是演讲者对其听众的态度。①

亚里士多德的阐释对今天新闻传播事业来说，同样具有适用性。20世纪50年代，霍夫兰及其伙伴进行了两次关于信源高低的实验，根据实验结果，霍夫兰等人提出了“可信性效果”的概念：一般来说，信源的可信度高，则说服力度大，说服效果好；可信度越低，则说服力度小，说服效果差。“可信性效果”的概念说明，对传播者来说，良好的形象是争取受众的信任、改进传播效果的前提条件。这一研究为今天的“媒体公信力”的研究奠定了一定的理论基础。

20世纪80年代，由于美国频发假新闻事件，甚至有记者因为假新闻而获得普利策新闻奖的荒谬事件，尽管后来人们知道真相，但这对当时的新闻界来说是一个严重的信任危机。许多学者纷纷将视线转移到媒介可信度影响因素的研究上，其中以80年代国外所建立的可信度指标为代表，包括五个方面的内容：新闻从业者的表现、新闻报道的专业度、新闻报道的判断力、媒介与政府的关系、媒介在公众生活中的角色期待。《权力的媒介》中，作者阿特休尔指出：“要想保持这样的形象，那么，它们（报纸和电台）就必须具有可信度。”②

迄今为止，国外对媒体公信力的研究从零散走向了系统，从单一维度的概念转变为多维度的概念，从传播信息的客观属性转变为更多地考虑受众的主观认知，从信息来源的特点转变为媒介行为的特点。这些研究可以归结为两个方面：一是测量比较媒体公信力；二是传媒公信力测量体系。其中梅耶的传媒公信力测量体系在西方比较受推崇，主要包括五个要素：公平、无偏见、报道完整、正确和可信赖。③

我国对媒介公信力的研究起步较晚，媒介公信力进入大众视野是SARS事件，媒体上层出不穷的虚假数据出现，引发人们对媒介和政府的信任危机，媒介公信力开始被政府和人民大众关注。2003年以喻国明教授为首席专家的中国人民大学新闻学院课题组通过激烈竞标，拿下了教育部首次在全国范围内以竞标的形式发表的哲学社会科学重大课题攻项目——《中国大众媒介的传播效果与公信力研究》。④2009年，课题组

① 刘学义、王一丽．欧美传播语境下的媒体公信力研究［J］．北京理工大学学报，2010（3）：16.

② ［美］阿特休尔．权力的媒介［M］．华夏出版社，1989：212.

③ 闻学峰．传媒公信力的概念及测量——兼论梅耶的传媒公信力测量体系[J]. 浙江万里学院学报，2006（6）：23.

④ 喻国明．中国大众媒介的传播效果与公信力研究［M］．北京：经济科学出版社，2009：189.

的研究成果——《中国大众媒介的传播效果与公信力研究——基础理论、评测方法与实证分析》由经济科学出版社出版。概括来讲，主要有三大方面的成就：第一，第一次对媒介公信力的相关问题进行了系统的理论探讨，在针对媒介公信力的基本概念界定、影响因素、维度探讨、生成机制、对传播效果的影响这个五个方面进行详细研究后，又针对我国现阶段的基本国情提出两点思考：一是我国社会各种因素作用下的媒介公信力下降对政府形象的影响程度问题；二是市场经济条件下我国媒介公信力的可能变化的问题。第二，在分析我国大众如何判断公信力的基础上，建立了传媒公信力的测评表。第三，组织实施了迄今为止我国所进行的最大规模、指标体系最为完整、综合测评传媒种类最多的一项实证与评测分析——《中国传媒公信力问题的全国居民调查报告》。这次调查，不但对我国传媒公信力的状况进行了全面的描述和测评判断，也进一步完善了我国媒介公信力的方法论体系和相应的指标构建。

二、我国媒介公信力的指标

媒介公信力的判断维度依地域不同而不同，这是因为人们受到不同环境的影响，会形成不同的认知角度。总的来说，人们对媒介公信力的判断认识会根据政治和文化的不同而产生差异。

其一，境外的媒介公信力判断维度构成。

自 20 世纪 50 年代霍夫兰“信源可信度研究”以来，美国学者们开始了对媒介公信力判断指标的实证探讨，其中，在 1986 年对美国报纸新闻公信力的探讨中学者采用了美国一套 16 题项的五级语义量表来进行分析。分析的结果显现出一个支配性的因素：“报道公信力”包括可信赖的、正确、公平、尊重隐私等十二个内容。[①] 美国对于媒介公信力的研究已经有五十多年，综合学者学者们的研究，美国媒介公信力的判定主要有：公平、无偏见、报道完整、正确和可靠性五个方面。

我国台湾学者的研究延续的是美国学者的实证方法和理论模式，比较有代表性的罗文辉等人在探讨台湾地区的公信力指标维度上，以 ASNE（1985）所采用的指标为基础，测量报纸和电视的 16 个题项，分别是：报道可信度题项：可靠程度、正确程度、客观程度、公正程度、详细程度、不偏颇程度、不夸张程度、值得信赖的程度；社会关切题项：关心大众利益、重视国家利益、关心社会福利、重视大众意见、尊重隐私、维护大众知

---

① 喻国明．中国大众媒介的传播效果与公信力研究［M］．北京：经济科学出版社，2009：145.

情的权利、推动社会改革、维护社会主义。[①]

其二，我国大陆的媒介公信力维度构成。

中国人民大学博士勒一在《大众媒介公信力测评研究》中，针对我国媒介公信力测评标准做了一系列的调查和实证研究，最终得出专业素质、新闻技巧、社会关怀、媒介操守、与官方关系、外在形象这6个指标。张洪忠在《大众媒介公信力理论研究》中，从文献研究和实证研究两个方面，探索大陆公众判断媒介公信力的维度，综合这两个方面探寻我国媒介公信力的维度构成。研究初步归纳了我国民众判断媒介公信力的维度包括：权威性、实用性、真实性。在前面两项前期研究的基础上，媒介公信力判断维度量表从权力取向和专业取向两个方面来设立。在专业取向方面，采用靳一的18个题项组成4个维度的结构；在权力取向方面依照张洪忠提出的权威性、有用性来设立指标。这样，最终形成的我国媒介公信力判断维度量表共有6个维度，23个题项。[②]

新闻专业素质方面包括：

①真实报道，新闻报道不含虚假、猜测和虚构的成分。

②新闻报道准确无误。

③完整报道新闻事件，不回避新闻事件中的任何重要事实。

④对有争议的新闻事件，平衡报道争议各方的情况，不偏袒任何一方。

⑤客观呈现新闻事件原貌，不加入报道者的偏见。

⑥全面报道，不刻意漏报、瞒报重要的新闻事件。

社会关怀方面包括：

①站在社会大众的立场上，关注最广大民众的利益。

②关心处于困境的弱势群体，比如农民、下岗职工、残疾人等。

③敢于针砭时弊，批评性新闻比例高、批评力度大。

④媒体以平等的姿态面对读者观众，而不是高高在上、傲慢自大。

⑤新闻报道实实在在，不唱高调、不打官腔。

媒介操守方面：

①广告比例适当。

②不发布虚假广告。

③不刊播广告新闻、有偿新闻、软广告。

④新闻格调高尚，不随意炒作粗俗不雅的新闻。

---

① 喻国明等．媒体公信力：判断维度量表之研究［J］．新闻记者，2007：24.

② 同①，2007：33.

新闻技巧方面：

①新闻报道迅速及时，有时效性。

②能够对复杂的新闻事件提供有深度的分析和解释。

③能够经常有独家新闻。

有用性方面：

①是值得民众依靠的一个投诉渠道。

②媒体的批评性报道十分有效，能够有力地促使问题得到解决。

③提供了许多生活中有用的信息。

权威性方面：

①代表党和政府的声音，具有权威性。

②媒体的报道有助于国家、社会的发展。

三、不改变不足以挽救公信力

十年前，我国电视用户约为 11.73 亿[①]，而那时互联网的用户仅为 2000 万，十年后的今天，我国电视观众已接近饱和，而网民数量已经超过 4.5 亿，手机用户超过 9 亿[②]，新媒体视频用户规模达到了 2.84 亿，新媒体的用户数量呈现出爆发增长的态势，而且丝毫没有放缓的趋势。今天媒介已经被推向市场，自负盈亏使媒介不得不重视受众的需求。而受众方面，媒介素养、文化水平和接触面扩大等原因，对媒介的期望与要求也日渐提升。日益市场化的现实使媒介必须努力赢得受众，而公信力的高低，则直接决定着媒介能否获得受众信任，因此越来越被重视。新媒体带走了大量受众、大量的意见领袖，人们对信息的观点也因为新媒体的先入为主发生变化。在人们习惯从新媒体获得周围信息之后，一旦电视与新媒体的信息内容相左，人们就会权衡并比较两者，并对电视媒体产生怀疑。电视一旦失去受众，公信力便无从谈起。所以我国的电视媒介提升公信力的关键在于新闻，新闻信息的制作和传播保持良好的公信力，才能长期保持对受众的感召和吸引，更好地发挥在我国传媒领域的领军和引导作用。

新媒介技术的发展、成熟孕育出新的行当下的媒介市场在不同领域、不同层面，运用着不同的工具和载体，针对不同的受众和资源，尽其所能，各司其职，并存共进。身处此境，电视新闻需要调整和融合来获得新生，提高电视媒体的公信力，并力图维持自身作为主流大众传媒的地位。

---

① 百度百科．“电视覆盖率”．

② 工信部、国新办发布的数据．

首先是要注重公信力的培养，树立电视新闻的主导性。电视新闻的主导性体现在两个方面：一是在电视节目中，新闻类节目占据主导地位，媒介公信力播放新闻是电视媒介的主要功能；二是在整个社会生活中，电视新闻的影响力日渐增加，人们越来越多地通过电视获取新闻信息。尽可能地满足受众获取信息、沟通交流的需求，因为传递信息是电视作为大众传媒最基本的功能。所以，电视必须在日常的新闻报道中，以卓越的专业精神追求高品质新闻。

其次是需要改进创新内容形式，形成电视新闻节目意识。我国电视新闻在发展初期，节目内容比较简单，形式呆板，播出容量也小。而今随着电视新闻播出时间不断增加等因素，节目形式日渐丰富。尤其是 20 世纪 90 年代以后，有线电视的普及，大量电视节目上星播出，电视新闻呈现出空前繁荣的景象。一大批优秀的电视新闻栏目脱颖而出，社会影响力日渐壮大，出现了一大批像中央电视台的《东方时空》、上海电视台的《新闻透视》、福建电视台的《新闻半小时》等众多有影响力的新闻类栏目。在如今到来的网络时代，尽管网络给电视新闻带来了冲击，但是如果我们能够充分利用网络带来的机遇，将挫折化为动力，将不利转换为有利，电视新闻重新焕发光彩便可以实现。

再次是要更新电视传播观念，促进电视传播功能新发展。电视媒体是国家宣传大政方针和主流思想的主要渠道。电视媒体多对于社会优秀事迹的报道宣传，既可以起到弘扬正气、帮助人们树立正确的人生观、世界观和价值观的作用，也可以确保社会上正确的舆论导向，对人们的行为和思想起到潜移默化的作用。但是，社会上有好的典型就有坏的例子，我们重视优秀报道的带头模范作用，却也不能抛弃媒体批评性报道对受众的警示作用。尤其是在社会转型期，人们的价值观受到各方面的影响，利益冲突加剧。一些意志不坚定的人就很容易受到不良信息的蛊惑，在这种情况下，电视媒体应该告诉人们，触犯法律会得到什么样的下场。从建立媒体的公信力方面，如果一家媒体只一味地唱赞歌，对社会上的丑恶现象视而不见、充耳不闻，面对众人关注的尖锐矛盾和突出问题绕道走，或者仅抓住鸡毛蒜皮的小事不痛不痒地发几句感慨，媒体是得不到受众信任的。

传媒要有批评，但这种批评是为了更好地履行自己的喉舌作用，惩恶扬善。电视媒体作为国家的主流媒体，更应该担任好舆论监督职责，净化社会风气。但是有一点，不论媒体是批评报道还是表扬报道，媒体都要建立在真实的基础之上，只有在真实的基础之上才能理直气壮地开展舆论监督，也只有这样的传媒，才能在受众中树立权威和信誉，让受众信服。

网络时代，电视新闻媒介也应该有新的姿态和话语方式，即不再以权威发布的平台自居，而是寻找沟通和服务的落点，对于政府部门发布的法规、政策、通告等，不限于原封不动的播报，而是增加和百姓生活密切相关的说明和链接。例如，央视新生的新闻媒体栏目《新闻社区》，主持人会笑嘻嘻地给雪灾后结婚的人道喜，记者与陪同孩子参加艺考的孩子家长拉家常，更不用说地方台争相亲民的“三贴近”新闻了。这种平等的心态来自网络普及之后越来越民主的社会氛围，也来自电视新闻人对于自身角色身份认知的改变。此外，通过热线电话提供新闻线索，通过网络和短信平台参与话题讨论，甚至加入观众参与节目评选等方式，电视新闻节目中的互动比率大幅增加。

第2节　电视面临的严峻现实

公信力决定着媒介是否被信任，是否被理解，也决定着媒介在社会中的影响力。在新媒体时代，信源不断涌现，信息量不断增加，受众的受教育程度越来越高，对于大众传播的内容已经不再盲从，而是开始有选择地接受，电视媒体的权威性和公信力受到了方方面面的挑战，如何与新媒体传播达到双赢、提升电视媒体的公信力是一个很现实的问题。

一、电视不再居于领导者位置

改革开放30年来，我国报纸、电台电视台的数量急剧增加，媒体从业人员数量也翻倍的增长。据2012年出版业以及广电年鉴显示，截至2012年年底，我国共出版报纸1918种，平均期印数22762万份；经由全国批准设立的电视台达到183座、广播电视台2185座，教育电视台42座。与此同时，新媒体也呈雨后春笋般的态势急速前进，据中国互联网协会、国家互联网应急中心发布的《中国互联网站发展状况及其安全报告2014年》显示，截至2013年12月底，我国网站总数近350.7万个，网站主办者近281.7万个，而在这350.7万个网站中，“事业单位”举办网站9万余个、“政府机关”举办的网站5.6万余个。没有新媒体的时代，电视媒体牢牢把握住主流媒体“一家之言”的喉舌地位，掌控舆论全局。而网络技术的发展，众多的新媒体和通达全球的信息通路使舆论变得复杂了，网络技术颠覆了我国一直以来的认知模式，电视媒体的公信力面临着前所未有的挑战。

其一，电视强势传播地位已动摇。

网络普及之前，传统电视凭借自己强大的覆盖能力和历史地位，一直处于信息传播的绝对领先地位。互联网在中国迅速普及之后，网络媒体很快就凭借传播速度快、互动性影响力大等优势，作为新生的文化传播方式，逐渐淡化着传统电视的传播优势地位。

2011年新浪曾对“你平时都用什么媒介获取信息”做一调查，在1335份有效问卷中，互联网以明显优势超过电视，成为受众新宠。网络媒体的及时性、敏捷性的特点，使它们在突发事件的信息传播中具有传统的电视媒体无法匹敌的优势。近年来，互联网、手机、博客等新媒体在突发事件中的快速传播能力震惊世界，从美国9·11到中国青海玉树地震，从伊朗大选舞弊案到中国大连PX项目游行示威，互联网与手机近乎直播的方式在中国掀起了强大的社会动员力量。事实证明，互联网已经成了具有相当影响力的传播媒介，电视媒体必须寻找出路，实现突破。

其二，电视舆论影响力正被稀释。

传统电视一直被赋予“喉舌”的功能，由于拥有强大的覆盖受众和权威信息的独家发布权，在舆论引导中一直处于主导地位。网络新媒体的快速发展，改变了传统的社会舆论格局，传统媒体例如电视在舆论宣传和引导方面的专属权被打破，新媒体正在成为引导主流舆论的新阵地，这在一定程度上稀释了电视媒体的权威性和引导力。在一系列国际、国内突发事件中，尽管电视媒体依然可以发声，但从时效性和社会动员力量上，作为我国互联网媒体的新兴力量——微博，已经显示出了强大的力量。新媒体环境下，政府、组织和传统媒体不再具有垄断性的话语权。博客、微博、微信、微视频、手机视频已经赋予每个普通受众制作和传播信息的能力。2007年4月16日的美国弗吉尼亚校园枪击案中，博客、手机已经成为媒体的第一手新闻来源。枪击发生后，一个名为“I can tread 01”的普通民众在自己博客上发布了女友中弹受伤的消息，导致众多网友跟帖也引发了传统媒体的跟进。2008年春季的华南雪灾，很多传统媒体的新闻信息都来自于网络视频和手机交流。这些近乎原始状态的素材由于没有经过复杂的信息处理有时显得更加真实感人。

近年来，网络媒体的创新层出不穷，博客、微博、微信、社交网络、移动互联网、网络搜索、电子商务等等，这些新技术和新应用深刻地改变了人们的生活方式、思维习惯和社会关系，网络时代带来的社会影响力已经远远超过传统电视，甚至远远超乎人们想象。传统电视的影响力正在不断被网络稀释。

其三，年轻受众正流向新媒体。

随着网络视频、微博微信、手机视频的快速发展，传统电视内容创新速度的相对滞后，使得电视注意力资源正在被新媒体加速分化，越来越多的年轻受众成为新媒体的拥护者。由于网络新媒体更符合年轻人的口味，如果对网络和电视做出取舍的话，年轻一代无疑会更倾向于选择网络。年轻的受众被新兴的媒体牢牢吸引着，而电视媒体则显示出疲软的一面。社交网络“豆瓣”中有一个“不看电视”小组，小组里的某网友发表帖子称：电视已经给我们太多不想知晓的东西，像填鸭一样的硬填充给我们，铺天盖地的广告、智商低下的连续剧、哭哭啼啼的偶像剧、层出不穷的重复综艺节目、台下的演员扮观众等等，实在让我们无语……[①]在年轻人中，对电脑的需求已经或即将超过电视。与之正好相反的，微博微信、手机网络客户端、网络视频……庞大的年轻群体正涌向网络新媒体。

其四，媒介市场份额已被瓜分。

经过几十年的积累，电视在广告市场一直处于强势地位，而伴随着网络媒体的快速涌入，这种格局正在被打破，电视的市场蛋糕正在被网络媒体蚕食。历经多年辉煌之后，一直被视为电视收入支柱的广告收入，近年来增势疲软，而网络媒体的广告收入却方兴未艾，处于不断上升的成长期。广告投放正在由电视向网络媒体分流。

在过去的五年中我国互联网的广告收入以平均每年60%的速度增长，2008年移动和网络媒体总收入是1053亿元，占到中国传媒产业总产值的四分之一，新媒体的收入增长幅度远远超过传统媒体。也许我们大家都会注意到，几乎打开每一个网页都会有广告出现在我们面前。赛迪网的记者在2012年年初曾对伊利副总裁靳彪对于伊利广告投放做过一次采访，靳彪曾表示：“目前包括限娱令在内的广电总局一系列的净化媒体市场、调控广告时间的政策，对我们这样的快速消费者来说是有影响的。过去我们的广告形式可以多种多样，但是现在随着这些条例出来以后，我们在电视投放选择越来越少……此次我们在新媒体的广告投放比例预计比例超过10%，我相信随着新媒体的发展，我们的投放会加大。”

其五，电视服务水平有待升级。

人类社会正在逐步走向体验经济的时代，如今的人们已经很难有足够的耐心在电视机前拿着遥控器一个一个地换台选择能吸引自己的节目，同时还要忍受广告插播，时间限制等因素。面对着电视机和千篇一律的

① 豆瓣网“不看电视小组”［EB/OL］.www.douban.com/group/noTV/17.

电视节目，我们无法自由选择栏目也不能即时地提出自己的观点和意见。电视是一个直接输出的终端，受众只能被动接受。

网络时代人性化、个性化的传播特性，用户的参与性和主动性增强，这对传统电视转变传播方式、提升用户服务意识都提出了挑战。能否满足碎片化的用户群体需求，能否给予用户个性化的体验，能否建立分享和共享的用户机制，这些都将是传统电视能否在网络时代依然保持自己稳固地位所面临的主要问题。

二、素质提高催变受众心理

霍夫兰的“可信性研究”表明：信源的可信度高，则说服力度大，说服效果好；可信度越低，则说服力度小，说服效果差。媒体塑造公信力是一个长期且多方面的过程。在传播活动中，公信高的媒体更易被受众接受，公信力低则相反。所以，拥有良好公信力的媒体，才能产生良好的传播效果。19 世纪 50 年代，美国人本主义心理学家马斯洛提出了著名的“人的需求层次理论”。马斯洛指出，人的需求是天生的，在社会面临重大危机时期，人的首要需求应是生理需求和安全需求这两个较低层次的需求。人们一般更喜欢一个安全、可以预料、有组织、有纪律的世界，这个世界是他所可以依赖的，甚至认为几乎一切都不如安全需要。[①]而这两种需求的满足，很大程度上依赖于媒体的新闻报道。美国马里兰大学研究中心对受众心理的一项调查表明：受众特别关注“惊人的消息的真实性及其潜在的影响性和危害性”，以及“与人类自身‘利害攸关’的新闻”。[②]南京大学对全国五大城市所做的“非典”调查报告也显示：对“非典”情况表示“非常关心”和“比较关心”的比例分别为 40.8% 与47.2%，两者合计高达88%。[③]由于公共危机直接关系到公众的切身利益，所以信息之于公众有着至关重要的价值，它不仅是人们在危机中行动和决策的重要依据，也是消除公众的恐慌心理、推动政府应对措施顺利执行的基本要素。在危机中，信息往往是不充分的、模糊的，但这并不能影响人们对于信息的渴求。

由此可见，电视媒体要想真正起到“以正确的舆论引导人”的作用，就必须非常重视对受众特别是受众社会心理的研究。电视传播行为，说到底，就是将信息传递给受众的过程。受众的规模、受众的文化水平、

---

① ［美］马斯洛．动机与人格［M］．北京：华夏出版社，1987：44-47.

② 虞达文．新闻心理学［M］．北京：新华出版社，2001：208.

③ 危机让我们走向成熟——来自全国五大城市第二次非典的调查报告[EB/OL].www.usc.cuhk.edu.hk/PaperCollection/Details.aspx?id=2613.

受众的构成、受众的信任、受众的习惯等等因素一同构成了电视传播事业的基础。研究受众、研究受众的社会心理效应，满足受众的需求，才能最大限度地培养受众对电视传播机构的依赖与信赖。电视传播机构的公信力与权威性也在其间得到确立。

表2-1　和网络相比，电视危机报道的主要不足（两项之内）[①]

	评论不够尖锐	内容不够丰富	报道速度不够	报道深度不如网络	报道角度较单一	可信度不及部分网站	有偏颇的可能	有诱导的嫌疑	有煽情嫌疑
干部/公务员	30.77%	38.46%	15.38%		11.54%	7.69%	34.62%	15.38%	11.54%
企业领导/管理者	23.81%	28.57%	9.52%	14.29%	38.10%	14.29%	4.76%	14.29%	14.29%
私营或个体劳动者	19.15%	19.15%	19.15%	23.40%	21.28%	21.28%	25.53%	23.40%	14.89%
技术员/教师/医生	29.69%	23.44%	26.56%	31.25%	21.88%	15.63%	17.19%	20.31%	12.50%
职员/文员/秘书	38.16%	28.95%	36.84%	15.79%	17.11%	17.11%	10.53%	13.16%	9.21%
工人/服务人员	31.25%	31.25%	34.38%	31.25%	6.25%	9.38%	12.50%		25.00%
农民/进城务工者	31.03%	58.62%	17.24%	6.90%	20.69%	13.79%	10.34%	20.69%	
学生	30.59%	12.94%	24.71%	27.06%	28.24%	20.00%	10.59%	5.88%	14.12%
尚未工作或退休者	5.26%	15.79%	36.84%	36.84%	26.32%	31.58%	5.26%	10.53%	21.05%
合计	28.50%	25.85%	25.60%	21.98%	21.74%	17.15%	14.25%	13.29%	13.04%

从表中可以发现：在危机事件发生时，电视观众认为和网络相比，电视危机报道的主要不足依次是：评论不够尖锐，内容不够丰富，报道速度不够，报道深度不如网络，报道角度较单一，可信度不及部分网站，有偏颇的可能，有诱导的嫌疑，有煽情嫌疑。

观众心理的作用层次可以分为微观接受心理、中观接受心理和宏观接受心理。处于心理结构表层的心理因素会最先发生作用，这也是和电视信息的传播特点相吻合的，因为电视不像印刷媒介那样需要集中许多理性的心理因素。中观和宏观接受心理发生作用也是在微观接受心理对节目内容等信息进行初步选择和过滤的基础上实现的。

第一，微观接受心理。包括兴趣、动机、偏好以及受环境制约的态度等一般的意向心理。因为这些心理因素处于心理结构的表面，最容易和具体的节目内容发生互动，它所引发的几乎都是无意注意的心理学特

① 数据来自本课题组调查.

征，对电视画面等信息具有先发的优势附着力。

第二，中观接受心理。求真、求知、求美心理是中观接受心理的三个表面上独立实质相互依存的心理层次。“真”是一种客观存在，也是一种再造的真实；是一种“求真”观念；“求真”的动态化过程就表现为电视观众接受主体的“善”的选择，真与善就是在不可分离的相互依存关系中处于一种和谐共生的关系当中。在电视接受心理中，这种求真心理表现为电视观众在心理上将真实的存在（现实与历史）视为参照物，吸收、评价、舍弃电视接受内容的精神过程。“求知”的电视接受心理是观众的基本“需要”，“需要”是人的生存本能，是自我实现的人本心理的社会化形态。“求美”则是指具电视的“真”与“知”的满足往往伴随着的是接受主体的身心愉悦——建立在情感形式上与情感内容相统一的“满足”形态基础上的一种境界，所以从总体上，求真、求知、求美是紧密联系在一起的。

第三，宏观接受心理。所谓宏观接受心理即是指最终影响观众接受和处理电视节目导向的心理因素，是受人本心理要素影响并接受个体世界观、价值观、人生观、伦理观等调节的高级意向心理。电视接受作为实质性的精神消费，从接受主体出发，这种心理表现为人本心理及其在变异中的寻求和满足。人本心理即存在于人的内心世界的本体，它是人类与生俱来的心理特质，具有极大的牢固性和普遍性，它总是试图冲破外围的限制自由地表达自己。对于人而言，物质世界的对象是客观的物质存在，心理世界的内涵则是一种主观的精神状态，这种精神状态表现为人的内心的体验，这种体验又离不开人的生理存在。因此人本心理的作用范围是无处不在的、根深蒂固的。

受众是电视传播效果的“显示器”，受众的社会心理与电视传媒引导之间有着密不可分的关系。现代的电视传播研究需要充分重视电视传播活动中的社会心理因素，因为作为电视传播活动的主体，不管是传播者还是受传者，他们的传播行为一定要受到诸如个性、人际关系、群体压力等社会心理因素的影响，所以，重视和强调对这些社会心理因素的研究，无论是对于电视媒体公信力本质的认识，还是对于具体电视传播规律的把握都具有十分重要的意义。

第3节　影响公信力的关键是利益

新闻媒体具备一种为广大社会公众所依赖的力量，这种力量便是新闻媒体公信力，其中新闻媒体公信力为社会各行业发展起着重要的作用，有助于推进社会长期稳定发展。一直以来，影响媒体公信力因素问题始终是国内外业界学界热点研究之一。

国内专家学者置于内、外部两个方面研究影响媒体公信力的因素，即从内部方面讲，影响媒体公信力的因素主要体现在四个方面：媒体内部的相关制度法规，媒体从业者的从业技能水平与职业道德修养，媒体的经营理念与模式，媒体现有的资源设备的物质条件等；从外部方面讲，影响媒体公信力的因素主要体现在四个方面：政府部门颁布的相关法律法规，我国社会的政治经济及文化现状，广大社会公众的思想、道德与文化素养，社会与公众的监督管理状况。以突发事件的电视新闻报道为例，我们的研究表明大部分受众对媒体的报道的时长和报道频率、情绪处理、刺激性把握（画面刺激性）、倾向性把握等方面认为是合适的，但也有很多受众认为媒体在真实性和细节展现这两个因素上把握不够。

表2–2　媒体对受众影响的决定性因素总体趋势分析表①

关键弊端	1远远不够	2不够	3合适	4过分	5太过分
力度（报道的时长和频率）	12.6%	34.0%	41.8%	10.2%	1.4%
细节展现	15.8%	43.7%	35.0%	4.9%	0.5%
情绪化处理	6.4%	30.7%	40.3%	19.1%	3.5%
真实性把握	19.6%	41.9%	32.0%	5.4%	1.1%
刺激性把握（画面刺激性）	6.8%	26.7%	52.7%	12.0%	1.7%
倾向性把握	8.0%	29.2%	37.6%	19.5%	5.7%

调查结果表明，受众对媒体的力度（报道的时长和频率）、情绪处理、刺激性把握（画面刺激性）、倾向性把握这四项因素认为是合适的分别占据了各自的最高的百分比，分别为41.8%、40.3%、52.7%、37.6%，但也有一定的比例的受众认为还不够。而有较多的受众认为在媒体的真实性把握和细节展现这两个因素上则不够，各自分别达到了41.9%和43.7%，而认为合适的稍次之，各自分别达到了32.0%和35.0%。

真实是新闻的生命，是媒体公信力和话语权的第一要素。“真实是受众对新闻的基本要求。新闻报道的真实准确，是媒介树立权威的关键。受众为了获取准确的信息，总是找他认为权威的媒体。”② 客观是打造媒体公信力和话语权的另一重要原则。“客观性报道”是新闻界的一条重

① 数据来自本课题组调查．

② 王雪娇．对媒介重塑公信力的对策及意义的探究［J］．文学教育，2013（1）：27.

要理念，是新闻从业者必须具备的一项非常重要的专业素质。目前看来，新闻报道方面的不足对于电视媒体公信力的影响是最大的。

其一，虚假新闻对媒体公信力的影响。

虚假新闻指的是缺失真实性的新闻。随着媒体的发展，虚假新闻由娱乐新闻领域逐渐向社会、经济及法制等新闻领域蔓延，虚假新闻的出现损害到媒体公信力。新闻媒体通常作为广大社会公众认识社会、了解社会的一个重要渠道，其肩负着反映舆论引导舆论的责任。对于娱乐新闻领域来说，其偶尔出现一些虚假新闻不会造成太大的负面影响，而在社会、经济及法制等新闻领域若出现虚假新闻，将直接影响到广大社会公众对社会的误解。甚至在对于某些失实报道进行辟谣时，某些受众还会网络留言，发表诸如："辟谣的往往都是真实，有必要辟谣吗！我们相信的是事实"、"你们总说通过调查证明是谣言，那你们公布点值得相信的"、"国家相关部门不会追究太深，敷衍一段时间就该处罚的处罚，该撤职的撤职，风声很快就被风吹过"、"现在一有爆料，过不了几天就会以各种理由删掉，是真的谣传还是高压……"等评论。类似《全国养老金结余够用 1.5 年》、《教授顶楼平台盖别墅施工 6 年》等虚假新闻的辟谣效果也大同小异。

我们从上述评论中可以看出，现在虚假新闻的危害已经不仅仅是没有机构辟谣、没法辟谣，而是在整个社会环境的熏陶、媒体虚假新闻频发的境遇下，部分民众对媒体已经呈现一种不信任的态度，长此以往，这个后果无疑比防治的疏漏更加让人担心。

其二，低俗新闻对媒体公信力的影响。

低俗新闻是媒体"三大公害"之一，从娱乐新闻领域看，低俗新闻主要表现为某些明星的绯闻琐事，例如，2013 年 4 月 4 日，有人爆出：小品王赵本山已于 3 日晚在北京某医院因心脏病死亡。该消息爆出后诸多社会公众为之惋惜、痛心。之后不久，赵本山组织召开新闻发布会以验证"死亡谎言"，由此以来，这种只顾吸引公众眼球，不顾新闻信息真实性的行为严重影响到媒体在广大社会公众中的公信力，无疑形成一种"狼来了"的局面。

另外，随着社会的进步，人们的思想越来越开放，"性"问题成为各大媒体热点论述问题。近年来，全球各媒体关于"性"的报道事件呈直线上升趋势，如以"大学生性健康状况调查"为主体的报道、以"一半以上广州白领男士关注处女膜"的报道及"木子美性爱日记"的报道等，诸多关于"性"的报道从四面八方蜂拥而来，让广大社会公众无处藏身。新闻媒体潜移默化地影响着广大社会公众，不断洗礼着广大社会公众的思想。若各媒体对“性”的报道不加节制，势必将影响到未成年人的成长，使其从负面的角度看待“性”问题。同时，激烈的市场竞争背景下，各新闻媒体选择采用低俗的新闻吸引广大社会公众的眼球，这样虽能够使新闻媒体获得更多的经济效益，但一定程度上扭曲了广大社会公众的思想，降低了媒体在广大社会公众中的公信力，这种行为无疑是不道德的。除此之外，还有一种更为低俗的新闻——拿已故的名人做新闻。曾经有一篇关于已故名人梅艳芳生病的报道：梅艳芳患有严重的宫颈疾病，该病初期会呈现“性交疼痛，阴道分泌物化脓，性交后出血”等一系列症状，梅艳芳得宫颈疾病后不合理治疗，以致引起癌变下体流血不止，最终导致死亡。这种报道严重丧失真实性，直接可被列入庸俗或恶俗范畴。

其三，有偿新闻对媒体公信力的影响。

有偿新闻指的是涉及新闻主体为了美化自身形象，遮掩自身丑行而以物质利益贿赂新闻人员，让其帮助掩盖自身不良行为。其中，有偿新闻既是一种“寻租”行为，又是一种新闻腐败行为，近年来，社会中有偿新闻行为频繁发生，严重损害到新闻媒体公信力。1994 年 4 月 11 日，北京市长城机电科技产业公司总裁沈太福因贪污与行贿罪名被依法处决。沈太福以物质利益贿赂记者，让其帮助为一个负债累累、濒临破产的公司进行涂脂抹粉，让沈太福成功高息集资 10 多亿元，以致 20 多万人上当受骗，遭受严重的经济损失。这一现象的发生很大程度上源于“有偿新闻”，至此越来越多的人对新闻的真实性、严肃性产生怀疑。

另外，有偿新闻还有一种特殊的形式——有偿不闻。2003 年陕西省某县发生重大矿难事件，相关负责人为了逃避责任，以物质利益贿赂记者，要求记者对这次重大事故不予报道。这一行为成为我国新闻史上的一大败笔，连累其他新闻人员无颜面对广大社会公众。若有偿新闻行为不予根除，不仅会影响到新闻媒体的权威性、公信力，而且还会使得越来越多的新闻人员被金钱操控。由此一来，新闻媒体揭示社会真实现象，舆论反映舆论作用将流于形式。

其四，不良广告对媒体公信力的影响。

媒体是不良广告出现的源头，骗子们以高额的资金报酬要求媒体刊播不良广告，部分媒体在高额资金报酬面前丢失职业道德，违背从业理念。其中不良广告既危害到广大社会，公众的身心健康，打破了正常的经济秩序，又严重损害到新闻媒体公信力。如三鹿婴儿奶粉中毒事件、“排油茶”事件、“盖中盖”事件等。针对上述不良广告现象，《中华人民共和国广告法》提出三点要求：任何广告必须符合真实性、合法性原则，应有助于我国社会主义精神文明建设；任何广告不能存在虚假内容，严禁欺骗消费者；任何广告内容必须符合社会公德与职业道德，切勿损害到消费者的合法权益。综上可对不良广告进行定义：不良广告是指那些不遵循真实性、合法性原则，违背社会公德与职业道德，损害到消费者合法权益的广告，如低俗广告、虚假广告。

首先是违法广告对媒体公信力的危害。违法广告指的是广告行为人在不遵循相关广告法律、行政法规状况下而制作的广告。这些广告不符合社会公德与职业道德，可能会误导、欺骗消费者。其中虚假广告、低俗广告均属于“违法广告”范畴。2004 年 7 月，国家工商总局对 30 个省级卫星电视频道进行监测，共监测广告 6565 条次，涉及医疗服务、医疗器械及保健食品等多个领域，其中发现违法广告 1005 条次，可见违法广告在全部广告中所占的比重如此之高。同年，青海省西宁市工商局也对当地各媒体发布的广告进行监测，并在药品广告与医疗服务广告中发现大量的违法广告。

相关专家学者针对违法广告进行深入研究，并根据违法方式将违法广告中的欺骗手段归类为三方面：私自修改已审批通过的药品广告内容，以致广告批准文号与内容不一致；诸多政府部门明令禁止的处方药广告广泛出现在大众传媒中；未经审批通过私自发布广告信息，甚至进行虚假宣传。违法广告的出现与大范围传播挫伤了广大社会公众的意志，违背了社会公德与职业道德，严重损害了新闻媒体公信力。

其次是虚假广告对媒体公信力的危害。现阶段，虚假广告在我国社会中已司空见惯，这些广告以坑骗消费者的手段实现产品运营商经济效益价值最大化。2003 年间，北京市消费者协会受理 18000 余件消费者投诉，其中关于虚假广告的消费者投诉高达 820 余件；而仅虚假广告问题，在 2004 年上半年，北京市消费者协会便受理了消费者投诉 600 余件，其涉及食品、房地产、医疗、美容等多个领域，尤其是医疗领域最为突出。

虚假广告之所以在社会中造成如此大的危害，其很大程度上源于名人代言，即利用名人的知名度与号召力以吸引更多的消费者前来消费。目前，名人广告存在着一系列问题，其主要表现在：名人未经亲身体验便在广告中对产品大为称赞，以致误导消费者；名人在医疗服务与药品广告中故意夸大疗效，消费者凭借对名人的信任进而购买该产品等。名人虚假广告行为不仅损害了自身的形象，而且还给消费者造成严重损失。针对这些问题，政府部门颁布《广告法》与《药品管理法》：医疗服务与药品广告严禁将宣传语言阐述得过于绝对；医疗服务与药品广告中不得出现专家或医疗机构的证明语言；保健品广告中不得出现疗效广告等，由此以来便在一定程度上遏制了虚假广告的发生，维护了消费者的合法权益，保证了新闻媒体公信力。

再次是低俗广告对媒体公信力的危害。总结而言，低俗广告通常表现在画面低俗、内容低俗及创意低俗三个方面，对于画面低俗而言，广告商为吸引消费者眼球，刻意将广告画面色情化，如陕西省某市在某一商业街道上设置多幅裸女广告牌；对于内容低俗而言，在我国多个城市广告牌上随处可见一些“贵妇借种”的广告，广告内容为：某女，28岁，身材较好，因夫患有不孕不育症，亿万家产无人继承，现寻一位身体强健男士，帮助诞下接班人，愿望一旦达成将以100万元作为酬谢；对于创意低俗而言，《北京青年报》上曾报道：北京某区的一个公共卫生间小便池上方的墙上张贴着一张治疗前列腺疾病的广告，该广告中的代言人酷似列宁。上述这些低俗广告虽能够吸引更多的消费者，增加产品运营商经济效益，但难以赢得广大社会公众的尊重，严重损害到新闻媒体公信力。

最后是电视购物中的虚假宣传行为对媒体公信力的危害。电视购物作为电子商务的销售模式之一，其中虚假宣传行为表现为购物虚假广告模式和购物频道直营模式两种。购物虚假广告模式主要指利用广告对所推销的商品或提供的服务进行欺骗性宣传，使广告受众产生误解，做出错误的判断和选择。[①] 电视购物直营模式虽然也需要借助广告这一宣传方式，但是它与单纯的广告宣传是不同的，通常电视台会设有专门的电视购物频道，此时电视媒体并不仅是广告发布的媒介，即在电视购物频道模式中，电视台不仅担任着广告发布主体的角色，而且是某种商品的销售平台。也就是说，电视购物的直营模式是电视台将某个固定时间段出租给商品经营者播放商品销售广告，或者是电视台与商品经营者合作，利用某个电视频道通过商品介绍的方式宣传商品，再以电话订购的方式与购物观众达成商品买卖交易合同，故从某种程度上说电视媒体扮演的是类似于超市、商场或者购物网站的角色。

电视购物作为市场交易方式之一，其虚假宣传行为也具有一般商品交易中虚假宣传的特点，具体体现为：第一，销售商有提供虚假信息的事实；第二，销售商明知或应知其提供的信息可能是虚假的，或者找不出充分的证据肯定其提供的商品信息；第三，销售商提供虚假信息的目的是使消费者购买该产品；第四，消费者对商品信息的信任是合理的，符合一般认知习惯；第五，消费者因相信商家的信息购买商品而遭受

---

① 张龙德主编．广告法规案例教程［M］．上海：上海大学出版社，2006：55.

损失。[①]

电视购物中虚假宣传行为的典型表现形式：

第一种是主持人参与。所谓名人，也称为名流，指各行各业中能力出众而备受敬仰和关注的著名人物。名人与明星相比，其范围更广，不仅包括娱乐界、体育界的明星，还包括科学、政治等领域内的知名人士。[②]由于主持人一般是地方名人通常都是具有较高的社会知名度，再加上媒体“粉丝团”对他们活动的无限支持，因此，主持人在公众中的影响力要远远大于“普通人”，他们对销售的商品相关信息的描述会更有说服力，同时商品在名人效应的影响下也会很快获得比较高的知名度，从而更快地扩大销售市场。电视购物销售中，通过主持人参与产品销售能够很快地达到扩大产品知名度和销售市场的目的。但在现有的法律体系中，除《食品安全法》规定名人作为食品代言人要承担连带的民事责任外，《消费者权益保护法》也规定了个人在关系生命健康的商品或服务的虚假宣传中向消费者推荐而造成消费者损害的，应当与经营者承担连带责任。[③]笔者认为此处的个人应当包括主持人，即主持人在电视购物中向消费者推荐有关商品造成消费者损害的有可能承担连带的民事责任。但是电视购物的大量日常生活用品，如家具、山寨手机或者家居被等商品，则有可能避开有关法律规定。

第二种是“专家”陈述。由于医疗产品、医疗器械产品、药品、保健品等有关商品的专业知识要求较高，经营者为了使自己的商品更具有说服力，通常在电视购物的广告中使用一些所谓的“医学研究成果”，再配以某位“专家”的现场解说和产品分析，而这种虚假的专家陈述会极大地误导消费者，使消费者肯定商品的性能，继而购买此款商品。笔者认为，在电视购物节目中出现的专家身份存在两种情况：首先，“专家”是某位普通民众在经过化妆后临时装扮的，其目的就是骗取公众对商品信息的信任，此种情况下的电视购物宣传行为显然属于虚假宣传行为；其次，在电视购物宣传中出现的专家其身份是真实的，但是根据有关法律的规定，在电视购物节目中对商品进行介绍时是不可以援引专家的名义和形象的。

---

① 王小慧．电视购物中的不正当竞争行为及其法律规制研究［D］．四川省社会科学院，2012：9.

② 王丽娜．名人代言虚假广告责任制度的构建［J］．现代广告，2011（7）：46.

③ 我国《消费者权益保护法》第45条第3款规定：社会团体或者其他组织、个人在关系消费者生命健康商品或服务的虚假广告或其他虚假宣传中向消费者推荐商品或服务，造成消费者损害的，应当与提供该商品或者服务的经营者承担连带责任。

第三种是“消费者”现身说法。2011年6月3日晚，齐某在电视上看到一款多功能电饭煲的购物广告，广告宣称原价598元的多功能电饭煲现在仅售198元，限量销售50个，广告宣传中“消费者”在不停地演示电饭煲的10种功能。但是，齐某收到货后发现只是普通的电饭煲，功能也与广告中宣传的不一样，而且所谓的“消费者”也只是个“托儿”。由此案例可见，在电视购物的宣传之中，利用“消费者”对产品质量和使用效果做出评价，同时由该“消费者”对产品的使用方法和功能进行现场演示，以增加电视观众对产品信息的信任度，是商品销售商对居民日常生活用品进行电视销售经常使用的一种方式。由于像电饭煲、家居被等商品并不适用名人或者专家的背景，因此类似的普通“消费者”在这些产品的宣传中更容易获取消费者的信任。

第4节　正确认识电视的地位

网络技术的发展使各种新媒体层出不穷，它们的兴起在一定程度上分流了部分电视新闻观众，但电视媒体仍然有自己独特的优势，只要认真分析原因，在自己优势的基础之上借助网络等新兴媒体之力，取长补短，优势互补，加速媒介融合，实现自己多渠道全方面、多层次的信息传播，电视媒体在网络时代仍然会取得更大的受众市场。新媒体使传统大众传播的现状发生了并且还在发生着深刻的变化。面对网络媒体的冲击，电视媒体在阵痛之余也应该可以很快找到应对举措。

一、影响力的确在下降

尽管网络时代的到来改变了原有的媒介生态体系，原来处于传统媒体核心位置的电视面临着新媒体蓬勃发展的诸多挑战。但是分析其深层次的原因还在于自身的问题和不足，完全地归罪于外部因素难免有失偏颇。

其一，过于追求经济效益导致核心价值背离。

实践表明，新闻媒体传播效果及公信力受发行量、关注度、收视率等因素的影响较大，同时这些因素也直接关系到新闻媒体参与人员的经济收入，即发行量、关注度及收视率越高，则新闻媒体传播效果越好，即新闻媒体参与人员经济收入越高；反之亦然。为此，新闻媒体参与人员为实现经济效益价值最大化，不惜采取各种不合规手段增加发行量、关注度及收视率，以致一大批新闻媒体参与人员迷失自我，其主要表现为，新闻媒体参与人员为博人眼球，更多选择那些低俗、恶俗的新闻素材，由于这些新闻素材不符合道义，严重偏离了价值取向，难以展现出新闻媒体的社会公众属性，违背了相关法律政策，对广大社会公众产生深远的负面影响，致使新闻媒体公信力流失。

其二，新闻媒体对待事件压力的处置措施不当。

突发事件与重大社会事件虽是新闻媒体的热点新闻素材，但其在报道过程中面临着多方压力。对于非常事件来说，其指的是重大突发性事件，包括矿难、地震等造成人员伤亡较大的灾害事故；对于重大社会事件来说，其指的是在社会引发舆论重点关注的事件。其中常以新闻媒体是否能够准确、真实报道非常事件与重大社会事件为依据考评新闻媒体的有效性、公正性。然而由于非常事件与重大社会事件的发生往往会使得官员、负责人等担负相应的责任，此时新闻媒体因惧怕官员的职权或接受负责人的金钱贿赂而进行虚假报道，如此不仅直接损害到广大社会公众的知情权，而且还大大弱化了新闻媒体的公信力。此外信息时代背景下，依托计算机技术与网络信息技术已完全打破以往信息的地区封锁状态，即使新闻媒体刻意隐瞒非常事件与重大社会事件真相，那么广大社会公众也会借助互联网进行真实事件信息传递，如此将导致新闻媒体公信力加剧流失。我们的调查表明，在危机事件发生时，媒体受众在收看媒体报道过程中，可以加深其印象的因素依次是：有客观公正的处理结果公布，有不为人知的内幕消息，有感人的故事或细节，评论员权威科学，主持人讲解生动，画面 / 声音感人，出现在重要播出时段，图表制作精良 / 数据翔实等。

表2–3　危机事件中，您印象较深的媒体报道，是因为哪些因素而关注它？（三项之内）[①]

有客观公正的处理结果公布	有不为人知的内幕消息	有感人的故事或细节	评论员权威科学	主持人讲解生动	画面/声音感人	出现在重要播出时段	制作精良/数据翔实
36.32%	34.62%	32.93%	31.96%	19.85%	18.40%	16.71%	14.04%

其三，盲目转载网络新闻导致的传播不当。

随着互联网技术突飞猛进发展，“网络”逐渐为广大社会公众所认知，即越来越多的人参与到“网络”中去。早期，人们依托广播、报纸及电视等媒介获取新闻信息，受多方面原因的影响，传统媒介获取新闻信息具有一定的局限性；而信息时代背景下，新闻信息获取方式呈现多元化，

① 数据来自本课题组调查 .

即人们可依托手机、电脑等新型媒介获取新闻信息，以真正意义上实现了随时随地获取新闻信息。此形势下，受法律监管缺失、发布者隐匿性等诸多不稳定性因素的影响，致使网络新闻媒体出现一些不足，如误导性报道、失实言论及标题造价等，较大程度上误导了广大社会公众，不利于社会主义和谐社会的构建。

其四，不尊重传播规律使得新闻炒作不断。

策划新闻又称之为新闻炒作，指的是组织公关人员编制出能够引起记者关注或争先报道的有新闻价值的时间。其中策划新闻的目的在于能够引起广大社会公众的关注，提高自身知名度，并树立起良好的品牌形象，为实现经济效益与社会效益价值最大化奠定坚实的基础。整个“新闻炒作”事件需要由炒作主体与新闻媒体共同完成，炒作主体以提高自身知名度为目的开展“新闻炒作”事件，而新闻媒体又为被利用方，其以实现自身经济效益价值最大化为目标参与“新闻炒作”事件。事实上，“新闻策划”与“策划新闻”存在本质区别，对于前者，其以真实性事件为中心进行策划，始终以新闻传播的客观规律为指导；对于后者，其大都为无中生有或歪曲事实，不符合新闻传播的客观规律。近年来，“新闻炒作”事件频繁发生，一定程度上扭曲了广大社会公众的思想，使得广大社会公众对其产生强烈的厌恶，以致新闻媒体的公信力逐渐流失。我们的调查表明，很多受众认为在危机报道中，悲剧色彩太浓、有诱导情绪嫌疑、报道时间过长等情况最容易让受众产生不良感受。我们是否应该反思和探讨某些值得注意的倾向，例如：媒体从业人员应不应该在灾后追问受灾群众受灾时的情形？播报感动人心的灾难故事时新闻主播可不可以流泪？哪些危机报道带着明显策划的痕迹、渗透出煽情的意味？面对震撼人心的受灾现场，用哪种报道方式更能实现传播效果？等等。

表2–4　受众对媒体传播信息的不良感受分析表[①]

类别	人数	百分比
悲剧色彩太浓	1395	33.1%
有诱导情绪嫌疑	1260	29.9%
报道时间过长，受不了	1251	29.7%
矫情和做作	1188	28.2%
没有其他节目调剂	840	19.9%
画面太刺激	798	18.9%

① 数据来自本课题组调查．

二、短期存在的相对优势

网络所带来的变革虽然巨大，但却短短不过几十年，从历史积淀和国家投入和社会普及上来看，电视仍然占主导地位。另外，网络由于发展快，一些自身的弊端也在逐渐体现出来，在一些重大事件和问题上，电视仍然有着“官方”的声音。在公信力的比较上，在一段相当长的时间之内，网络仍难以超越电视。网络是一把双刃剑，对于传统主流媒体电视来讲，网络既带来了挑战，也给电视公信力的提高带来了契机。

任何媒体要想在自己的领域站稳脚跟，都必须经过长期的优胜劣汰、市场选择。在面对铺天盖地的网络冲击时，电视媒体必然会加固自己的防线，提高自己的竞争力，以应对网络的冲击。目前，电视正在通过两种途径同网络奋力一搏：一是从形式上用新技术完善自己的新闻报道形式；二是从根本上充实自己的内容。以“质”取胜。从受众的角度来说，一方面，他们已经长期习惯于传统媒介的媒介形式、运作方式和服务方式，习惯于运用不同媒体的功能为自己服务，适应一种新媒介的传播方式尚需时日。另一方面，目前网络的发展仍处在初期阶段，同电视媒体相比，信息仍然过于冗乱，对于某一特定信息来讲，电视新闻经过记者和编辑的筛选加工之后，条理清晰内容完整，更容易被大众在短时间内接受。而且，在人类发展的每个阶段，人与人之间有语言动作和表情的交流才是最容易接受也最有效率的传达方式，电视新闻在主持人的解说下比冷冰冰的文字更容易被受众相信和接受。中国社科院发展研究中心发布的多次《中国12城市互联网使用状况及影响调查报告》① 显示，网民最信任的还是电视、广播和报纸，而信任程度最低的则是网络上的新闻。很显然在相当长的一段时间内，网络等新媒体难以取代电视的主流新闻媒体地位。

其一，电视媒体自身的优越性不容易被超越。

不管怎样。目前电视还是保持着很强自身的优势。与其他媒体相比，电视的普及率极高。即使是边远的农村，电视的家庭普及率也接近80%，加之电视节目资源丰富，传递信息及时，内容声情并茂，因而它远远超越广播、报纸等媒体。电视媒体的优势概括来讲主要有以下几点：一，画面传播一看即懂，声像并茂视听兼容，形象生动优美感人。视听兼备的特点赋予电视媒介其他媒介所无法比拟的优势，同时又使电视受众形成了专注视听的特点。二，电视传播的范围广阔，人数众多。各个

---

① 中国12城市互联网使用状况及影响调查报告［EB/OL］.home.donews.com/donews/article/5/52103.html21.

阶层，老少皆宜。三，电视传播环境较佳，干扰度低，一般在家中。四，电视传播的可信度一般较高，例如CCTV等一些机构所播出的信息，大众一般较易接受和信任。五，电视传播也具有一定的即时性和跨时空性，例如NBA的现场直播。六，电视传播也有一定的指向性，适应分众化趋势，例如CCTV13新闻频道，CCTV少儿频道等。七，电视传播越来越呈现出黄金时间效应，受众的收看时间相对集中。八，与广播媒介以个人收听为主不同，家庭视听是电视最主要的接收方式，且具有一定的专注性。

其二，网络传播的特殊性容易使得约束力不足。

网络新闻的传播是多向无序的，新闻的发生往往很难找到一手信源，各种信息交替重叠，很容易歪曲甚至颠覆，特别是在突发事件中，网络中信息传递快，信源来源广，很容易在传播中产生种种谣言，比如在日本产生核辐射后，关于“碘盐能够防止辐射”的谣言四起，人们纷纷去超市抢盐的事件就是一个很好的例子。

同传统媒体相比，在网上发布信息就容易得多。无论是报纸还是广播、电视，信息的发布者大多都是经过专门训练或专业教育的新闻工作者，他们发布信息之前已经掌握新闻采编的专业知识，具备新闻从业者的职业操守和传播理念，在对新闻内容和规则把握上比较规范，而且信息的发布要经过记者、编辑、主编的层层过滤和审核，若出现虚假新闻时，也会受到惩处。网络上就不同，首先是传播者和受传者的界限不明，每个人都可是信息的发布者，也可以是信息的接受者，二是信源不明，而且发布消息非常简单，不需要经过过滤的审查，这种状态下，人们很容易放松自我约束和控制，以隐形人的身份在网上任意传播消息，因此，当出现虚假新闻时，确定信源十分困难。由于传授双方在网络上都是匿名状态，导致网络媒体传播的内容五花八门，良莠不齐。网络新闻真实性从诞生之初至今一直备受争议。

其三，电视从业人员的专业性相对较高。

从新闻从业者的专业性角度来讲，由于电视媒体的时间久，标准规范，一直以来，电视媒体新闻从业者的专业性远远要高于新媒体的新闻传播者。而网络媒体衍生出的“网络编辑”一词，一直以来都是技术性要超专业性，对于文字的驾驭能力要求没有那么高，许多网站在招聘记者和编辑的时候，更偏重是否会后台发布或使用某种软件的能力，因此造成一些采编人员非新闻专业出身，没有经过系统的新闻专业教育，由于他们在新闻的发布方面没有形成像传统媒体那样一套健全的机制，因此在新闻报道上容易出现偏颇。更有一些人认为网络媒体既然是一种新媒体，在新闻的编写方面也要推陈出新，让一些没有受过新闻专业教育的人来编辑新闻，给新闻带来一些新鲜血液，让人耳目一新。尽管此举初衷是好，但是未受过系统新闻专业教育的人容易在一些判断上模棱两可，致使一些虚假、低俗或有失分寸的新闻发布到网上，影响媒体公信力的建立。毕竟，未进行过系统教育的媒体从业者，在信息的选择、尺度的把握以及内容的方向上未必有正确的判断，再加上现在许多网站新闻多是集采写和发布一体，缺少了编辑主编的层层把关，由此产生的后果就是某些编辑常常“拿来主义”，东拼西凑，不再去费心获取第一手资料，严重的甚至以讹传讹，网络上常常产生许多不同网站发布的类似新闻，“三人成虎”最后却证明都是假的。网络媒体由于没有健全的新闻审核机制，从业人员又专业性不强、职业操守约束意识淡薄，一些商业网站为求得高点击率，获得更多的商业利益，将一些新闻故意夸大，恶意添补，个别的甚至无中生有，发布低俗、骇人听闻的虚假新闻吸引受众，给自身公信力和社会风气等都造成恶劣影响。

其四，电视媒体的机制相对规范性较强。

首先，今天的传播体系中，不管是电台、纸媒还是电视媒体，都存在着把关人即编辑或总编辑，他们负责对记者采写的新闻进行审核，并对其建议或修改。在网络出现之后，由于网络信源众多，一时间，“把关人”的脚步并未跟上发布者的脚步，造成把关疏漏。尤其是在一些商业网站，采访的非专业性已经造成他们把关功能下降，为了追求时效性又缺乏专业的、有明确分工的把关人。在网络媒体中，即使有把关人的存在，因为网络新闻更新速度快，他们每天要处理成百上千的信息，短时间内很难做出严谨的抉择，而且网络转载新闻、改编稿件的事情时有发生，把关人很难区分，新闻的真实性难以保证。

其次，在传统媒体行业的制度设计中，记者都是按照工分来计算报酬的，稿件发得多，收入就越高，各种考评、奖励也会相应地增加；不少媒体甚至用工分的数量来考量是否要继续聘用记者或者对其进行职称的评定。与此同时，每天的媒体新闻都有其固定的版面或者时长，通常在早晨开例会的时候，编辑便会大致安排好每天要刊播的新闻稿件。在时间和工分限制的压力下，也存在不少记者未经过深入采访便仓促成文，道听途说便罗列事实，理所当然编纂信息，又或者为了争得收视等需求，刻意地渲染猎奇的细节，摘取迎合受众的内容，也为虚假新闻滋长了生存的空间。正如中国人民大学舆论研究所所长喻国明教授所说的：“人人都可以参与新闻的传播，而不可能人人都具有职业道德，也难保证每个人都受到过新闻专业的严格训练，通过他们所传递的信息，很难说是真正的新闻还是无知。”①

相对来说，电视新闻媒体在发展壮大中已经形成了一套相对成熟的新闻流程，其公信力有一定基础，主流美誉形象相对完整。

其五，电视媒体的管理制度相对完善。

由于互联网在我国的发展时间不长，一些相关的法律法规还存在漏洞缺失，在管理未达成统一规范的情况下，一些网站趁机打擦边球的情况时有发生，盗用图片不标明出处、引用文章不标明作者，甚至照搬照抄的情况时有发生。严重损害了原创者的正当权益。还有一些网站，为了获得点击率和关注度，将一些未经证实的消息发布到网上，或明知虚假信息仍然发布到网上，以故意引起受众注意，哗众取宠等等，虽然在短时间内达到了自己预期的效果，但这无疑是饮鸩止渴，严重地误导公众，也损害了自己的长远的利益。尽管随着媒体的发展，我国政府相继出台了一系列管理法规，以规范传播的种种行为，但由于些规定尚不全面系统，还有空白和漏洞。目前，很多官方机构建立了揭露虚假新闻、破除新闻谣言的平台。比如在 13 年 9 月 29 日《兰州晚报》发表文章指出《社科院专家估计地方债已破 20 万亿处失控状态》，但是经证实，此论据乃是记者未经核实，自行推断的结果。该信息一出，立即得到了央视网、网易、新浪等新闻机构的转载，但是在证实为虚假新闻时，经济参考报仅仅做出致歉声明，并向读者致歉，此外并无下文。处以警告、罚款已然是当下面对媒体造假较为严厉的惩罚，多数的虚假新闻最多是媒体致道歉信甚至不了了之，这无疑是削弱了辟谣机构的作用，让造假者有恃无恐。

相对来说，电视新闻媒体在长期发展的过程中已经形成了一套相对完善的规范性制约手段，对于内部从业人员有较强约束力，社会责任感和法制意义比较完备。

第5节　影响力保持是公信力增值的基础

电视新闻要提高公信力，从最基本上讲，还需要先将受众吸引过来，网络时代大量受众流失到新媒体之中，电视媒体的关注量大大降低，公信力也大不如从前。电视媒体要恢复昔日地位，首要任务就是将受众的注意力重新吸引过来，摒弃之前高高在上的姿态，从受众的角度出发，贴近受众甚至迎合受众。只有养成了受众“重要新闻看电视，求证新闻看电视怎么说”的习惯，电视的公信力才能重新塑造。

① 肖良生．高校教师媒介素养与师生关系的重构［J］．科教创新，2011（5）：16-17.

美国学者罗杰·菲德勒在《媒介形态变化》一书中曾有论述："传播媒介的形态变化，通常是由可感知的需要、竞争和政治压力，以及社会和技术革新、经济发展和公众需要以及媒介间的竞争和媒介生存发展的外部生态环境……诱发内部进行变革，从而导致媒介内部生态环境的变化。"①从危机传播的发展趋势来看，我国电视媒体"龙头老大"的地位虽然难以被完全取代，但此消彼长，其影响力受到冲击已是不争的事实。

表2–5　危机事件发生时，受众最信赖的传播渠道（可选两项）②

电视媒体如CCTV	综合性网站如新浪	新闻网站如人民网	论坛、博客等	境外广播电视媒体	境外网站如联合早报	聊天工具QQ/MSN等	人际交流
50.00%	26.96%	23.04%	17.65%	13.24%	12.75%	11.76%	9.80%

从某种意义上讲，电视单向传播的时代已经过去，电视传播加速与数字技术的融合已是大势所趋。这就要求我们必须以高度的社会责任感和历史使命感，对电视传播系统"人为地施加有益的影响，调节生态系统的结构和功能，达到系统最优结构和最高功能，以实现最大的社会经济效益和最大的生态效益"③。

其一，传播需要从自身为主走向融合借力。

虽然电视媒介一直是各大传播媒介中的强势传媒，但单向传播的"先天不足"始终是妨碍其向更完善的传播模式、更有效的传播效果和更高层次的传播阶段发展的硬伤。以流媒体技术为代表的影音技术终于使电视媒体非线性、互动的收视成为可能。

目前电视媒介的"触网"形式主要有两种：第一，电视媒介在互联网上设立自己的网站，这类网站通常是对电视台节目的一种补充，其发展情况各不相同，有些仅仅是电视报的"电子版"，内容更新速度慢，没有真正与母体资源有机融合；有些网站则已具备了一定实力，将网络媒介的多种服务功能融入其中，例如开设自己的网站，将已经播出的节目视频资料，以同步播出或视频点播的形式存储在网站上，还让观众通过发帖、邮件、聊天等方式表达自己的意见和看法，用自己的声音和观点间接影响电视节目的内容制作，真正使观众获得"内容主权"，以便对电视节目产生影响作用。④第二，建设"网络电视"网站。这种网站借

① 袁薇佳．生态学视野中的传播媒介形态［J］．当代传播，2003（6）：24.

② 数据来自本课题组调查．

③ 孙彦泉、蒋洪华．生态文明的生态科学基础［J］．山东农业大学学报，1999（4）：18.

④ 廖亮．电视"互动"观念初探［J］．现代传播，2002（6）：31.

助网络媒介这一全新的信息传播平台，将电视台搬到了网络媒介上，针对的是网络用户。如美国的全国广播公司（NBC）和微软公司合作成立的 MSNBC，在 MSNBC 的网址上可以实现文件的传输，也可以传输音频和视频信号，兼备电子报刊和电视的优势。1995 年 10 月，荷兰飞利浦公司在英国开通了利用电视机访问互联网的服务，成为世界上首例基于运用电视机来访问互联网的技术开发的成功创新。1999 年以来，“互动电视”（Interactive TV）的概念被越来越多地提及，2000 年 9 月 7 日美国哥伦比亚广播公司（CBS）宣布与微软公司旗下的网络电视公司（WebTV）达成合作协议，共同推出互动电视节目。但是随着手机等新兴媒体的兴起，电视媒体的传播渠道和互动手段需要不断改进，这些内容以后的章节会详述。

其二，表达需要从一元垄断走向多元并存。

传播学者大卫·阿什德认为媒介生态学的主要观点是“越来越多的社会行为发生在传播生态的情景中”①。按照这种把媒介视为生态系统的新视角，媒介之间的相互关系以及与社会制度、社会环境的密切联系都得到了一种新的诠释方式和研究角度。电视媒体作为国家的主流媒体，既要起到承担正确传播社会价值观的责任，又要加强与受众互动，增强受众关怀，在抓住受众的前提下，才能够谈及建立电视媒体的公信力。电视媒体公信力的提高需要电视承担起自己的责任，正确地传播社会主义价值观，在报道新闻时不仅要及时、公正还要对公众负责。在新闻报道的方式上，可以添加与受众的互动，利用短信、微博、微信等在直播时即时的和受众受动，或在屏幕下方滚动播出观众评论。电视媒体应该有这样的自信，在报道新闻时敢于与受众互动，敢于讲真话，敢于为公众讲真话。电视媒体除了要报道国家大政方针，做到上情下传的功能之外，还“接地气”下情上传，多关注民生，将老百姓每天的生活百态、所关注的事情放到电视新闻上，让受众能从电视上看到自己所关心的内容，对自己的生活有帮助。如果电视传播的信息脱离实际，对受众关注的热点、难点不闻不问，那么这样的传媒是不会有有人看，更不会有公信力的。在报道内容上，不仅要报道正面的鼓舞人心的英雄事迹，也要敢于揭露社会各种丑恶黑暗现象。不仅要报道国外发生的重大事件，也要不回避国内的社会热点和公众关心的敏感话题，这种勇敢态度是媒介公信力的来源。1993 年，《东方时空》的开播是中国电视人对过去电视语言

---

① ［美］大卫·阿什德．传播生态学——控制的文化范式［M］．北京：华夏出版社，2003：12.

的检讨，放弃过去政治化的语言、书面化的语言，他们逐渐学会了电视的说话方式——真诚平和。1995 年，中国电视开始综艺娱乐节目的风潮，几度潮起潮落中，中国电视人找到了电视的娱乐本质。2002 年，《南京零距离》的开播引发了全国范围的民生新闻之风。2012 年 7 月 22 日，账号“@ 人民日报”在人民网、新浪网上同步发出第一条微博，标志着人民日报使用新媒体的加速。

其三，立场需要从政府喉舌走向统筹兼顾。

当前中国社会阶层结构初步定型为十大阶层，受众阶层化的差异日益明显，除信息的多样化需求外，还体现在现实利益、社会态度、价值观念等方面。因此，受众需要媒介作为自身利益的代言人行使表达的权利。而媒介在代言某阶层时应充分地揭示与其他阶层的利益连带关系，协调各阶层之间存在的矛盾与冲突。

在公信力方面，受众与传播者是一个双向的关系，媒体传播信息给受众，受众对信息做出判断，从而对媒体的公信力作出判断，因此，受众是媒体公信力的评价主体，他们的判断来自于媒体的传播，又对媒体的传播效果产生直接影响。由于历史上长期计划经济的影响，我国的媒介长期处于单向传播状态，对于受众的反馈很少重视，这在更重视人文关怀传播大环境的今天显然是不合适的。我们在研究如何提高媒介公信力时，更应该注重受众感受，重视各阶层受众，对电视多元化需求，根据不同地域、不同文化、不同背景的受众，采用不用的传播方式和技巧，这也会对媒介传播的效果产生不同的影响。约翰 · 菲克斯把多义性和多元化看成是电视机构的必然要求。他认为，电视节目要流行，必然要迎合大多数观众的要求，就必须是做适应不同大众口味的电视文本。一个电视节目的成功与否往往在于它的文本能否满足不同受众的需求，能否为观众提供不同的解读空间。[①]顺应网络时代观众文化需求多元化的需要，不同传播级别和地域的电视媒体应该按照实际要求，从各自的传播区域、对象的阶层信息和文化属性等出发来策划新闻栏目，“传播与信息交替的频道增值能力要求与未来的生产过程应是是早特定的以及为顾客量身定做的媒介商品，以便迎合越来越细化的受众市场”[②]。所以，电视新闻的传播要注重反馈机制。良好的反馈机制，是将自身与受众放在一个平等对话的状态，倾听各种声音，既要了解普遍受众的需求，也要兼顾目

---

① 侯海涛．中国电视新闻媒介生态研究——转型期的媒介守望［M］．北京：中国传媒大学出版社，2010：98.

② ［加］文森特 · 莫斯可．传播：在正直和经济的张力下［M］．北京：华夏出版社，2000：74.

标受众的个体差异，根据反馈结果调整电视栏目，如主持风、节目编排、播出时间、内容调整等等。如此，才能产生好的传播效果，有利于提高媒体的公信力。例如，中央电视台综艺频道动漫节目《快乐驿站》中原创 Flash 作品和处理过的相声小品。创造了央视 3 套收视排行榜第 4 名的佳绩。这种从定位到内容的跨媒体“移栽”，实现了电视节目与草根文化相互融合：网络动画借助卫视的覆盖和传播优势拓展了传播渠道，专业网站以其技术和资源优势，为电视节目创新提供了新的思路和视角。“超级女声”、“非常 6+1”、“梦想中国”、“我要上春晚”等都可以说是“草根的狂欢”，强势的电视媒体利用“草根”获得了不菲的经济效益。相比之下，被冠以“草根电影”的胡戈，则是十足的“草根”包装，“草根”导演，“草根”演员，是另一种“草根文化”。

在信息时代的传播过程中，电视工作者应及早更新观念，改变立场；应正视草根文化日益渗入的现实，用现代信息传媒技术将草根文化与政府立场有机结合，拓展并完善电视节目的传播功能。“央视新闻”自 2012 年 3 月 7 日发布首条微博以来，已获得 452 万粉丝，其每条微博转发都能轻松破千，可以视为拓展并完善传统媒体的传播功能，实现了现代传播真正意义上的“统筹兼顾”。

其四，管理需要从文件规范走向严查严管。

新闻自由是宝贵的，但新闻自由却不能滥用。新闻的自由应该在遵守法律法规的媒介公信力基础之上，而不是一种无序的状态。对新闻道德立法，就是把新闻的职业规范从道德层面媒介公信力上升到法律层面，使其具备国家强制力。媒体自律是遏制虚假新闻的最有效阀门。但是更重要的是必须进一步完善法律法规，促进新闻道德法制化建设。虚假新闻出现后，必须增加其“造假”成本。就我国来说，设立了很多关于虚假新闻事后的管理规定。从 1906 年清政府颁布的《报章应守规则》、1984 年中宣部转发的《< 全国新闻真实性问题座谈会纪要 > 的通知》、2005 年实施的《报纸出版管理规定》等等都明确提出了要对刊登虚假新闻的单位予以惩罚。2011 年 10 月 14 日，新闻出版总署印发了《关于严防虚假新闻报道的若干规定》，证明了我国对于虚假新闻的追责制度正在逐步地规范，但是在谈及责任追究以及惩戒力度仍然应该更加明确，要有具体可操作性的指标，来增强本身制度的威慑力，用以指导媒体实践。

此外，由于这些制度仅仅作为一种行政规章或者部门规范，没有上升到法律的高度，难免约束力较低，而且一般执行事后责任处罚的一般都为本单位执行，难免会因为利益的盘根错节而导致执行的无力与庇护。针对这种情况，各地记协可以承担起落实处理本地有违新闻职业道德的行为及由此引发的社会纠纷问题的职责。可由地方党委宣传部或新闻出版行政部门授予其“第三方调查权”，对刊登虚假新闻的媒体进行调查、处罚，并且给予责任人公开申诉的空间和权力，并且将执行的过程以及结果向社会公开，做到公平透明；同时，各地记协应建立起联网制度，实现信息之间的共享，即受过严重处罚的记者，新单位可以通过网络体系了解到求职者之前的职业信息并决定是否予以录用，而对于被除名的采编人员，应当设定具体年限或者终身不得录用。

而对于网络新闻来说，除了上述可以通行的办法外，应该采取限制“造假”媒体的点击量，或者给予网站暂时性关停等措施，以法律的震慑作用制约其他媒体员工的行为，杜绝再次发生，重塑媒体形象。只有将规章制度与严格落实相结合才能最大限度地杜绝虚假新闻的产生。

其五，人员考核需要内部和外部因素同时下手。

公信力的提高离不开人的因素。我们的媒体应该加强对媒体从业人员的专业培训与教育，媒体机构要定期对新闻工作者开展业务教育，理论联系实际，加强对采访、写作、编辑等各个流程规范性的灌输与提醒，并加强与兄弟单位的联系，相互交流经验做法，或者典型案例分析，帮助记者明晰新闻的各种表现形式以及规范书写要求。同时，除了对于媒体机构的新闻培训外，自媒体也应该引入规范的管理。现在大部分的新闻从业人员都有自己的微信、微博平台，因为职业的身份，某些事实性的描述让受众很难辨别是个人的声音还是代表媒体。因此，媒体人在发布信息的时候也应该秉持着对新闻报道一样的要求，对发布或者转发的信息给予求证，一旦发布了错误的信息，要及时给予更正。

与此同时，要逐步完善媒体的考核标准。我国现行对新闻从业人员的考核是按照工分计算。记者的基本工资相对来说较低，大部分是按照发稿数量以及优质稿件的奖励来领取个人工资。有些记者为了获得较高的薪酬，盲目追求新闻的数量而忽视质量的要素，也不顾新闻要件的缺失或者不实。因此，转变现行媒体考核机制与薪酬福利待遇显得十分必要。在美国，媒体一般采用的是采编与经营分离的态势。编辑记者的收入往往是固定的，一般来说与发稿量以及广告收入没有直接的关系，美国记者平均收入水平大概在 3 万美元左右，而报社内高层的资深主编年收入则达到几十万美元的将有可能使工资进入更高的一个档次。[①] 这种长线的考核机制有利于记者放平心态，不盲目追求短期效益，将眼光放长远，形成长期认真、严谨的工作态度。而据英国《考文垂晚电讯报》报道称，

---

① 王永亮．传媒公司如何实现薪酬效用最大化 [J]．新闻前哨，2007（7）：20.

记者的工资都是在合同中规定好的，只是会将工资分成不同的档次，同一层级的记者编辑，工资都是一样的。靠成绩突出来赢得自身工资待遇的提高。就我国来说，也可以逐步学习借鉴国外的模式。同时要改变以“收视率”、“点击率”等为标准的考核体系，可以建立综合个人素质、受众信任度、美誉度、新闻质量等综合的考核体系。

马克思说过，道德的基础是人类精神的自律。新闻事业的自律和人类社会的自律性是融会互通的，新闻从业人员的职业道德是对自身职业行为的一种规范与制约。在社会生态环境中，媒体人承担着向公众传递信息、报道事实以及引导舆论的重大任务，他们对自身工作性质的把握和丈量直接关系到新闻报道的质量以及受众接收判断事实的程度。因此，媒体人自身的职业道德水平就显得尤为重要。除了媒体人自身对于职业道德的认知外，还应该予以成章入典，并且根据媒介环境的改变不断完善。从 19 世纪初期开始，新闻媒介的道德状况和职业化建设越来越受到世界各国的普遍关注并且通过各种方式强化约束机制，建立一系列组织形式和道德规范以提升新闻界的道德意识，逐渐发展成为许多国家管理和规范新闻事业的基本措施。从最初的瑞典新闻职业守则、美国新闻伦理准则《记者守则》的诞生，到大众化报纸兴起后日本的《新闻伦理纲领》、英国的《英国报人道德规范》、加拿大的《报业廉政章程》以及法国、德国、意大利、澳大利亚等国的媒介职业道德信条等一批成文职业道德规范的问世，诸多规范规章的制定无疑为新闻发展明确了道德的方向。

第 3 章　民生新闻与社会认知

电视传播活动，是从客观现实到电视现实，再到受众心理现实的过程。尽管电视传播者都努力追求对百姓生活的客观、真实的“原生态”反映，但是，在他们选题、采访、编辑、播出、评论等过程中，无不透射出他们的社会认知结构，以及他们作为“把关人”而必须遵从的来自政治、经济、道德等方面的压力。因而电视媒体所构筑的电视现实仍旧不可能成为客观现实的“镜像”。受众则从自身的社会认知结构出发，“选择性接触”和“选择性注意”电视媒体所承包的内容，并会在解码过程中通过“选择性理解”建构属于自己的心理现实。

第1节　社会认知的解读

电视媒体所制作和传播的内容，受众在现实生活中都或多或少有过直接经验，对于各类人和事都存在着“固定的成见”。而这种“固定的成见”，也属于社会认知结构的范畴，一旦形成就很难改变。因此，受众的心理现实，既不是客观现实的直接心理映射，也不是媒介现实的简单复制，而是受众根据自己既有的社会认知结构而得出的“二次加工信息”。由此可见，虽然电视媒体努力贴近受众的生活状态和心灵状态去获取较高的传播效果，但是它的影响力也无法轻松地逾越受众社会认知这一传播效果的基本层面。

一、认知的内涵及理论

传播学鼻祖施拉姆曾对传播的心理意义做过精妙的描述：“研究传播学实际是研究人，研究人与人、人与他的团体、组织和社会的关系；研究人如何受影响，如何互相影响；研究人如何报道消息，接受新闻与知识，如何受教与教人，如何消遣与娱人。要了解传播学，应先了解人与人怎样建立关系。而人与人建立关系的基础就是人的心理互动。”[①] 由此可见，传播活动本身就是人的心理活动。传播是信息的传递共享，而

---

① 沙莲香．社会心理学 [M]．北京：中国人民大学出版社，2006：270.

信息的传递共享则建立在双向互动和对信息符号的共同理解的基础之上，而理解是建立在人们认知基础上的心理反应，这种反应转化为人的态度和行为，即双方的传递共享活动。几乎认知心理学的全部理论之于大众传播中的受众心理的研究都是有相当的解释力的。[①] 认知心理学也可以叫作信息加工心理学，是西方现代心理学中继行为主义之后产生的又一主导流派。与行为主义比较，认知心理学抛弃了行为主义的一个重要观念就是认为只有可以直接观察到的东西才能成为科学研究的对象，认为心理学不仅应该而且可以用客观方法来研究内部的心理过程。不同于行为主义的动物研究，认知主义把研究焦点投注到了人，开始深入探讨受众的认知活动。认知主义认为，人应该被看成是一个信息加工系统，本身已有的认知图谱和知识背景对其认知活动有决定作用。认知过程可以看作是人在接受、编码、操作、提取和利用知识的过程中，人的大脑对信息的感知、注意、记忆、表象、思维、言语等一系列复杂的心理活动。认知心理学的学派有格式塔理论、场论和群体动力学理论、认知—场心理学理论、认知相符理论、一致性理论和认知—感情相符理论。对传播研究影响显著的主要有勒温的拓扑心理学和信息加工认知心理学。在研究方法上，认知心理学主张采取计算机模拟法和抽象分析法。

认知心理学认为，人们接触到外界客观事物或人的刺激信息时，并不是凭空做出理解和判断的，而是在记忆中检索与刺激信息最符合的认知结构，并与之相对照和匹配。只有输入信息与记忆中的认知结构能够发生联系，该刺激信息才能够被理解，同时，该信息所包含的新的意义也被结合到原有认知结构之中。当面临不熟悉的信息或新的情境的时候，人们也是倾向于调动某种认知结构，利用过去在类似情境中处理问题的知识、经验和技能来认识、解决新问题，或者适当改造原有认知结构，或者干脆建立一个新的认知结构，以接纳新的信息。这样，一方面，认知结构能够帮助人们快速而经济地整理和加工信息，特别是能够更为积极、有效地接受和解释新信息，另一方面，认知结构又随着人的认知活动能够得到不断的扩展和优化。

20 世纪 80 年代，社会心理学研究开始引入现代认知心理学的有关理论来探讨社会知觉的过程，产生了“社会认知”这一新的概念和研究领域。在现代社会心理学中，社会认知是指个体在社会环境中对自我、他人或群体的心理特征和行为规律进行感知、判断、评价、推断和解释

---

① 刘京林．大众传播心理学——从现代心理学视角看大众传播［M］．北京：北京广播学院出版社，1997：45.

以做进一步反应的过程。[①] 与一般性的认知所不同的是，社会认知将认知对象主要定位于人及其行为。社会认知的过程一般包括三个步骤。第一步是社会知觉，是初步形成关于认知客体所具有的各种属性和特征的整体性的认识；第二步是在综合各种社会知觉的基础上，对认知客体作出判断和评价；第三步是对认知客体的行为表现做出推论和解释。这三个步骤相互联系、相互连续、有机结合，才能构成完整的社会认知活动。

社会认知过程离不开图式化和类别化。社会图式，亦可称之为社会认知结构，是社会认知理论的一个重要概念，是指经过对来自社会环境的信息进行选择和加工后在人脑中组织起来的认知系统，包括他人图式、自我图式、角色图式、事件图式四个主要类型。[②] 社会图式可以帮助认知者更加快捷有效地认识客体、做出判断、填补知识空白、解释或评价新的信息，还能够帮助认知者对外界信息进行必要的选择和类别化。当面临新情境时，认知者总是倾向于将新情境与头脑中的社会图式做“相似性的匹配”，[③] 一旦两者之间能够发生匹配，社会图式就会给新的情境赋予预测意义，并将其归入相应的类别。综合运用图式化和类别化，可以帮助认知者更加快速便捷地认识信息，加工信息，从而大大简化社会认知的过程。

不过，社会图式化和类别化也可能导致一种特殊的角色图式，即刻板印象的形成。刻板印象一旦形成，就具有较高的稳定性，很难随现实的变化而变化。如果认知者仅仅依据刻板印象来解释和推论现有的认知客体，就会忽略个体间的复杂性和差异性而导致认知偏差。当然，认知偏差的形成原因除了认知者的主观性外，还可能来自认知客体、认知情境等多方面因素的影响。可以这样讲，人是社会的人，为了生存和发展，任何人都必须与别人结成一定的生产关系和社会关系。所以，人与组织之间，人与人之间不可避免地会发生相互影响和相互作用。传媒对社会、对我们社会中的每一个人都有着巨大的影响，社会越发展，人类越文明、越进步，对于媒介的依赖性就越强。反过来，媒介对人、社会的影响也越来越大。

二、受众认知的途径扩展

公众社会认知的信息来源是多种多样的，总的来说可概括为两大

---

① 郑雪．社会心理学 [M]．广州：暨南大学出版社，2004：42.

② 同①，2004：43.

③ ［美］A・班杜拉．思想和行动的社会基础——社会认知论 [M]．上海：华东师范大学出版社，2001：306.

类：直接经验和间接经验。直接经验主要是指认知者通过对他人的言谈举止、仪表神情和行为习惯等方面的直接观察和了解而形成的对他人的认识。从亲身经历而获取的直接经验，无疑会给人们带来直截了当的社会认知，但是，在有限的生活时间与空间内，通过直接经验而获取的社会信息自是非常的局限，由此而产生的社会认知也就只能是片面的、肤浅的和狭隘的。因此，在现代社会，间接经验是人们社会认知的主要途径。

间接经验主要来源于各种社会传播活动，诸如人际传播、群体传播、大众传播等。人际传播是社会生活中最典型的传播现象，是人与社会关系的直接体现。然而，现代都市里人际关系的传统纽带早已被现代化的科技与工业割断了，过去的面对面交往逐渐被“离散式交往”、“隔膜式交往”所取代，电子邮件、网上聊天、手机短信、微博微信等信息传通方式已在人际交往中大行其道。许多人更热衷于在网络的“虚拟社区”中与陌生人推心置腹，现实生活中却将自己隐藏得很深，表现得很虚假。因此，通过这样的人际传播所形成的社会认知只会是零碎的、浅表的，在多数情况下也未必是可靠的。至于群体传播，根据古斯塔夫·勒庞的研究，在群体心理中，个人的才智和个性都被削弱了，异质性被同质性所吞没，致使群体在智力上总是低于孤立的个人，缺乏个人所具有的主宰自己的反应行为的能力。[①]但是，尽管如此，个人往往又会迫于信息压力或出于趋同心理，被迫接受甚至是盲从于群体中的多数意见，这就很容易导致社会认知的偏差或错误。

大众传播对受众社会认知的影响，实际上就是大众传播社会效果的具体体现。受众社会认知是受众对媒介信息进行接触和注意，再与自身的认知结构相结合，通过认知、判断和理解，达成自我观点和态度，并在此基础上转化为某种行为的过程。在社会认知过程中，受众并不是字面意义上的消极被动的接受者，而是积极的解读者、参与者，“选择性心理”贯穿了认知过程的始终。媒介内容以文字、声音、图像等符号刺激作用于受者的感官，受者则根据主体的需要和媒介刺激的特性，“选择性接触”和“选择性注意”那些与其自身的社会认知结构能够发生匹配的少量媒介信息。然后，受者从个体认知结构、思维方式、社会地位、民族传统、生活方式、社会现实等多个角度出发，并且综合考虑自身所处的社会群体和社会关系的影响，对媒介信息进行“选择性理解”，做

① ［法］古斯塔夫·勒庞．乌合之众：大众心理研究［M］．北京：中央编译出版社，2000：25.

出个性化的判断与评价。这正如李普曼所言："对于所有的听众来说，完全相同的报道听起来也不会是同样的。由于没有完全相同的经验，每一人的领会也就有不同，每个人会按照自己的方式去理解它，并且掺入他自己的感情。"① 对于解读过的媒介信息，受者会"选择性记忆"一部分信息，将其内容或观点内化、整合、存储到自身的认知结构之中，使认知结构得到补充、扩展、重组或者更新。以上的选择性心理过程犹如四道滤筛一样，使媒介信息在经过逐步过滤和衰减之后，影响受者的社会认知、社会态度，乃至社会行为。

我们的调查研究表明危机事件中受众最信赖的媒体是电视，其次是网络。当灾难发生时，恐慌的受众面对复杂的危机信息，感到越来越无力把握自己的生活，因而他们期待权威媒体能够引导他们看清危机事件的真相，将损失降到最低。具体分析结果如表 3–1 所示：

表3–1　危机报道中受众最信赖的媒体②

类别	人数	百分比
电视媒体	2406	57.1%
网络媒体	645	15.3%
网络的微博、论坛等	474	11.2%
纸质媒体	276	6.5%
广播媒体	267	6.3%
手机媒体	147	3.5%

三、转型期的受众认知嬗变

人都是生活在社会之中的，个体的健康成长与发展离不开对社会环境的认知。唯有通过社会认知，个体才能内化社会价值标准、学习角色技能、了解社会环境、适应社会生活，简言之，即实现个人的社会化。美国社会学家乔治·米德认为，人类社会化的实质是角色学习和角色扮演，即学会理解他人对于角色的期待，并按照这种期待从事角色行为。而角色学习和角色扮演的前提条件，就是要不断地认知社会，了解社会。与此同时，个体的社会化也反过来促进了社会的良性运行和协调发展。社会学研究表明，社会运行的动力来自社会需要，"需要与满足"这对

① ［美］沃尔特·李普曼．舆论学［M］．北京：华夏出版社，1989：114.

② 数据来自本课题组的调查数据．

矛盾推动人们不断参与社会生活，适应社会生活，从而推动社会的持续、稳定发展。①

当前，我国正处于从传统社会向现代化社会转型的高速发展阶段。部分地区和人群已经基本上和发达国家接轨，接近丹尼尔·贝尔所谓的后工业社会状态，部分地区和人群符合工业社会的标准，但是相当多数的人群还处于前工业社会状态，传统农业社会的生活方式和思维方式仍持续影响着人们。在这样三种社会状态混杂、交织的特殊的社会转型阶段，以经济体制改革为中心的全面体制改革，在很大范围内从根本上触及了公众的政治、经济、文化和道德体系，使得个人价值体系内部的矛盾以及个人与社会价值观之间的冲突日趋强烈。受众常常会在物质目标和精神目标、经济价值和文化价值、实际利益和道德义务的相互冲突中茫然失措，无所适从。现代化转型所带来的“麦当劳化”扩张，“正无情地、逐渐地渗入社会和人们的私生活的每一个方面”②。因此，面对快节奏的社会生活、变化无常的社会现象、日益剧烈的社会竞争以及浮泛冷漠的人际关系，受众从未像现在这样，渴望从媒介信息中寻求社会认知的参照系，以实现与社会上多数人认知一致的愿望，使自己拥有安全感和与人相处的和谐感，从而能够跟上时代的步伐。

有学者根据我国当前三种社会状态混合并存的现状，将现阶段我国的受众划分为三大类：传统社会的“群体型”受众、工业社会的“大众型”受众和后工业社会的“新群体型”受众。③在传统的农业社会中，群体对媒介受众的属性构建具有决定性的影响，群体环境和群体性质往往决定了受众信息需求的特点。工业社会则制造了大众化、同质化的受众，他们和媒介之间几乎是面对面的关系，因而更容易受到媒介的影响。

近几年来，处于社会转型期的电视受众的心理需求成为许多研究部门和学者的关注重点，大量的调查结果充分显示了当代电视受众的收视心理和收视行为特征，从中也清晰地折射出了转型期受众社会认知的需求特征。我们的调查结果表明，在危机报道中电视对受众心理的影响力最大，其次是网络。被调查者选择电视是最能影响受众心理的超过半数以上，选择网络的达到27.3%，共计84.5%。而广播、报刊、手机对受众心理的影响力小。具体结果如表3-2所示：

---

① 郑杭生．社会学概论新修［M］．北京：中国人民大学出版社，2003：38-39.

② ［美］乔治·里茨尔．社会的麦当劳化——对变化中的当代社会生活特征的研究［M］．上海：上海译文出版社，1999：14.

③ 尚大雷．社会转型时期我国不同受众类型对实证研究的影响［J］．现代传播，2002（4）：17.

表3–2　媒体对受众危机认知的影响[①]

类别	人数	百分比
电视	2412	57.2%
网络	1152	27.3%
报刊	210	5.0%
手机	204	4.8%
广播	183	4.3%
其他	57	1.4%

所以，一些电视民生新闻节目表现过于琐屑、粗鄙、媚俗，特别是大肆凸显有关社会问题的负面报道，必然会使受众产生社会认知偏差，影响受众对社会现象、社会局势的判断，以及对各类社会人群的评价与态度。此外，电视民生新闻节目中各种暗访、偷拍技术的滥用，对邻里矛盾、家庭纠纷过于直白的表现，都会在一定程度上满足受众"电视围观"、"电视窥视"的欲望，长此以往，就可能导致受众对他人隐私空间的淡漠甚至是麻木。因此，电视民生新闻的盛行之下，更需要强化电视传媒的社会责任，不仅要从体制改革、政府控制等方面着手，还需建立起一整套真正的行业标准。要让这些行业标准深深地融入电视传播者的社会认知结构之中，以便能够转化为他们新闻制作过程中自觉的自律行为。

第2节　民生新闻的定位

从 2002 年《南京零距离》开播到近两年此类节目在各地纷纷开办，电视民生新闻已成为中国电视新闻中的一股新潮流，有学者称其为"中国电视的第三次浪潮"[②]。但无论将其意义和价值拔得多高，我们都应该看到，所谓"民生新闻"的出现和兴盛，主要背景是在当前的电视竞争格局和大媒介环境下，地方电视媒体面临巨大压力之下的一种"求生存"策略，市场和经济效益是其根本动因。然而，作为新闻这一意识形态控制最严密的领域，任何革新必须赢得主流政治的认同才能得以合法生存，因此，契合当下的政治语境和社会环境，这一次新闻突围被贴上了"民生新闻"的标签。

① 数据来自本课题组的调查数据 .

② 李幸 . 十年来中国电视的第三次革命［EB/OL］. www.chinamediaresearch.cn.

一、相关概念的辨析

业界和学界普遍把2002年元月《南京零距离》的开播视作“民生新闻”诞生的标志，其实早在90年代初，民生新闻的雏形——社会新闻、市井新闻在都市报和晚报中已初具规模。2001年8月创办的深圳《晶报》，更是宣称以“民生新闻”为主要特色。就电视而言，这种探索也并非一蹴而就，在《南京零距离》之前，就已有一些新闻栏目具有了当前所谓“民生新闻”的特质，如1995年开播的《北京特快》、1999年开播的成都电视台《今晚800》等。但这些节目只是当时一些敏锐的电视工作者自发而非自觉的行为，未成气候，在宏观上看这样的节目也只是凤毛麟角。电视民生新闻的真正领跑者和集大成者还是《南京零距离》。2002年元旦，《南京零距离》在江苏城市频道正式开播，开播第2周就进入AC尼尔森南京地区电视榜，从第36周开始，名列南京地区电视节目排行榜第一名。①

那么什么是民生新闻呢？学界一直众说纷纭，莫衷一是。概括起来最具代表性的有以下几类定义：

第一种是“社会新闻说”，即认为民生新闻就是或从属于社会新闻的范畴，是“旧瓶装新酒”。如：“民生新闻的主要形态是以城市居民为传播对象，以频道主要覆盖城市为报道范围，以市民日常经济、社会生活息息相关的新闻事件为主要题材的一种电视新闻体裁，本质上仍属于社会新闻的范畴。”②

第二种是“平民立场说”，将平民视角作为民生新闻的核心价值和主要标识。如：“民生新闻是指采用民生的视角，站在百姓的立场去播报平民百姓喜闻乐见的新闻，评说百姓关心的事情，并为百姓排忧解难，从而体现出社会主义媒体对百姓的社会关怀，它是一种以大众为收视对象的新闻样式。”③

第三种是“新闻流派说”，认为电视民生新闻既不是一种新的新闻体裁，也不单纯是一种固定的节目形态，而是一种风格上的追求和手法运用，是一个风格特异的新闻流派。与此类似的是，有研究者认为民生新闻并非一个严格意义上的新闻‘学概念，而是一种“对新闻加工的态度”，是“从民生的角度、从百姓的视角、从人民群众的根本利益出

---

① 南京零距离收视率惊人　现在报纸抄我们［N］. 南方周末，2003-08-29.

② 孟建、刘华宾. 对“电视民生新闻”现象的理论阐释［J］. 中国广播电视学刊，2004（7）：22.

③ 李舒、胡正荣. “民生新闻”现象探析［J］. 中国广播电视学刊，2004（6）：33-36.

发，去选择民众普遍关注的新近发生的（变动）或正在发生（变动）的事实”①。

总之，目前关于民生新闻概念的研究还主要停留在“实践总结”阶段，即从当前所谓民生新闻的媒介实践中去归纳其特点和内涵。然而目前所谓的电视民生新闻，还远未到达它所应该到达的高度，因此，就此总结归纳出来的概念必然会仅仅停留在社会新闻、市井新闻或市民新闻的层次。

那么，民生新闻究竟应该具有怎样的内涵与品格？民生新闻是以优化百姓生活状态、提升百姓生活质量与精神境界为终极目标，以所覆盖的地域范围内的百姓生命、生存、发展休戚相关的各领域民生问题为主要题材，以平民意识贯穿于新闻采集、制作、播出的始终的电视新闻形态。

其一，优化百姓生活状态，提升百姓生活质量与精神境界。

这是民生新闻最为核心的内在精神品格，也是其区别于市井新闻、市民新闻的主要标识。当前所谓的民生新闻大多停留在“展示”的层面上，鸡毛蒜皮、家长里短、婆婆妈妈、喜怒哀乐，只要与生活有关，统统“原生态”地展现在观众面前，至于事件背后的意义却少有探究与追问。观众只是看个新鲜，满足一下好奇心，或作为茶余饭后的谈资，看过之后他的生存状态和精神状态不会发生任何改变，因此，这类新闻只是停留在市井新闻或市民新闻的阶段，并不具有民生新闻的意义。民生新闻则超越了消解意义式的生活展示，突破市井新闻、市民新闻主要供人娱乐消遣和提供投诉服务的功能定位，以优化百姓生存状态、提升百姓的生活质量和精神境界为目标。民生新闻以是否有利于人的发展为尺度来选择和报道新闻，注重对事件意义的挖掘，从对百姓生活的“展示”上升为“提升”。

其二，题材覆盖所在地域范围内的百姓休戚相关的各领域民生问题。

这里有两层意思：第一，民生新闻所涉及的题材范围要远远超过目前“百姓日常生活”或社会新闻的范畴，涉及时政、经济、文化、法治等各个领域。因此，民生新闻所涉及的题材也应该囊括时政、经济、文化、法治、社会等各个方面。目前所谓的民生新闻，视野是非常狭窄的，只是集中于日常状态下平民百姓的衣食住行，基本上没有突破社会新闻的范畴。这些节目把对“对平常事的关心”冠以了“民生关注”的头衔，夸大了其社会功能。第二，民生新闻主要以各个领域中的重大民生问题为选材，而非无关痛痒、有闻必录。各领域的民生题材非常之多，不可能也没有必要对其都进行报道，一个事件受影响的百姓人数越多，与他

---

① 陈青、韩意凝．我们所理解的民生新闻［J］．中国广播电视学刊，2005（1）：59-60.

们的生命、生存、发展联系越紧密，则该事件所具有的民生意义越大。

其三，以平民意识贯穿新闻采集、制作、播出的始终。

我们以前做的很多会议新闻、时政新闻，其实与百姓也密切相关，包含着很多全局性的重大民生问题，但它们为什么不能被称为“民生新闻”？因为它们不是做给老百姓看的。由于立场和出发点不同，事件的切入角度、画面的剪辑方式、新闻的表达方法等都不是老百姓能够接受、乐于接受的。同样一则会议新闻，如果我们从老百姓的立场出发，选择报道会议上所发布的与百姓生活状态变化相关的信息，并用通俗化的语言表达出来，那么，它就是一条民生新闻。因此，民生新闻还必须以平民意识贯穿新闻采集、制作、播出的全过程。平民意识，它与“精英主义”相对，主要是指对普通百姓的利益、体验、意志、经验和价值标准普遍给予考虑的思想倾向。在民生新闻中坚持平民立场，就是在新闻文本中“以普通民众的人性诉求、以大众文化涉意实践和日常生活经验为基本叙事对象，尊重大众的趣味爱好和文化权力”①，以普通百姓作为新闻采集、制作、播出全过程的出发点和归宿。

二、民生新闻的定位延展

“电视民生新闻”从属于“电视新闻”这个大范畴，必然受到电视媒体的特点以及电视新闻传播规律的影响和制约。由于电视媒体的直观性、瞬态性、现场性等特征，电视新闻对现实的干预和对社会文化的影响更为直接而深远。因此，电视民生新闻必须在遵循电视新闻传播规律的前提下，结合自身的精神品格来完成功能定位。将这两个角度结合起来考察，笔者认为，电视民生新闻主要应发挥四种功能。

其一，公共事务的讨论空间。

德国学者尤根·哈贝马斯提出了“公共领域”的概念，他认为，公共领域是存在于公共权威领域和市民社会之间的公共批判领域，最早产生于咖啡馆和沙龙，目的是“让民众有能力对公共领域本身和国家的诸项实践进行批判性的思考”②。简言之，公共领域就是“政治权利之外，作为民主政治基本条件的公民自由讨论公共事务、参与政治的活动空间”③。资本主义社会的“公共领域”并不能照搬到中国，但其“公共事务的讨论空间”的含义是具有较大借鉴价值的。特别是在构建和谐社会

---

① 孙长军．电视文化的平民主义精神［J］．中国电视，2003（8）：37-42.

② ［英］尼克·史蒂文森．认识媒介文化——社会理论与大众传播［M］．北京：商务印书馆，2001：81.

③ 许剑．新闻媒体与我国当前公共领域的构建［J］．新闻大学，2003（1）：24.

的当下，我们更需要这样一个“空间”来交流信息、整合意见、推动民主化的进程。

在个人媒介化生存的今天，构建公共空间的任务主要落到了大众媒介身上。特别是电视媒介，由于其视听综合、图文并茂的传播特点，更有利于发挥议程设置的功能，更能吸引受众的深度参与，在构筑公共空间上有着天然的优势。“培养公共意识，提供交流平台”已经被认为是电视新闻的主要功能之一。然而在我国电视新闻领域，“公共事务的讨论空间”迟迟没有形成。原因是普通民众在传统的新闻传播机制中只是被动的观看者和受教育者，很少有公开表达意见的机会。

电视民生新闻颠覆了传统的新闻理念，其中最进步的一点就是在一定程度上将话语权还给了公众。普通大众成了电视民生新闻聚焦的中心，他们不仅频频在镜头中露脸，还有许多机会通过话筒表达自己的意见和感想。这种新闻理念上的突破为构筑“公共事务的讨论空间”打下了坚实的基础。以江苏台某节目为例，在该节目开播的最初一年内，延续江苏台“情感地带”的“情感”理念，涉及内容广泛，形成了以情案类、家庭类为主的风格，为节目的后续发展奠定了基础。但这一阶段各类的比重又不是随意安排的，而是精心策划分析后得出的结果。这一阶段，可以明显地看出该节目无论在家庭类还是其他类中，都坚持普通百姓为主体的原则，在平凡人身上发现一些情感故事。

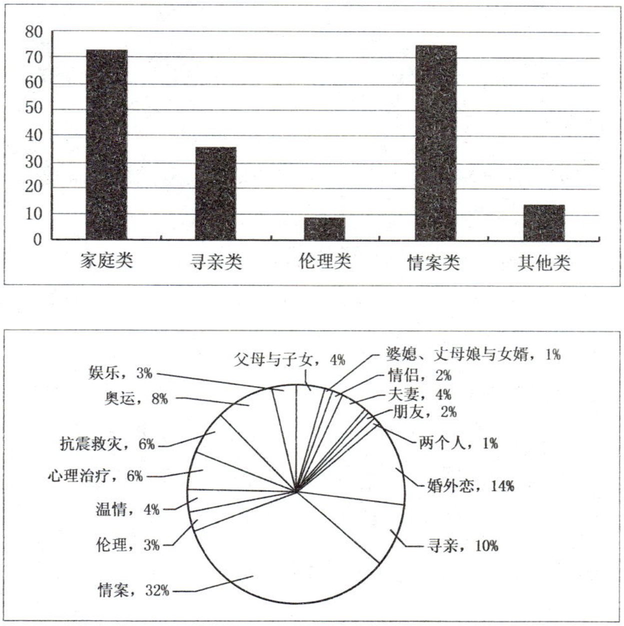

图3–1 江苏某节目2007年选题情况统计

其二，百姓情感的温暖体恤者。

在社会急剧转型的阶段，百姓阶层在现实生活中遇到的矛盾更为突出，他们真实的喜怒哀乐更需要得到理解和体恤。电视民生新闻很好地利用电视新闻直观化、感染力强的优势，在给予观众直观化的情感体验的过程中，成为百姓情感的温暖体恤者。这种“体恤”主要由以下过程完成：首先，电视民生新闻要用饱含温情的镜头语言，记录普通百姓在社会急速转型中富有代表性的喜怒哀乐，这种记录不是肤浅的煽情、不是私人化的叙事，而是饱蘸着人文关怀，并从时代的大局出发进行取舍；第二，通过展示进而感染观众，使其产生共鸣，激发他们相关的情感体验；第三，在情感宣泄之后，进而引发观众深刻的思考，使困惑得以减轻、心灵得到净化、情绪重归平静。还是以前面江苏台某节目在2008年11月至2009年6月的节目选题分析，情案类、家庭类仍然居于主导地位。各题材均会有所涉及，婚外恋性质的题材和伦理类题材有所下降，温情类节目比重也有大幅提升，总体说来，各题材比例较之前略趋平衡，总体架构更为平稳。

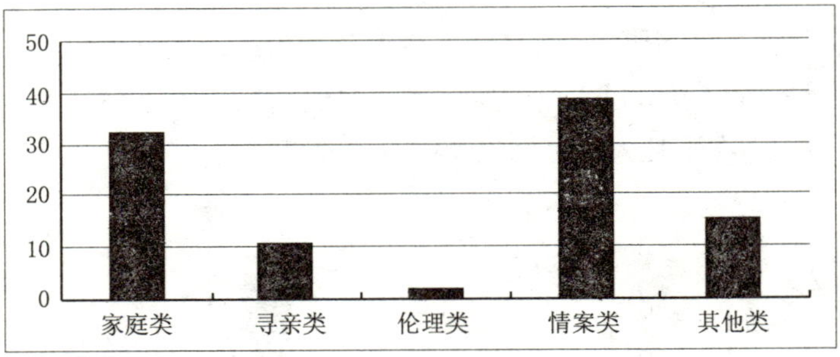

图3-2　江苏某节目2007年11月-2009年6月选题情况统计

其三，社会文化责任的积极承担者。

“电视新闻传播和其他大众传播活动一样，它不仅以信息的视听符号化传播文化传播的载体，同时也通过对信息所承载的文化的传递，影响和改变着现有的社会文化格局。”[①] 电视新闻不仅是社会文化的承载者和传播者，也是文化格局的深刻影响者，而且这两者是循环互动的。对这种互动，美国学者乔舒亚·梅洛怀兹曾有过一段精辟的论述：“电视是一个永远处于工作状态的发电机。它再现我们的文化，带来文化结构的变化，这种变化反过来成为电视新闻的报道内容，而这一切又影响到将

---

① 陆晔．电视时代——中国电视新闻传播［M］．上海：复旦大学出版社，1997：182.

来的幕后曝光，带来进一步的变化，成为电视新闻新的报道内容。”[①]在这种永无止境的互动中，电视新闻作为文化磁场的吸引力越来越强。由于电视新闻视听结合的直观性和易受性，知识背景、教育程度、综合能力各不相同的受众都能接受，成为大多数中国人接受信息的重要方式，电视新闻这一文化磁场的影响面越来越宽。

电视民生新闻作为电视新闻领域的一个新生力量，理应担当起电视新闻的文化责任，对社会文化进行合理的引导和积极的建构。著名电视学者陆晔指出，电视新闻的文化责任主要体现在三个方面：第一，文化教育的责任，对受众进行潜移默化的文化教育和文化熏陶，提高社会文化鉴赏力；第二，文化服务的责任，包括弘扬积极的文化精神，开阔受众文化视野，积极提倡社会文明之风，扶持社会文化事业等；第三，文化建构的责任，可以通过对一定的社会规范、行为准则、价值观念、生活方式、审美意识的肯定与否定、褒扬与贬抑、强调与淡化，为之赋予一定的文化意义，从而突出主流文化，对不良的文化进行引导，从而建构积极健康的社会文化格局。

其四，区域认同的有力推进者。

电视民生新闻主要是在地方台、城市台中出现的新事物，视野也基本立足于所在城市或地方，因此电视民生新闻还应具有一个重要的功能，那就是推进区域认同。所谓区域认同，就是指相近地域内的人们拥有相同或相近的文化价值观，具有强烈的地域意识和共同归属感。全球化席卷而来，区域认同有利于推进社会整合、增强地方凝聚力，从而推动区域的快速、和谐发展。

电视民生新闻在推进区域认同方面主要有以下几条途径：第一，对本地新闻第一时间的全面播报。区域认同的前提是区域内信息透明、快速地流动。一个地方的人们如果连地域内发生的新闻都无法及时、准确地了解到，又如何产生认同？目前电视民生新闻的大多数节目都采用直播，新发生的新闻信息随时通过滚动字幕等形式插播进来，对于地方性重大新闻或突发事件，经常出动转播车等先进设备进行现场直播，保证了区域内的受众第一时间了解鲜活的新闻。第二，为区域内受众普遍关心的问题提供一个公开交流的平台。区域认同是一个过程，这一过程中最重要的就是交流。只有交流才能互通有无、化解矛盾、产生理解，最终达成认同。而且，对于区域内大众普遍关心的公共事务的公开讨论，在交流观点的同时，也极大地培养了大众关心区域事务、群策群力的意

① 陆晔．电视时代——中国电视新闻传播［M］．上海：复旦大学出版社，1997：182.

识，营造了区域认同的良好氛围。第三，对区域文化进行深度挖掘和利用。电视民生新闻在推进区域认同时应充分发挥区域文化的力量：在播报方式、栏目包装、主持人形象等方面体现地方文化特色，符合该地域受众的审美情趣。而各地电视台都以相同的节目形式凸显自己的地域文化特色，从而强化受众对于自己节目品牌的认同。

表3-3　2008年各省台同类节目收视及播出情况比较

节目/频道	收视率	份额	播出日	时间
传奇故事/江西卫视	0.75	2.01	周一至周日	21：20—22：00
涛出心里话/浙江卫视	0.654	1.83	周一到周四	21：21—22：00
说出你的故事/湖南卫视	0.653	1.66	周一到周四	19：35—20：30
拍案说法/重庆卫视	0.381	1.8	周一至周五	23：00—23：30
真情/北京卫视	0.364	1.19	周一	21：30—22：30
王刚讲故事/辽宁卫视	0.34	0.89	周日至周五	21：20—22：00
真情实录/东方卫视	0.267	0.68	周一至周日	21：30—22：00
真情人生/四川卫视	0.224	1.26	周一至周六	22：50—23：20

第3节　民生新闻的创新实践

江苏台的《南京零距离》一路飘升的收视率和迅速高涨的广告额引来了各地各级电视台纷纷效仿，很多省级非卫星频道和城市台都开始打造具有本土化特色的民生新闻节目，以抢占本市或者是经济、文化发达城市的市场份额。然而这种不约而同的策略转变最终导致了激烈的荧屏“民生大战”。很快，南京台积极迎战，相继推出《法治现场》和《直播60分》两个60分钟的栏目来应对。紧接着，南京台又在2003年3月推出了90分钟的新闻直播节目《直播南京》，把新闻大战推向了高潮。在每天18：20–20：00的黄金时段，南京地区的6个频道，共有8档一小时左右的自制大型新闻栏目同城厮杀。[①]这些节目在内容上多以市民生活、市井琐闻、投诉服务等为主打内容。[②]

① 唐宁．“南京电视新闻现象”的思考［J］．视听界，2004（6）：26-29.

② 朱雯、刘红梅．从民生新闻看传播理念之嬗变［J］．视听界，2004（1）：23-27.

虽然像南京这样激烈的电视民生新闻竞争在其他地区尚不多见，但也已经在很多城市初露端倪，如浙江杭州，杭州台的两档民生新闻栏目《阿六头说新闻》和《我和你说》也展开了激烈的竞争。据 AC 尼尔森和央视索福瑞的调查，这两档节目的平均收视率分别突破了 7.0 和 6.0（目前杭州有线网内收看的各档新闻节目平均收视率在 2.5 左右），远远高于浙江省台的新闻节目的收视率。[①] 特别是《阿六头说新闻》，该栏目用杭州话方言播报新闻，这种方式虽然引起了一些争议，但开播不久就创出了 11%–12% 的高收视率。电视民生新闻节目的迅速发展和收视率的节节攀升并非偶然，由于其产生和发展以“求生存”为根本动因，赢得尽可能多的受众是首要目标，因此促使其必须从市场和消费者的角度出发来制作新闻产品。这种思路和理念的转向符合新闻传播的发展方向，带来了对传统电视新闻多维度的创新，无论是新闻的内容、语态，还是形式，都呈现出典型的“平民化”或曰“世俗化”倾向。所谓平民化，就是“以普通百姓的生存环境和生存状态作为新闻的来源和视角，特别注重考虑大众的接受心理，尊重大众的审美情趣，最大限度地挖掘新闻的可看性、可乐性”[②]。电视新闻由贵族化走向平民化，具有不可磨灭的时代意义。

一、内容上的创新

今天的新闻就是明天的历史，新闻作为记录时代的工具担负着厚重的历史使命。而中国电视新闻长久以来精英式和政治化的价值取向使得普通人从媒介记录的历史中缺席，他们生存的意义和价值被消解，真实的社会世俗景观被隐没在“教化”、“主义”以及意识形态之中。以电视民生新闻的兴起为标志，媒介的视角开始整体下移，民生话题和平民日常生活事件在电视新闻特别是地方电视新闻中唱起了主角。

其一，平民生活事件成为聚焦点。

恩格斯曾经说过：“我们要求把历史的内容还给历史，但我们认为历史不是‘神’的启示，而是人的启示，并且只能是人的启示。”[③] 而所谓“小人物”，也就是人民群众，作为“人”这个群体的主体，是当之无愧的历史创造者，我们理应把历史还给他们。民生新闻的浪潮使电视

---

① 谢耘耕、周红丰．中国电视新闻竞争报告［J］．视听界，2005（1）：5.

② 时统宇．中国电视世纪悖论：人文精神与世俗精神的碰撞和紧张［M］．北京：北京广播学院出版社，2004：200.

③ ［德］马克思、恩格斯．马克思恩格斯全集（第 1 卷）［M］．北京：人民出版社，1956：650.

镜头重新对准了平民的日常生活。居民被困小区电梯，众人倾力相助展开电梯救援；某市民新买的电动三轮车刚上路就散了架，辗转了几天才讨回了说法；某小区的麻将室转行成了歌舞室，赌友成了舞伴……当类似民间事件的叙述日常化，新闻与现实生活高度重叠之时，电视新闻也就完成了构筑社会世俗景观的使命，一部缺席已久的由“小人物”构成的历史得以书写。以前面江苏台某节目为例，栏目一共有22个专业情感类编导，每个编导制作每期节目的周期是35天。每期节目的外拍部分至少要超过10天以上，这种纪录片式的跟拍纪实手法保证了片子的完整性。情感类节目很多是关于家庭类的，尤其以夫妻间的情感问题较为突出。在制作这类情感节目时，编导努力将节目做得很细，尤其是对主人公的心理状态会挖掘得很深，因此观众在观看的时候常常会有种身临其境的感觉。

平民生活广泛进入电视媒介视野的另一个意义在于，通过对普通人生活状态的关照，达到了对于人性的关怀与呵护。在传统的电视新闻传播中，普通人看到的只有高不可攀的道德说教和遥不可及的政治事件，相形之下，他们内心的朴素情感和真实的生活状态变得卑微渺小，在媒介所呈现的巨大光环之下，相形见绌的普通人心甘情愿地停止了内心的追问和渴求。而民众生活的日常化播报使受众不再是单纯的观看者，每个人似乎都能从新闻中看到自己的影子。巴赫金认为，人要完整地认识自我，除了内省之外，还需要借助他人的外位、超视，从他人与我的感受中感受到自我在人群中的生存状态，我与他人之间彼此印证彼此的存在。[①]普通人通过对他人生活的观看和比照，可以更清醒地认识自己的生存状态，从而在强烈的共鸣中达到对心灵和情感的关照。时统宇将这种关照上升到了审美的高度：“这种电视关怀，乃至电视呵护，常常使观众在凝视电视屏幕的泪眼蒙眬中，将从中得到的审美意绪随之化为一种审美净化，从审美的角度俯视我们这个时代。”[②]

其二，贴近性、趣味性内容受重视。

长期以来，在我国电视新闻的价值体系中，重要性（媒体认为是重要的）是最强调、最突出的标准，因此严肃的“硬新闻”占据了绝对的垄断地位。而电视民生新闻却将原来一直被忽略的趣味性、贴近性作为衡量新闻价值的重要标准之一，“软新闻”堂而皇之地代替了时政要闻

---

① ［俄］巴赫金．巴赫金全集（第1卷）［M］．石家庄：河北教育出版社，1998：118.

② 时统宇．中国电视世纪悖论：人文精神与世俗精神的碰撞和紧张［M］．北京：北京广播学院出版社，2004：200.

成为主打。有研究者对南京地区六档民生新闻类节目做过抽样统计，这些节目软性的社会新闻内容均占到70%以上。[①] 又如，南京电视媒体的“十运报道”打破了传统的体育赛事报道模式，努力用镜头捕捉赛场内外的新鲜事以及普通人在十运期间的生活变化。“‘巨人’篮球运动员在南京的衣食住行”、“马术赛场的外地观众”、“某社区在十运期间举行民间运动会”等内容使模式化的运动会报道变得妙趣横生，观众想看爱看。

电视媒体新闻选择标准的这一显著变化表明了媒体传播理念的转向，即从传者本位向受众本位演变。以前的电视新闻多是会议活动和领导讲话，诉求对象常常是机关干部，即使有少数针对老百姓的内容也是以严肃刻板的姿态出现。电视作为大众传媒，其公众性是不容抹杀的，因此它的传播对象必然应该是社会大众。电视开始放下高高在上的姿态，考虑什么是老百姓能够接受和乐于接受的新闻，这是电视新闻作为大众传播的功能的回归和复位。

二、语态上的创新

在中国电视新闻发展过程中，《新闻联播》的播报方式一直被尊为正统：主持人正襟危坐，每分钟的播报字数有严格的规定，语言正规、严肃、书面化。这是国家级媒体主新闻的播报方式，但毕竟有点脱离生活，远离大众，难以被老百姓普遍接受。电视民生新闻立足于社会大众，在新闻的播报方式上进行了通俗化的探索，使千台一面、严肃有加的电视新闻呈现出了生动、亲切、多样的新面孔，为新闻走近大众提供了可能。

其一，通俗化的播报方式。

口语化是电视民生新闻播报中最突出的特点。无论是主持人、出镜记者，还是解说词都试图用最接近生活原生态的语言进行表达。电视新闻不再是过去庄严的教化者，而成为与观众平等的一员，用朋友般的、富有人情味的语气娓娓道来。近来口语化的趋势被演绎到了极至，众多地方电视新闻开始用方言播报新闻。理论界对此褒贬不一，有研究者认为：“标准语言本身就是将新闻与现实间隔开的一道有效屏障，一口方言的主持人更像是观众身边的朋友，颇具人情味……是对平民化、个性化主持角色的极端追求。”[②] 也有人持反对意见，认为方言播报有损新闻

---

① 朱雯、刘红梅．从民生新闻看传播理念之嬗变［J］．视听界，2004（1）：23-27.

② 殷乐．电视社会新闻：独特社会世俗景观的构筑［J］．现代传播，2004（6）：40.

本身的严肃性，是新闻娱乐化的极端表现。笔者认为，对于一些地方色彩特别浓郁的新闻节目，运用方言播报无可厚非，毕竟给电视新闻提供了一种新的可能的表达方式，并且这种表达最大限度地拉近了与观众的距离。但要注意运用的技巧，切莫让方言理语中的一些糟粕污染了电视荧屏，也不要让新闻成为纯粹的家长里短式的调侃。

通俗化的另一个表现是娱乐元素的恰当运用。例如《南京零距离》曾报道过两位外地人在南京遇到一好一坏两位“的哥”的事，并一改新闻冷冰冰的面孔，制作了Flash短片《南京人都是活雷锋》在节目中播出，激发了观众关于真善美的热烈讨论。当然，娱乐元素的运用要慎之又慎，否则很容易从通俗走向庸俗。

其二，情节化的故事演绎。

从某种程度上来说，过去的中国电视新闻是由没有多少时效性的画面加上大量宣传辞令所构成，新闻中没有细节，没有情节，更没有故事。而这些正是观众最喜闻乐见的，从民间故事和各种说书样式的经久不衰，就足以窥见故事对于大众的吸引力。电视民生新闻普遍“以讲故事的方式进行报道”的节目语态，很好地满足了大众对于“真实的故事”或者说“故事化的真实”的强烈需求，使观众在一个个真实讲述普通人的欢乐与忧伤、希冀与失望、抗争与无奈的故事中确认自我的生存状态，产生或怜悯，或敬佩，或感动的情绪，给人以独特的价值标准和审美关照。“而且由于媒体所附带来的权力，使得这一故事的讲述更有底气更有力度，在民间故事的变体中，在说书人的娓娓道来中，体现的是一种人的关怀、当下关怀和社会关怀。”①

百姓生活一直是电视媒体不能忽视的对象，电视节目的故事化处理已经成为媒体吸引观众的不二法宝。当真实的生活走入屏幕，媒介对生活的放大使得生活有了迥异的面貌——由正常到超常。如何将故事讲述得传神、传奇以达到眼球效应，就成了民生新闻工作者努力奋斗的目标，甚至不惜造假。某些节目的故事由编导策划编写，找专业演员来演的情况已经出现了。这样的节目在引发了短暂的高收视率后，也受到了人们的指责。如网友发帖：《又要我们了！央视10套和江苏卫视的节目真实性》，里面指出江苏卫视《人间》和中央电视台的《家庭》邀请完全相同的两个人做节目，但是两个节目中人物关系不同，故事也相反。《当事人查无此人：江苏卫视〈人间〉被疑造假》、《江苏卫视播出感人故事　记者采访却查无此人》，《贵州都市报》记者何星辉在看到《人间》

① 殷乐．电视社会新闻：独特社会世俗景观的构筑［J］．现代传播，2004（6）：40.

2007年8月20日播出的《意外戳穿的谎言后》，决定对其进行跟踪报道，但是找来找去，查无此人。这样的质疑和报道不利于节目的长期发展。

三、形式上的创新

应该讲，民生新闻大量直播方式的运用，是对于中国电视新闻的又一大贡献。电视直播就是最能展现电视传播魅力和特性的一种新闻报道与播出方式。它使事件发生与新闻播出的时间差为零，从而带来传播观念的变化，新闻时效观由“TNT”（Today News Today 今天的新闻今天报）转变为“NNN”（Now News Now 现在的新闻现在报），最大限度地满足了观众对于新闻“第一时间”“零距离”接触的需求。可以说，没有直播，就没有当代水平的电视媒介。

其一，以现场直播实现报道零时差。

《南京零距离》等节目均采取了开放式直播的方式，“将演播厅和新闻现场结合起来，随时插入最新的重大新闻和突发事件的报道，大量运用现场同期声，充分发挥电视新闻声画同步的现场实证性特长”①。相当一部分节目利用各种先进技术手段使新闻现场直播成了节目的常态，从“今天的新闻今天报”演进为“现在的新闻现在报”，全面刷新了中国电视新闻的时间观念。如江苏城市频道的《绝对现场》，将SNG连线、音视频传输等技术全面介入栏目，突出新闻的现场感。在印度洋海啸发生的第一时间就派出两名记者直抵泰国和印尼，利用笔记本电脑做画面剪辑后再利用互联网将已经制作完成的画面传回节目现场。

电视作为以图像为基本载体的媒介，纪实——对真实场景的零时差展现是其核心的优势所在。电视学者李幸曾断言电视的本质是直播，新兴的电视民生新闻栏目对直播形式的倚重是电视本质的回归，也是对电视核心竞争手段的进一步开掘。

其二，以全面互动推动受众参与。

如果说观众来信、热线电话、短信留言等互动手段的运用使电视新闻改变了传统的“你播我看”状态，那么，电视民生新闻节目所带来的全面互动则模糊了传者和受众的界限，观众空前活跃地参与到节目中来，为节目提供新闻线索，甚至采集、制作电视画面。仅《南京零距离》就聘请了20多位DV摄像师作为栏目的特约记者。依靠观众采集新闻，电视新闻放下了门阶森严的身段，开始将新闻采集和制作还原给新闻的制造者本人，这实际上和社会主义新闻事业所倡导的“群众办报”是一脉

① 周小普．民生新闻：内容与形式的创新表达［J］．中国广播电视学刊，2005（2）：13.

相承的。

这种还原一方面充实了新闻节目的内容，并使之更贴近市民生活的原生态。最生动的永远来自群众的生活，市民记者所拍的绝大多数画面都是坐在办公室里的记者完全拍不到的，在《南京零距离》每年评比的“年度十大镜头”中，很多都是由市民记者抓拍到的。

另一方面更为深远的意义在于，市民阶层开始在长期被精英阶层垄断的电视新闻中拥有话语权，从“沉默的大多数”变成活跃的阶层，他们开始积极地审视周围的生存环境，并勇于表达自己的见解。当然，由于电视这一大众传媒担负着引导舆论的社会责任，市民阶层拍摄、制作的新闻要经过把关人的严格筛选和修改，但这反而更激发他们积极反思，在新闻的真实性、时效性和审美情趣上多下功夫，以符合电视媒体的新闻选择标准。

其三，通过体量扩张促使新闻成主角。

电视民生新闻节目在形式上的另一个显著创新，是打破了新闻节目不超过 30 分钟这一约定俗成的原则。《南京零距离》率先选择 60 分钟的体量，创始人景志刚这样解释他们的初衷：“在中国电视界特别是中国电视新闻界，央视的节目总是被视为效仿的范本，地方台的新闻无论在栏目设置、长度安排，还是结构布置几乎都是从中央台那儿套过来的。我们之所以选择 60 分钟的体量，就是试图突破中国电视新闻栏目的习惯长度，确立重量级的栏目格局，并为栏目提供更大的信息空间。”从世界范围来看，60 分钟的体量也是电视新闻发展的主流。事实证明，这种选择确实使节目内容丰富了，对城市的“表现全面了，饱满了，使我们有可能为观众提供琳琅满目的超市式的资讯服务”①。

更为有意义的是，在体量和内容上形成一定规模的新闻节目渐渐改变了观众的收视兴趣，使之从电视剧等娱乐类节目转向新闻节目。在 2003 年南京收视的一次播前调查中，观众最爱看的节目类型中新闻排名第一。对新闻节目的热衷表明大众开始积极地介入现实，而不是在虚幻的娱乐中逃避现实。

有学者认为，平民化的电视传播理念和方式如果仅仅存在于谈话、娱乐等节目中时，这种平民化是不彻底的，只有“当以传播主流意识形态为己任的新闻节目充满了世俗精神时，则表明中国电视向大众传媒的本质回归”，而且，这种平民化“彻底打破了新闻的特权和垄断，大大推动了新闻的多元化和民主化进程……无疑为改变以往意识形态那种逼

---

① 景志刚．我们改变了什么？［J］．视听界，2004（1）：8.

使大众接受的强迫的方式，提供了行之有效的路径”[①]。虽然中国电视新闻的平民化是以市场化和商业化为出场语境的，但无论这种商业化有多少负面作用，它的现代意义仍然是不容抹杀的。

第4节　民生新闻影响受众认知的思考

中国电视的任何改革的基本动机和归宿都是为了争得市场，都是对投身注意力经济的冲动。追逐市场和经济效益的脚步，使“民生新闻”的实践者们来不及也无心对这一概念做深入的探究就匆匆上路。“电视民生新闻是与以市场化为导向的电视改革相伴生的一种形式，因而也与以商业文化为核心的大众文化之间有着不可回避的关系。因此，从它的诞生开始，就被蒙上了一层浓厚的消费主义外衣。”[②]在“民生”的旗帜下，电视民生新闻身上商业化的烙印仍然清晰可辨。新闻成为生产者用以赢利、大众用以消费的一种商品，而新闻生产和传播的过程也呈现出“文化工业”的特质。

一、以收视率为指挥棒的现象流行

中国电视商业化的诉求集中体现在以收视率为指挥棒的节目运作方式上。目前南京电视媒体的自制节目普遍实行收视率考核，“新闻部门的奖金分配、承包基数都和收视率挂钩……主任和制片人竞争上岗的时候都要提出明确的收视率奋斗目标，许多部门、栏目在确定承包协议书的时候也都有收视率的考核目标和奖惩办法。在这种背景下，收视率的高低成为一个栏目、一个频道、一个台节目质量乃至创新成功与否的重要标准。”[③]电视节目重视受众市场并没有错，但将收视率作为唯一的指挥棒则面临着多重的危险。“它在构筑新的新闻样式的同时，也消解着传统新闻中的一些基本立场。”[④]电视新闻的信息传播功能和新闻主体性将有可能为娱乐化所取代，它所折射出来的思想力量与审美价值将为庸俗化和低格调所消解。

---

① 时统宇．中国电视世纪悖论：人文精神与世俗精神的碰撞和紧张[M]．北京：北京广播学院出版社，2004：202.

② 鞠斐．民生电视新闻背后的立场预设［EB/OL］.blog.sina.com.cn/s/blog_4e04ed5301000bd3.html.

③ 唐宁．“南京电视新闻现象”的思考［J］．视听界，2004（6）：26.

④ 同③.

表3-4 江苏台某节目2009年1-4月收视情况（CSM35时段）

节目		收视率	市场份额	播出日期
栏目时段所有节目		1.090（二）	3.221（二）	1月5—23除9、10、16、17 2月10—28除13、14、20—22、25、27 3月1—5、9—12、16—19、23—26、28、30、31 4月1、2、4、6—9、13—16、20、22、23、27—30
栏目常态节目		0.909（二）	2.688（二）	1月5—23除9—13、16、17 2月10—26除13、14、20—25 3月1—5、9—12、30、31 4月1、2、6—9、13—16、20、22、23
特别节目	史诗专访	0.805（二）	2.362（二）	1月11—13
	刘谦来了	1.434（一）	4.229（一）	2月23、24
	小沈阳来了	2.535（一）	7.566（一）	3月16—19
	我的魔术猜想	1.234（二）	3.679（二）	3月23—26、28

其一，千方百计寻找“卖点”。

电视民生新闻背后的消费主义立场是显而易见的。节目的首要目的是将新闻商品成功地推销给观众，让其在消费的同时创造广告市场。寻找“卖点”，吸引眼球，是他们主要的营销策略。在这样的思路下，新闻娱乐化、低俗化、负面化的问题日益突出。

首先是“新闻情景剧”的出现。娱乐化是与商业化共生的特性。当新闻成为商品，成为大众文化的特定形式之一，新闻娱乐化的浪潮也就不可避免地席卷而来。在早期追求情节的离奇煽情、大肆炒作追求轰动效应之后，一种名为“场景再现”的手段将新闻娱乐化推向了极至。众多民生新闻节目中将事发当时没有拍到的新闻让演员重新“演”一遍，以“模拟”、“再现”当时的场景，新闻与情景剧、肥皂剧等娱乐形式越来越接近。新闻的底线即真实在娱乐面前被轻而易举地消解，新闻报道与戏剧化虚构之间的严格界限被打破。以江苏台某节目的制作为例，首先是舞美和音乐音效的掌控都采用全国最先进的制作水准，这保证了节目的包装质量。其次是几乎栏目每一期的现场都少不了感人的眼泪，少不了争吵的场面，有时候甚至还会大打出手。母女相拥孩子下跪、激烈争吵、情绪失控的画面比比皆是。

其次是“新闻三级片”的盛行。

作为文化产品的电视新闻，如果过分强调市场竞争又缺乏有力的调控手段的话，很容易从通俗滑向媚俗甚至低俗。几乎所有的电视民生新闻节目，特别是在初创期都将诉诸人最低层次的感官刺激作为打开市场的“卖点”，一时间，低俗新闻的展示令人瞠目结舌，“暗访脱衣舞”、“公关先生调查”、“陪聊女揭秘”等新闻屡见不鲜。在江苏某省级电视台的一档晚间新闻节目中，曾有过这样的报道：记者假扮成嫖客去揭秘所谓“公关小姐”的内幕，与小姐开房间时，隐秘在一旁的摄像机拍下了小姐脱衣服的过程并将这一幕赤裸裸地搬上电视，甚至没有做任何马赛克的处理，只是将画面做了模糊处理，但所有景象还是一览无遗。我们不禁发出感叹，这样的画面究竟是新闻还是三级片？作为主流文化引导者的电视新闻究竟要把观众引向何方？以江苏台某节目为例，由于在 2007 年尝到了婚外题材节目高收视率的“甜头”，在这一阶段的节目制作出现“以收视率为准则”的倾向，有意识地强调“性”，出现了庸俗化和低俗化倾向。这一时期婚外恋题材的节目数量骤然增多，由第一阶段占据总量的 4% 上升到 14%。此举受到广电总局的黄牌警告，也遭到社会的批评。

再次是负面报道的巨量传播。

传统电视新闻主要以正面宣传为主，很少有负面报道，电视民生新闻的价值取向则正好颠了个头。有研究者曾对南京地区若干档电视民生新闻节目做过抽样统计，所有节目中负面新闻均占播出总数的半数以上，有的甚至达到了 80%。这些负面新闻的题材主要集中在犯罪、灾祸、婚外恋等。[①] 电视民生新闻往往以舆论监督的名义热衷于负面报道，但不难发现其所“监督”的内容多是个体性、私人化的，往往与公共利益无关，而且报道中也少见媒体“铁肩担道义”的社会责任感，只有对于负面事件的津津乐道。因此负面化倾向最根本的原因是新闻媒体想以耸人听闻作为“卖点”推销新闻商品。

过去“报喜不报忧”的新闻报道倾向固然无法保障受众充分的知情权，但如今负面新闻当道的局面更不利于受众对真实世界的把握。电视画面对“假、恶、丑”的充分展示掩盖了在真实世界占主流的“真、善、美”，助长了社会消极情绪，损害了所在城市的整体形象；电视新闻屡屡展览的“群丑图”有可能助长受众的审丑心理，扭曲健康的审美观；更为危险的是，电视镜头对于凶杀、暴力、血腥等细节的展示有可能在客观上给一些不良行为提供示范。

其二，追求成本的最低化。

商业化的逻辑归结为两个字，那就是“利润”。经济学常识告诉我们，

① 朱雯、刘红梅．从民生新闻看传播理念之嬗变［J］．视听界，2004（1）：25.

利润＝收入－成本，因此要获得高利润有两种手段，一是创造尽可能多的收入，二是将成本降到最低。在电视民生新闻节目身上，这一思想已经根深蒂固，深入媒体管理者的内心深处。

首先是报道内容琐屑并规避重大“民生”问题。在充分“贴近”平民生活的名义下，电视民生新闻热衷于“有闻必录”、“记录生活原生态”，于是柴米油盐、老婆孩子、火灾事故等新闻价值含量低、琐屑重复的事件每天充斥着荧屏。且这些报道大多是模式化、易于大量复制的。如对交通事故的报道，一般先是记者对现场的描述，然后依次是当事人、交警和目击者的同期声采访，最后是主持人“小心驾驶”之类的劝告。

而对于中国社会当今最突出的，具有重大社会典型意义的“民生问题”，如三农问题、贫富分化、弱势群体、老年社会等，标榜“以民为本”的电视民生新闻节目却不约而同地敬而远之、集体失语了。市井琐闻作为人们消遣娱乐的一种方式有它存在的价值，但对社会整体的、历史的、精神的反思，和对社会转型时期重大问题的解疑释惑则更为必要。电视新闻不能舍本逐末，用对边缘、琐屑、浅薄的津津乐道代替了对社会的忠诚守望和深刻反思。

电视民生新闻放弃对真正意义上的民生问题的追问，而成为市井琐闻的集散地，这除了新闻理念上的浅薄、错位以外，更重要的是展现这些市井琐事的成本远比对社会重大问题的深入报道要低。一是政治风险小，二是耗费的人力、物力、智力都少得多，况且也有相当数量的市民阶层对家长里短感兴趣，因此何乐而不为呢？商业化的逻辑左右了电视民生新闻的议程设置。例如，老年人对电视有比较大的需求量，72.8%的老年人将“看电视”作为获取外界信息的主要渠道，名列各种信息获取渠道之首。但是在被测试者当中，只有0.6%的人认为适合老年人的电视节目很多，5.3%的人认为较多，30.1%的人认为一般，而高达63.9%认为很少或较少（见表3–5）。

表3–5　老年人获取信息的主要渠道①

选择项	上网	看杂志	听广播	与人交流	读报纸	看电视
比例	1.2%	8.1%	17.2%	41.4%	44.4%	72.8

其次是新闻造假或兜售“假冒伪劣产品”。电视民生新闻节目降低成本的另一个手段就是“新闻造假”，跳过发现新闻、采集新闻等多个环节，

① 陈勃、樊国宝．老年人传媒接触状况的调查与分析［J］．社会科学，2003（12）：70.

直接捏造离奇的故事、富有冲击力的画面来制造轰动效应。由于电视具有画面实证性的特点，因此电视新闻造假显得更为隐秘。南京一档电视民生新闻节目曾播出过这样一则新闻：女孩突然晕倒在路边，过路的一个年轻小伙子对她进行了人工呼吸的救助。后经知情人士透露，这则“新闻”完全就是虚假的，是编导一手策划导演，“女孩”和“年轻小伙子”都是临时找来的演员。再仔细看这则新闻，地点背景就在电视台门口，人工呼吸的画面展现得如此完整、充分，如果是记者的偶遇，未免太“巧合”了！

新闻造假的行为在电视民生新闻栏目中虽然并不普遍，但影响极为恶劣，和靠兜售假冒伪劣产品来牟取暴利的不法商贩并无二样，新闻神圣的真实性、新闻记者的职业道德被公然践踏，媒体完全沦为赚钱的机器。湖南卫视的《8090》和东方卫视的《幸福魔方》都是虚构类的情感节目，但却打着真实的幌子来欺骗观众，在很多贴吧里已经不断地遭到观众的质疑，这样违背真实欺骗观众的节目势必会逐渐失去品牌。

二、无选择迎合受众手法多样

受众心理在人们的行为活动中起着关键的作用，而它与大众传播行为正是有因有果，轮流替换不同的角色。受众心理与大众传播行为的互动关系：任何传播活动，尤其是大众传播活动都具有一定的目的性，都会以追求传播效果的最大化为最终目的，传播使受众心理产生共鸣，从而取得良好的效果。所以无论是电视，报纸，广播还是网络都需要充分重视与受众之间的互动环节。媒介要贴近受众，重视并满足受众的要求，但是满足受众的要求并不等于“需要至上”，让抽象的受众来操纵媒介。

其一是为了吸引眼球而手段频出。

电视民生新闻节目对于节目形式的倚重史无前例。“连线报道”成为节目的常规手段，“卫星直播车”经常出没在街头巷尾，然而在“抢时效”和形式新奇的背后是内容上的苍白无力、索然无味。在节目中经常可以在两车追尾的交通事故或是居民楼火灾的现场看到大型直播车的身影，报道一桩简单的家庭矛盾时要电话连线赶到现场的记者等等。形式不再为内容服务，而成了吸引眼球的方式。“新闻抽奖”是目前电视民生新闻节目普遍采用的一种互动方式，从根据舆论调查参与者电话在演播室抽奖，到观众评选好新闻抽奖、到进社区送大奖、线索奖、金点子奖等等，形式不一而足。奖品也从家具、手机到现金、汽车，层层加码。这些抽奖、送奖的环节占据了大量节目时间，少则一两分钟，多则五六分钟。“羊毛出在羊身上”，观众拨打热线电话或发手机短信参与节目的收费远远高于一般收费标准，这部分收入远远超出送出奖品的价格，每天的抽奖环节对于电视台而言也是一笔不菲的“收入”。

其二为了提升收视率而打“擦边球”。

民生新闻节目在拍摄时，常常未经当事人的同意就采用一些偷拍、暗访等手段进行节目的制作，在一些家庭感情纠纷中，在涉及一些伦理问题时，媒体的这种强权做法显然已经越过了界限，甚至常常有很多人因此而把媒体告上法庭，但是结果常常是不了了之。很多媒体在制作民生新闻节目的时候，刚开始的时候还是抱着为百姓解决问题的态度去做的，但是渐渐地在收视率的驱使下，媒体越来越愿意去曝光别人的隐私，越私密的感情生活可能越是观众喜欢看的，但这一做法已经严重侵犯了公民的隐私权。还有些媒体滥用他人的照片等，这都属于侵权的行为。一是记者充当他人情感生活的裁判，以强势的身份和道德观念粗暴地干涉和评价他人的私生活；二是刻意挖掘和渲染节目对象的个人隐私；三是不经他人同意，擅自公开他人的隐私；四是漠视青少年的隐私保护。民生新闻节目担负着启迪大众，为百姓服务的重任，如果为了一味地追求收视率而违背了当初的目标，必将会遭到谴责。

三、对受众认知的隐性侵蚀

电视民生新闻中有关社会问题的新闻报道，画面够刺激，有视觉冲击力，迎合了受众电视围观、电视窥视的心理需求，自然能够吸引受众的注意，从而显著地提高收视率。而收视率的背后，却是电视市场化造就的巨大驱动力。

在社会主义市场经济条件下，中国电视业正在经历从内容生产到运作机制等各个层面的深刻变化，市场化和产业化是其中最重要的特征之一。经过20多年的产业化历程，中国电视业市场化运作的意识越来越强，经验越来越丰富，资产重组、股份制产权改造等市场化资本运营手段已在电视业得到了初步实施。

无论是“事业单位企业化经营”，还是股份制改造之后的公司化运作，追求利润的最大化都可能是频道运营的基本目标。在当前电视传媒经营业务还比较单一，收入仍主要来源于广告的情形下，收视率作为电视传媒向广告商出售的商品，就是电视栏目和节目的“生命线”，是电视传媒激烈竞争的“晴雨表”。基于此，我们就不难理解，《南京零距离》是“一群身陷困局的电视人开始了一次前途未卜的突围”[①]，《第一时间》

① 景志刚．我们改变了什么？［J］．视听界，2004（1）：10.

是“以改变频道聚焦模糊、收视低迷为目标”[①]，并且，发生在一些地区的所谓“民生新闻大战”，实际上也就是“收视率大战”。电视民生新闻是电视大众文化在新闻领域的集中表现，而电视大众文化毕竟是以市场经济作为温床的。“物质诉求成为商业时代电视大众文化的宏大叙事主题，其直接体现就是对收视率的追求，并由此形成消费主义与电视大众文化互动的局面。”[②]随着我国电视产业化改革与发展不断向纵深推进，电视大众文化的消费主义属性日益突出，甚至主宰了电视传播的内容。因此，在唯收视率是从的竞争压力下，在存在着较大的受众市场需求的情形下，电视民生新闻在多角度反映百姓生活状态、生活矛盾的过程中，给能够“紧紧抓住受众眼球”的社会问题以浓墨重彩，就很容易理解了。

只是，有些电视民生新闻节目为了盲目地提高收视率，强化竞争优势，在传播信息的过程中往往不同程度地出现两种偏差：一种是为了时效性而忽视本质的真实性，另一种是为了迎合部分受众的口味而在一定程度上牺牲传播内容的公益性。[③]目前，许多电视民生新闻栏目，对新闻现场的直播报道占了很大比例，这在很大程度上满足了新闻的时效性，可是，却使新闻只停留在零碎、琐屑、浅薄的层面上，而忽视了对事件本质的深层次挖掘。例如，一些新闻内容只是停留于及时将新闻的现场画面提供给受众，而不去深究事件的来龙去脉。这样的新闻所传递的信息非常片面和肤浅，影响了新闻事件的本质真实，受众由此形成的社会认知只能是“知其然，而不知其所以然”。当然，更为严重的偏差是，有的电视民生新闻栏目在一味凸显社会问题的同时，不惜以牺牲新闻传播的公益性为代价，用媚俗、猎奇、浅薄的选题来迎合部分受众的低级趣味，热衷于炒作纠纷、盗抢、婚外恋之类的负面报道。例如，在一些交通事故或凶杀案件中，进入受众视野的尽是血腥暴力的场面；在一些暗访色情场所的画面中，有时候对当事人也不以“马赛克”适度遮挡了；有的电视传媒甚至利用自己的强势地位，以满足公民知情权、表现百姓现实生活原生态为名，强行闯入社会个体的私人空间，公开个人隐私。这类以“平民化”为借口的媚俗倾向，“实质上正逐渐离开平民，靠近一个面目模糊的‘大众’”[④]。

---

① 王学锋等．刷新战略刷新历史刷新观念 [J]．现代传播，2004（4）：44.

② 隋岩．当代中国电视文化格局 [M]．北京：群言出版社，2004：94.

③ 陈明欣．信息化的负面效应与媒介社会责任的强化 [J]．编辑之友，2004（3）：69.

④ 姜红．“新闻秀”——平民的还是大众的？[J]．新闻记者，2004（12）：19.

电视民生新闻受市场化、商业化的影响而出现的种种新闻传播偏差，通过日积月累的议程设置作用，必然造成“信息失控”，导致受众“误把偶然当必然”的重大社会认知偏差，并且可能导致受众社会公德的淡漠甚至是泯灭。而对电视传媒来说，如果仅靠“精彩”、刺激的负面新闻画面来提升市场竞争力，以获取巨额利润，这无疑是饮鸩止渴，得不偿失的。从长远利益来看，最终可能会导致媒介社会公信力的丧失。

第5节　民生新闻水平提升的空间在哪里

“民生新闻大战”，实际上也就是“收视率大战”。随着我国电视产业化改革与发展不断向纵深推进，电视大众文化的消费主义属性日益突出，甚至主宰了电视传播的内容。因此，在唯收视率是从的竞争压力下，在存在着较大的受众市场需求的情形下，电视民生新闻在多角度反映百姓生活状态、生活矛盾的过程中，给能够“紧紧抓住受众眼球”的社会问题以浓墨重彩，就很容易理解了。

只是，有的电视民生新闻节目为了盲目地提高收视率，强化竞争优势，在传播信息的过程中往往不同程度地出现两种偏差：一种是为了时效性而忽视本质的真实性，另一种是为了迎合部分受众的口味而在一定程度上牺牲传播内容的公益性。[①] 目前，许多电视民生新闻栏目，对新闻现场的直播报道占了很大比例，这在很大程度上满足了新闻的时效性，可是，却使新闻只停留在零碎、琐屑、浅薄的层面上，而忽视了对事件本质的深层次挖掘。所以民生新闻在新时期仍然需要提高和创新。

其一，新闻选择上杜绝虚假力求新颖。

新闻选择，就是新闻媒介对现实生活中的大量事实进行判断和鉴别，从中选择值得传播的事实的过程。从新闻传播规律来看，“选择事实是新闻工作具有决定性意义的一环”[②]，因为媒介对新闻事实的选择和报道决定了新闻的立场和倾向，直接影响舆论，以及受众对客观世界的认识、判断。新闻选择对于电视民生新闻节目而言同样是至关重要的一环，它显示了电视民生新闻工作者对于新闻的基本价值判断、决定了节目的事实素材，从而定下了节目的基调。那么，电视民生新闻节目在新闻选择的过程中，如何认定和把握呢？

---

① 陈明欣．信息化的负面效应与媒介社会责任的强化［J］．编辑之友，2004（3）：69.

② 李良荣．新闻学导论［M］．北京：高等教育出版社，1999：166.

第一要杜绝虚假新闻。虚假新闻在电视民生新闻节目中虽然不普遍，但影响极为恶劣。除了极少数媒体利欲熏心，故意捏造、“策划”假新闻外，绝大部分的虚假新闻都属于“客观失实”，即在新闻选择的过程中没有把好“新闻定义”这第一道关，没有对事实各方面的真实性进行全面、细致的核实，导致不同程度的失实。由于电视民生新闻的新闻源逐步走向市场化，提供线索者成分复杂、不易管理，媒体把关难度增大，新闻源造假和失实成为电视民生新闻出现虚假新闻的重要原因。因此，电视民生新闻在新闻选择的第一道关，应该特别加强对新闻源真实性的核实与鉴别，特别是对于一些耸人听闻、离奇怪诞的线索，要重点核实，切莫被别有用心的新闻线人牵着鼻子走。此外，加强新闻线人的培训和管理，从源头上降低新闻源失实的概率，也是电视民生新闻节目杜绝虚假新闻的必要措施。

第二要保证新闻选择标准。新闻是新近发生的事实的报道，根据这一定义，选择的事实必须真实、新鲜，“为此，要淘汰下列事实：1. 虚假的‘事实’；2. 陈旧的事实（当作背景用另当别论）；3. 人们司空见惯的事实；4. 空话连篇的‘事实’。新闻选择通过‘新闻定义’这一标准的筛选，去掉假的、旧的、空的事实，留下真的、新的事实。”①结合当前电视民生新闻的实践情况来看，如今大量的投诉、服务类信息充斥着各档电视民生新闻节目。比如我们经常在节目中看到这样的新闻：家中水管爆裂，物业维修不力，居民向媒体投诉，记者上门或打电话与物业交涉，最终问题解决。看后总不禁产生疑问，这样的事实是新闻吗？按照新闻的定义，新闻必须具有两个基本的属性，一是“真”，二是“新”。这里的“新”不仅指事实发生时间的“新近”，而且也指对于受众心理而言的“新鲜”，大多数受众以前不曾知晓的事实才能谓之“新鲜”，因此，人们司空见惯的事实，即使新近发生，也是不符合“新”这一新闻基本属性的，不能算是新闻。所以笔者认为，类似水管爆裂、家中进水这样的投诉服务类信息，是人们在日常生活中常常碰到的，对于受众无任何“新鲜”可言，不属于新闻的范畴，将这样的信息大量放在电视民生新闻节目中是不合适的，只会使观众心生厌烦。

其二，报道数量上正面和负面比例协调。

当前电视民生新闻的新闻价值取向有严重的负面化倾向。在这些负面报道中，真正舆论监督类的题材比较少，而涉及犯罪、隐私等的“煽情新闻”，微不足道的事故、意外、冲突等方面的内容过多。这种

① 李良荣．新闻学导论［M］．北京：高等教育出版社，1999：168.

负面化的新闻价值倾向有点类似于西方19世纪末盛行的“黄色新闻”浪潮。负面新闻由于具有冲突性、刺激性、模糊性等特征，可以通过对罪恶、丑闻淋漓尽致的渲染制造耸人听闻的效果，达到“畅销”的商业目的。

电视民生新闻应摈弃负面化的新闻价值取向，树立比例协调的新闻报道理念。负面新闻的大量传播将带来严重的消极影响：破坏社会稳定、瓦解人积极向上的精神面貌、腐蚀生活环境、煽动人心的不良欲望等。负面化的新闻价值取向将严重消解电视民生新闻优化百姓生活状态、提升百姓精神境界、构建地方社会主流文化的功能，不利于电视民生新闻的健康发展。值得一提的是，以报道本地新闻为主的电视民生新闻，是城市面貌和城市文化的窗口，负面信息泛滥将严重损坏城市形象，可能给当地的投资、旅游等带来无形的损失。只有坚持比例协调的报道数量，才能真正提升电视民生新闻的内涵，发挥该类节目的积极功能。从电视民生新闻的内涵来看，它以优化百姓生活状态、提升百姓精神境界为目标，这就要求对生活中的真、善、美作深层次的挖掘，激励观众积极面对生活，开拓进取；从电视民生新闻的功能来看，要构建社会主流文化，必须充分表现现实社会中的主流，弘扬主旋律，要推进区域认同，必须对区域事件进行以正面为主的报道，才能增强区域内居民的荣誉感和凝聚力。

坚持比例协调的报道理念，并不等于说不能或不需要传播负面信息，而是应该结合负面信息的特点适时适量地进行传播，发挥其认识、警戒、平衡等积极功能。在具体做法上，应注意以下几点：第一，将负面信息传播和舆论监督结合起来。电视民生新闻对负面信息的选择要提升到舆论监督的层面上来，不要津津乐道于琐碎的家庭纠纷、市井丑闻，要切实对社会生活中存在的严重损害群众切身利益的现象和人物进行揭露、提出批评，促进现实问题的解决。第二，对负面新闻进行数量上的控制。现实生活中毕竟是真、善、美占据主流，媒介世界里应该正确展现这一主流，控制负面信息的报道量。而且，即使传播者想努力发挥其正面功能，负面信息的过多过滥也会事与愿违，甚至误导受众。第三，对负面新闻的报道应尽量客观，避免感情用事的“媒体审判”。特别是在进行揭露性报道的时候，应全面地看待问题，客观地分析问题，避免以意气、感情或个人标准来左右报道。电视民生新闻倡导“平民视角”是一种进步，当前有的节目却以“平民代言人”自居，陷入“平民情结”无法自拔。如在一些投诉、揭露性报道中往往只听投诉者的一面之词，这样的媒体审判将导致另一种社会不公正。第四，在负面报道的微观层面上，对暴力、血腥、悲伤等细节不宜渲染，应彰显人文关怀。对悲剧和暴力的展览是对受害者的一种不尊重，同时也是对具有健康审美观的受众的一种侵犯，还有可能诱使某些心理不健康者模仿。

其三，坚持重大新闻的本地化处理方法。

民本主义即“以民为本”的理念。民本主义的新闻价值取向，也就是在判断一则新闻的新闻价值时，以平民、大众的立场为出发点和归宿。通常衡量新闻价值的要素主要有时新性、重要性、接近性、显著性、趣味性五种，比如《新闻联播》，重要性是其判断一则新闻的新闻价值高低的首要标准，趣味性则可有可无；而《媒体大搜索》，趣味性要素却摆到了第一位。在传统电视新闻的新闻价值系统中，“重要性”这一要素是最重要的，而且“重要”所指向的是宏观层面上的社会生活和受众，主要是全国甚至全球范围内的。但是民生新闻可以把传统新闻中的重要新闻比如新婚姻法颁布、个人所得税起征点调整等全国范围内的重大政策变动，通过自己的着眼点和解读方法，使之落脚点放在结合当地实际情况，为百姓释疑解惑，突出新政策对当地群众切切实实的影响。即使对于全国性事件也应该立足于本地的贯彻落实、与当地百姓的关系等本土视角。同时，电视民生新闻“接近性”的深层次内涵是对百姓生活的贴近、对他们思想和情感的体恤。所以事件必须与受众形成心理上的接近，能真正反映他们的喜怒哀乐、所思所想。

民生新闻必须适应全国的新闻舆论形势，绝不能国家在高歌猛进，自己在小调低吟。一定意义上讲，任何主流媒体播发的绝大多数新闻都不是简单地记叙事实，都需要有自己的立场、观点，都有其在社会活动中思考问题、评判事物、引导舆论、传递思想的出发点。电视民生新闻的定位和功能绝不应仅仅止于提高收视率、群众喜闻乐见的层面上，而应以优化百姓生存状态、提升百姓精神境界为终极目标，以提供公共交流空间、体恤百姓情感化、构建区域社会主流文化、推进区域认同等为主要功能，这些目标和功能的实现必须依靠媒体以先进的价值观和正确的立场观点来过滤新闻，把握新闻的导向，从而达到良好的社会效果。

其四，可以采用故事化的叙事手法。

电视民生新闻之所以区别于传统电视新闻，是其民生立场和平民化的视角。这种理念贯穿于其新闻采集、制作的全过程，但最终是通过直接展现在观众面前的新闻文本的形式体现出来的，也就是说电视民生新闻的特质要在新闻表达的过程中实现。新闻的定义是“新近发生的事实的报道”，从本质上看新闻应该是对事实的叙述成果，新闻表达最主要的也就是“叙事”的过程。在电视民生新闻“故事”发生的场景没有硝烟弥漫的战场、神秘奇幻的太空，也少有他乡陌生的夜空、异国曼妙的景致。经常见到的是城市里熟悉的街道与建筑、家中普通的家具和摆设，这些场景都是普通大众生活中司空见惯的。在这样日常化的场景中，“故事”被赋予了更多“生活原生态”的色彩，观众观看着这样的场景，仿佛置身于自己的日常生活，引起深刻的认知和强烈的共鸣。电视民生新闻“故事”日常的、生活化的场景选择，颠覆了精英主义强调个性的、独特的、贵族化的和超越日常性的传统，用艺术生活化的再现模式置换了精英主义的生活艺术化。

新闻叙事学中的“叙述”，是指“产生话语的行为或者过程，是隐藏在叙述话语中的独特的叙述者、叙事角度等创造性动作”①。电视民生新闻叙事要达到的最直接目的就是使文本更生动、更吸引人、更具有可读性。要达到这一目的，除了运用恰当的叙述主体和叙述视角以外，还可以采用故事化的叙述手法。所谓故事化的叙述手法，就是通过制造悬念，然后对事件的顺序、结构等进行一定的组合，使新闻事件具有故事的特征，即拥有铺垫、高潮、结局等一系列情节变化。故事化的叙述可以使观众始终怀着好奇、期待和激动等心情收看整个节目，且留下比较深刻的印象。运用故事化的叙述手法要处理好两个关键性问题。

第一是设置悬念。悬念是故事的起点和由头，也是吸引观众收看的必要手段。电视民生新闻的悬念设置首先可以在导语阶段实施。它的导语已经不是清楚完整地交代“五W”的传统化形式，而是通过抖包袱、卖关子等手法设置种种悬念，吸引观众的注意。悬念的设置也可以借助多种手段，贯穿在整个故事的始终，一环套一环，使观众一直守候着节目，直到揭开心中的谜团。如江苏卫视的《1860新闻眼》曾播出了一则《骑马能不能进闹市》的新闻，开头以画面语言展开叙述：一位男子正午时分骑着枣红大马，在闹市区的人行道上信步闲逛。在他身体一侧的铁栏杆外，是滚滚车流。警察拦住他……新颖别致的开篇挑起了观众的好奇心。这是在叙述一位中世纪堂吉诃德式滑稽、悲剧人物，还是……在离奇的故事情节叙述完后，主持人还设置了一道选择题作为悬念：马究竟能不能上马路？让观众参与选择，结果要到一小时的节目结束时才公布。观众就在心怀新奇、期待和激动的悬念中自始至终守候节目。②

第二是陌生化手法。新闻叙事中的事件，按发生次数的多少，可以

---

① 蔡之国．新闻叙事学刍议［J］. 青年记者，2005（10）：32.

② 何国平．电视民生新闻文本的叙事学分析［J］. 山东视听，2005（6）：13.

分为高频率事件和低频率事件。由于新闻对于“新鲜”的要求，使低频率事件更有可能进入新闻叙事的视野。但是电视民生新闻由于将焦点对准普通百姓以及其生活中的所经所历、所思所想，其事件的发生场景一般存在于普通的日常生活中，所以难免会经常遇上高频率事件。这时为了实现低频的效果，可以用陌生化的手法来叙述高频率事件。所谓陌生化，又叫反常化，就是把日常生活中的高频事件进行适当的加工处理，让人感觉不一样。比如安徽电视台《第一时间》在某年春节期间推出特别节目《表情故事》，以新颖的手法展现春节里的众生相，让人感觉不一般。[①] 陌生化的叙述可以给叙述者和读者造成重新审视和认知的过程，使高频率事件也能让人耳目一新，产生全新的感受。

其五，增加适度的演绎和评论。

电视新闻之于其他媒体的新闻而言，最突出的优势资源除了画面，就是“看得见”的主持人了。主持人作为节目与观众之间最直接的桥梁，就如同节目的“名片”，其风格、定位、语言、姿态等无不传达出节目的风格和品质内涵，影响观众对节目的印象和认知。主持人在与观众“面对面”的交流中，赋予了电视媒体的大众传播以人际化的特征，主持人个性魅力的强弱也直接影响观众对节目的关注度和认可度。而且在电视民生新闻节目中，主持人承担了很大部分的“新闻表达”任务，他们通过解说、播报、点评等形式将新闻内容传达给观众，主持人的表现对整个节目的新闻表达起到了至关重要的作用。

第一可以加入合适比例的演绎成分。在越来越拒绝雷同的时代里，观众的口味越来越挑剔，主持人必须在适合节目风格的基础上紧追个性化的潮流。只有个性化的主持人才能赋予节目以与众不同的风格，才能使观众产生“独一无二”的约会意识。孟非的冷幽默、元元的伶牙俐齿、安峰的滑稽搞笑，都是他们鲜明的个性特征，也成为节目风格形象的代言。主持人在人际化的传播状态中，具有“天然贴近性”的传播特性，他们的个性化言行都获得观众心理上的认同，引发观众的收视兴趣，在观众心目中树立“无可取代”的鲜明形象。比如“阿六头”不但用杭州话播报新闻，还喜欢“以唐装、八仙桌等道具营造‘在场’语境，绘声绘色，模拟情状，放大了有声语言高低起伏、松紧疏密的对比变化，可以没有禁忌地边说边笑，体态适度夸张，表情丰富，肢体语言与语言节奏同步互补，如说到某居民家中地板发热的怪现象，阿六头以手掌触按桌面突

① 何国平．电视民生新闻文本的叙事学分析［J］．山东视听，2005（6）：13.

然弹起做被烫状，随即甩出一个悬念：地板为什么这么烫呢”[①]，“阿六头”不但将语言元素对观众的贴近发挥到了极至（用方言），还充分运用了人际传播中的其他多种非语言的传播渠道，如服饰语言、表情语言、体态语言等等，塑造了一个乐观、正直、风趣的“自己人”形象。需要指出的是，电视民生新闻主持人个性的张扬必须把握一定的分寸，必须符合社会普遍的道德标准和审美取向，切忌为个性而个性，导致矫揉造作甚至搞怪作秀。

图3–3　杭州文广集团《阿六头说新闻》节目

第二需要强化主持人的点评水平。新闻媒体是社会的公器，被称为“社会雷达”，其环境监测功能在危机事件中表现得更为淋漓尽致，在我国受众心中有很高的威信。新闻媒体的舆论引导功能可以有效地激发、改变和影响社会舆论，使突发事件朝着有利的方向发展。[②]

民生新闻的评论如果引导得当，可以在社会冲突中有效地弥合分歧、化解矛盾。电视媒体作为介于政府与公众之间的社会公器，其在观察和评论公共事务的时候一般处于较为客观的立场，一向被公众视为公平与正义的守望者，这正是引导舆论的一个有利方面。鉴于其特殊身份，它能够在表达党和政府意志的同时，反映人民的愿望和要求。所以民生新闻主持人的评论必须建立自己的权威性和亲民性，努力超越单个利益群体的干扰，去积极平衡个别群体与人民整体利益之间的矛盾。

对于电视民生新闻而言，主持人言论不仅是栏目吸引观众的重要砝码，也是其彰显实力、增强影响力的支点。主持人作为节目和观众之间的互动中介，他和观众的交流富有人际传播的特质，因而对于观众来说，主持人与其说是节目的一个符号，不如说是一位有血有肉、具有丰富人格魅力的知心朋友，他对于新闻事件的评说，就像是自己人在娓娓道来，与你共同交流见解，引起观众强烈的共鸣和思想情感上的互动。相辅相

① 吴郁．地域新闻表达方式中的主持人元素解读［J］．中国广播电视学刊，2004（12）：38.

② 刘亚飞．突发公共事件中的舆论引导策略［J］．中国广播电视学刊，2006（7）：30.

成的是，主持人在一次又一次地用或风趣幽默或犀利冷峻的语调一针见血地表明自己的观点，说出老百姓的心里话的时候，自身在观众心目中的形象也会日趋丰满、鲜明，从而对观众形成越来越大的吸引力。当然其点评的内容选择、风格语调等都应该是与自身的性格、风度、修养完全吻合的，是主持人个性气质由内而外的自然散发，任何装腔作势、矫揉造作都是适得其反的。

第 4 章 娱乐节目与文化责任

电视娱乐节目的文化责任应体现在对人类社会的终极关怀和对人的健康向上的精神信仰力量的提升并展示多元化文化选择上。不过，令人遗憾的是，在诸多因素的综合作用下，今天的电视出现了泛娱乐化和低俗化的倾向。如果我们不注意对电视艺术的思想内涵、文化内涵和审美格调的追求，让思想平庸、文化稀薄、格调低下的电视艺术作品泛滥成灾，那么它将培养造就一种浮躁而不沉稳、肤浅而不深刻、油滑而不幽默的群体性的欣赏心理，就会造成这个国家、这个民族审美修养的滑坡。①

第1节 电视的文化责任重大

电视文化是我们接受信息的一种生活方式，它在三个维度上展示出来：一是宽度，囊括了社会生活的各个方面；二是深度，它将触及人类灵魂的普遍性问题；三是一定的高度，将对现代社会的文化品位加以提高。

一、文化责任的内涵框定

我们今天所使用的“文化”一词，却是19世纪末期通过日文从西方转译过来的。在西方，“文化”一词源于拉丁文Cultura，本意为耕作、居住、练习、留心、注意或敬神等多重意义。到了16、17世纪，在英文、法文中都写作Culture，意义也逐渐延伸到对人类心灵、知识、情操、风尚的化育。②最早把文化作为专门术语使用的是被称为“人类学之父”的英国学者泰勒（E.B.Tylor），他在1871年出版的《原始文化》一书中给文化下了一个著名的定义：“文化或文明，按它的人种学广义来看，是一个复杂的整体，它包括知识、信仰、艺术、道德、法律、风俗，以及人类作为社会一分子所具有的其他能力和习惯。人类各个社会中的文化状况，就其能被按一般原则加以调研而言，是研究人类思想与行动的规律的适

---

① 关于电视艺术的审美思索［J］．北方传媒研究，2005（6）：8.

② 冯天瑜等．中华文化史［M］．上海：上海人民出版社，1990：14.

当主题。”[①]综合而言，关于文化的结构，有物质文化与精神文化两分说，物质、制度、精神三层次说，物质、制度、风俗习惯、思想与价值四层次说，物质、社会关系、精神、艺术、语言符号、风俗习惯六大子系统说等等。[②]

再说责任。相对于“文化”来说，“责任”的含义显然要明确得多。一般来讲，可以包括两层含义：一是指分内应做的事情；二是指没有做好分内应做的事，因而应当承担的过失。在本文中，我们所用的主要是第一层含义。

鉴于文化的丰富内涵，具体来讲，本文中国电视的文化责任可以包含广义和狭义两个层次。广义的文化责任同时包括政治责任、民族责任、社会责任和狭义的文化责任等等。中国电视的政治责任主要表现为传播主流的意识形态，营造和谐稳定的舆论氛围，维护国家的电视文化安全；民族责任表现为对内培养国民的民族和国家认同感，对外塑造良好的国家和民族形象，促进不同文明间的对话和交流；社会责任表现为对良好社会风气的培养和健康社会风尚的引导；而狭义的文化责任主要表现为对古今中外文明成果的传承发展和对人民精神文化生活多元需求的有效满足。这里当然并不是对于文化责任严格意义上的定义，而更多的只是一种概括和描述。由于狭义的文化责任与政治责任、民族责任和社会责任等在很多情况下较难进行截然和清晰的区分，因此在本文中，大多使用的是文化责任的广义概念。

二、“社会文化电视化”的现实

其一，电视是一种信息传播媒介。

人类是一种群居的动物，为了更好地生存和发展，彼此之间就需要进行信息的交流和沟通，而交流当然需要通过一定的媒介。而电视的出现是人类文明进程中的一件大事，并被认为是“人类历史上具有划时代意义的三大事件”，认为电视是“震撼现代社会的三大力量之一”[③]。电视有着更大的包容性，体现出巨大的后发优势。电视声像并茂、丰富直观，综合运用了文学、摄影、音乐、舞蹈、戏剧、报纸、杂志、广播、电影等等传播手段和艺术表现形式，使表现力和感染力大大增强。从某种意义上来讲，几乎一切社会文化都可以转化成电视的形式，进行大众传播，

---

① [英]约翰·B·汤普森．意识形态与现代文化[M]，南京：译林出版社，2005：141.

② 赵洪恩、李宝席．中国传统文化通论[M]．北京：人民出版社，2003：4.

③ 转引自郭庆光．传播学概论[M]．北京：中国人民大学出版社，1999：118.

人类社会进入了一个“社会文化电视化”的时代。当然，新媒体的冲击对于电视来说，已经产生了不可小觑的影响。2003-2009 年，人均收视分钟数为 175 分钟左右。随着手机、iPad、电脑等互联网设备和各种新媒介的不断涌现，以及信息传播渠道和媒介的多元化，2010 年后，受众的收看时长呈现下降的趋势。由于政府政策的强力规制，2011 年收视时长达到了十年来最低。新媒体时代的到来，进一步弱化了电视媒体对受众注意力的获取，2013 年人均收视时长出现新低为 165 分钟。

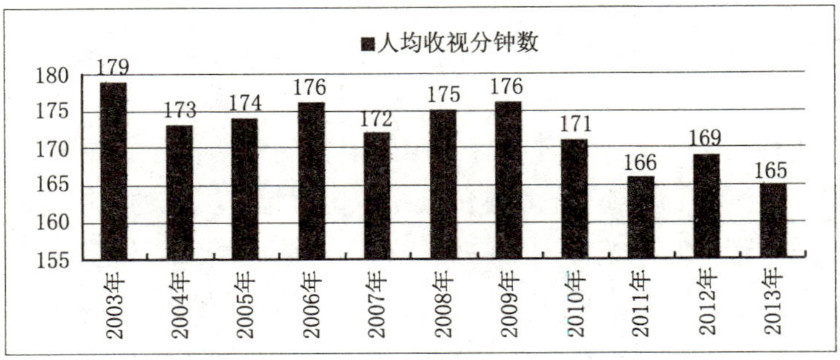

图4-1　2003-2013年观众人均每日收视时长①

其二，电视是一个文化创造主体。

电视是一种媒介，一种载体，一个文化的传播者。如果从文化发生学的角度来看，电视又不仅仅是一个传播信息的场所，每天承载着大量的信息并将其发布到亿万个家庭，它更是一个生产意义的文化场所，即电视本身就是文化现象。电视是一个文化的创造者和生成者，且不论其物质和制度层面上的文化意义，单是在精神文化层面，电视就创造了许多迥异于传统的文化样式和艺术形态。电视与种类繁多、源远流长的多种文学艺术形式结缘，创造了丰富多彩的电视艺术形式，显现出独特的艺术个性和美学风貌，被称作是继诗歌、音乐、绘画、雕塑、建筑、舞蹈、戏剧、电影之后的一种受众面最广、影响力最大的“第九艺术”。

其三，电视是一种美学意识形态。

在当代社会，电视还是一种意识形态：不仅可以传播观念思想等各种意识形态，其本身甚至已经成了意识形态的一种特殊形式，即美学意识形态。随着“读图时代”的到来和视觉文化的兴盛，大众媒介尤其是电视的各种图像充斥着人们的生活，甚至出现了社会文化的电视化倾向。

---

① 如何“遥控”观众受众的遥控器［EB/OL］. www.zongyiweekly.com/new/info.asp?id=4226.

这些图像在满足人们信息获取和娱乐休闲的同时，也在悄悄改变着人们的生活方式、精神状态以至于思维观念。电视不仅仅成了生活的伴随物，甚至更成了生活的本身，在某种意义上，电视就是生活，生活就是电视。波德里亚由此认为："电视带来的'信息'，并非它传送的画面，而是它造成的新的关系和感知模式、家庭和集团传统结构的改变。"① 在电视传播中，这种美学意识形态普遍存在，不仅大量体现于电视剧等虚构类节目之内，也广泛呈现在纪实类节目如新闻、纪录片和综艺类节目之中。

表4–1　2013年8月晚间收视率第一娱乐节目②

星期（晚间）	排名	节目名称	所属卫视
星期一	1	芝麻开门	江苏卫视
星期二	1	芝麻开门	江苏卫视
星期三	1	我们约会吧	湖南卫视
星期四	1	超级演说家	安徽卫视
星期五	1	中国好声音	浙江卫视
星期六	1	非诚勿扰	江苏卫视
星期日	1	非诚勿扰	江苏卫视

三、中国电视的文化责任审视

通过以上的分析，我们不难得出一个结论：电视，尤其是中国电视，理应对社会承担相应的文化责任。这种文化责任的意识和实现需要贯彻在电视管理、电视制作、电视传播和电视批评等方方面面。文化责任的内涵极为丰富，具体来讲，大略可以分为以下三个层面。

其一，传承历史文化，弘扬时代精神。

2006 年 9 月，中共中央办公厅、国务院办公厅印发了《国家"十一五"时期文化发展规划纲要》，这是中国第一个专门部署文化建设的中长期规划。《纲要》在序言中高度概括了文化的重要作用：文化是国家和民族的灵魂，集中体现了国家和民族的品格。文化的力量，深深熔铸在民族的生命力、创造力和凝聚力之中，是团结人民、推动发展的精神支撑。五千年悠久灿烂的中华文化，为人类文明进步做出了巨大贡献，是中华

① ［法］让·波德里亚．消费社会［M］．南京：南京大学出版社，2006：132.

② 注：表中数据是笔者对 2013 年 8 月我国省级娱乐节目收视率统计所得．

民族生生不息、国脉传承的精神纽带，是中华民族面临严峻挑战以及各种复杂环境屹立不倒、历经劫难而百折不挠的力量源泉。在开创中华民族美好未来的历史进程中，文化既为经济社会全面协调发展提供强大的精神动力，也是经济社会发展的重要内容。繁荣发展社会主义先进文化、树立民族自信、振奋民族精神，必将为实现全面建设小康社会宏伟目标、构建社会主义和谐社会提供思想保证和精神动力。[①]2007年10月，胡锦涛在党的十七大报告中也再次强调："当今时代，文化越来越成为民族凝聚力和创造力的重要源泉、越来越成为综合国力竞争的重要因素，丰富精神文化生活越来越成为我国人民的热切愿望。要坚持社会主义先进文化前进方向，兴起社会主义文化建设新高潮，激发全民族文化创造活力，提高国家文化软实力，使人民基本文化权益得到更好保障，使社会文化生活更加丰富多彩，使人民精神风貌更加昂扬向上。"同时，"要全面认识祖国传统文化，取其精华，去其糟粕，使之与当代社会相适应、与现代文明相协调，保持民族性，体现时代性。加强中华优秀文化传统教育，运用现代科技手段开发利用民族文化丰厚资源。加强对各民族文化的挖掘和保护，重视文物和非物质文化遗产保护，做好文化典籍整理工作。加强对外文化交流，吸收各国优秀文明成果，增强中华文化国际影响力。"因此，我们"要积极发展新闻出版、广播影视、文学艺术事业，坚持正确导向，弘扬社会正气"[②]。

其二，进行审美教育，满足文化需求。

随着物质生活的日渐富裕，小康社会的逐步实现，恩格尔系数的下降，自然带动人们对精神文化的需求也会相应地增加。而在目前的条件下，由于其廉价与便捷，看电视还是大多数居民文化生活的主要方式。电视媒体是一种公共资源，能够看到丰富多彩而又有文化品位的电视节目是人们的一种基本权利，尤其对于实行公有制的中国来说。国家广电总局新闻发言人、办公厅主任朱虹在《关于广电总局落实"十一五文化发展纲要"的实施意见解答》中也强调：《纲要》中关于广播影视发展最主要的思路，就是把保障人民群众听广播、看电视电影的基本文化权益和满足群众多层次多样化的精神文化需求，作为广播影视发展的出发点和重点。

提高全民族文化审美素质的责任，按理说应当主要由各级各类学校来承担，但由于今天电视在人们生活中的巨大影响和日常生活审美化的

---

① 国家"十一五"时期文化发展规划纲要［N］. 光明日报，2006-09-14.

② 胡锦涛在党的十七大上的报告［EB/OL］. news. xinhuanet. com.

宏大语境以及目前高等教育普及率尚低等多方面原因，这种职责客观上还迫切需要中国电视的勇于担负。这就要求电视媒体坚持先进文化的前进方向，把提升人的精神文化素质、促进人的全面发展和推动社会的全面进步作为一切决策的宗旨，为受众提供文化品位高尚、思想内涵丰富、审美情趣高雅的精神产品，只有这样才能满足人民群众长远的精神文化生活的需求。我们的调查表明杭州大学生最喜欢收看的电视内容中言情方面的占56%，历史方面的占21%，军事方面的占14%，悬疑方面的占7%，科幻方面的占2%，其他为0。从性别上看，女生多数选的是“言情”，而男生多数选的是“历史”和“军事”。从专业上看，文科和艺术类的学生大都选的是“言情”和“历史”，各占57.1%、47.6%和21.4%、42.8%，而理科生大都选的是“军事”和“悬疑”。

满足受众日益增长的精神文化生活需要，不仅要求电视媒体给受众“帮忙”，为人们提供真实、全面、客观、及时的新闻报道，给受众提供更多的信息资讯服务，而且还要给受众“帮闲”，也就是充分发挥其娱乐休闲功能。但是我们对此也应当有一个清醒的认识：不错，娱乐是人类的天性，从本能上人们并不排斥娱乐，但是娱乐也有着不同的层次和品级，这几乎是无须阐释的道理。浅薄的娱乐满足的只是表面的感官刺激，而真正的艺术愉悦的是人们的精神和心灵。我们当然并不能要求所有的受众都有着如此高雅的追求，但也并非所有的受众都仅仅满足于一种简单的娱乐，尤其是面对一味的不负责任的娱乐甚至是“愚乐”时，我们至少应当为有着这种高雅品位需求的受众提供适量的选择。①

其三，促进文化交流，消除文化隔阂。

随着经济和科技全球化进程的逐渐加快，世界正变得越来越“平坦”，交流与对话成为21世纪国际交往的主旋律。不同国家和民族之间只有在进行充分文化理解的基础上，才能真正消除各种误会与隔阂，从而达成共识，维护世界持久的稳定与发展。电视媒体在这种文化交流中就扮演着极为重要的角色，在视觉文化的浪潮下，应当会发挥着越来越重要的作用。有学者认为：几十年来，中国从二十世纪七八十年代的“政治中国”走向了九十年代的“经济中国”。进入新世纪，随着综合国力的增强和国际地位的显著提升，中国应该逐步走向“文化中国”的时代，即注重在国际事务中展示东方文化的独特思维方式，将文化命运和国家命运联系起来，进而与世界的发展联系在一起。②

---

① 孔令顺．深度娱乐：讲坛类电视栏目的核心竞争力［J］．声屏世界，2007（11）：19.

② 王岳川．发出中国文化的声音［N］．人民日报，2007-08-23.

当今世界不太合理的信息传播秩序，导致了中国在成为政治大国和经济大国之后，在世界上还并没有以一个文化大国的姿态出现，中国在国际文化舞台上的声音还比较微弱。而就当今世界主要文化输出方（即以美国为首的西方发达资本主义国家）而言，由于种种复杂的历史原因，大多具有一种种族的优越感。这种对自己民族文化的优越感会形成一种狭隘而保守的认同感，它通常意味着以刻板印象来看待其他文化的品种，而这往往成为世界上许多矛盾与争端的渊薮。20 世纪 30 年代的美国总统罗斯福就充分认识到这一点："美国的安全有赖于跟其他国家的人民对话并赢得他们支持的能力。"①

在通过电视等媒介进行国际文化交流的过程中，有两个基本原则是我们必须坚守的，即守独悟同与守元变用。所谓守独悟同，就是说在多样性文化的发展中，立足民族文化的同时，要具备全球视野，敞开胸怀顺应全球化大趋势。守元变用就是坚守住中华民族思想中的核心价值观，这是中华民族区别于世界其他民族的最本质的特征，同时将外部的好东西吸取过来，根据自己实际情况变通使用。美国前总统比尔·克林顿 2000 年 1 月在联邦政府致辞中讲道："我们不仅应该容忍我们之间存在的差异，更应该去尊重和赞美它。"这也正如经济学家斯蒂芬·玛格林所断言："文化多样性可能是人类这一物种继续生存下去的关键。"②我们的调查表明杭州大学生最喜欢收看的电视剧中，中国（大陆、香港、台湾）的占 23%，美剧占 28%，韩剧占 35%，日剧占 13%，其他地区占 3%。从性别上看，女生更多收看韩剧和日剧，所占比例更大，各占其中的 91.4% 和 76.9%。而男生则更倾向美剧，占其中的 64.2%。

电视媒体在传承我国悠久历史文化、弘扬优秀时代精神方面，理应承担着义不容辞的责任和义务。中国正在实现民族伟大复兴的道路上奋勇前行，这不仅需要电视媒体热情的鼓与呼，更需要理性而冷静地对历史文化资源和当代精神文化进行认真的挖掘和梳理，并在此基础上进行合理的阐释与提升。时代精神是一种为社会成员普遍认同和接受的思想观念、价值取向、道德规范和行为方式，能够反映社会进步的发展方向、引领时代进步潮流，是一个社会最新的精神气质、精神风貌和社会时尚的综合体现。今天的时代精神就是在和平的前提下，进行可持续地科学发展，建设和谐社会，实现人们物质生活与精神生活的全面富裕。

---

① ［美］约瑟夫·奈．软力量——世界政坛成功之道［M］．北京：东方出版社，2005：112.

② 联合国教科文组织．2000：世界文化报告——文化的多样性、冲突与多元共存［M］．北京：北京大学出版社，2002：159.

第2节　电视影响文化认同与国家认同

电视既是现代生活方式的传播者同时也是生活方式的创造者。通过长期潜移默化的培养，电视正日益影响着民众的思想，也因此逐渐改变着社会的走向。正如有的学者所言："电视传播不仅对个人而且对整个社会或文化都有影响：它可以影响到一个团体的共同信仰和价值观，影响他对英雄与恶棍的选择，影响它的公共政策与技术。特别是媒介持续不断的信息传播，能对社会变革产生真正深刻的影响。"①

一、拟态环境中的干扰

美国著名的舆论学家李普曼认为：在大众传播高度发达的现代社会，人们的行为与三种意义上的"现实"发生着密切的联系：一是实际存在的"客观现实"；二是传播媒介有选择地提示的"象征性现实"（即拟态环境）；三是人们在自己头脑中描绘的"关于外部世界的图像"，即"主观现实"。在传统社会里，主观现实是对客观现实较为直接的反映，而在媒介社会，人们对客观现实的认识很大程度上需要经过媒介提示的"象征性现实"的中介。②这个道理似乎显而易见：由于人们活动范围的有限性，人们接触到的外部信息，除了较少部分可以通过亲身体验以外，大部分只能通过传播媒体来获得，因此人们心目中的客观现实，其实并不是真实的环境，只能是一种由传播媒介有选择的提示所构建的"拟态环境"，与现实环境存在着一定的差距。

20 世纪 60 年代后期的美国，社会暴力与犯罪问题非常严重，于是美国政府就成立了"暴力起因与预防委员会"来研究解决这些问题的对策。通过研究，他们得出了一个重要结论：电视节目中充斥的暴力内容增大了人们对现实社会环境危险程度（遭遇犯罪和暴力侵害的概率）的判断，而且，电视媒介接触量越大的人，这种社会不安全感越强。这个结论是对现实中的暴力犯罪状况、电视节目中的暴力内容以及人们对自身所处的社会环境的危险程度的主观判断进行比较研究的结果。根据伯格纳对三大电视网 1967 年至 1978 年在黄金时间播出的 1548 部电视剧所做的内容分析，包括暴力内容的电视剧达 80%，每部电视剧中出现的暴力场面

① ［美］梅勒文・德弗勒等．大众传播通论［M］．北京：华夏出版社，1989：117.

② 郭庆光．传播学教程［M］．北京：中国人民大学出版社，1999：224.

平均为5.2次，与暴力场面有关的人物占出场人物的64%。这个数字说明，就暴力犯罪而言，电视剧所传达的“象征性现实”与客观的社会现实之间是有很大差距的。

1976年，格伯纳等人就电视的接触量与人们对环境危险程度的判断之间的相关性进行了调查。结果显示，尽管在现实生活中人们遭遇或卷入暴力事件的概率在1%以下，但许多人却认为这种可能性在10%以上，这一估计大大超过了客观现实的可能性而更接近于电视画面中的“社会景象”。而且，无论人们的社会属性如何，属于什么性别、职业和年龄层，电视接触量越大，这种倾向也就越明显。另外，伯格纳等人还对黄金时间的电视剧进行了内容分析：美国电视剧出场人物中男女比例为3∶1，在社会总人口中仅占1%的律师、法官和警察却占了20%。[①] 这种情况在中国也曾经非常普遍，涉案剧、反腐剧一度占据荧屏，只是近几年在国家广电总局的明令限制之下，荧屏生态才有所改善。电视媒介的传播偏好，直接影响到人们对生存环境的认识和评价。

可是，如果我们将作为生活原生形态的“真实”与作为电视观众所接受的“真实”放置到一个系统之中，就会发现，这中间实际上已经过了“多重的假定”——从生活原生形态的“真实”出发，到达电视工作者的眼中，经过了第一次选择、淘汰与提取，这是一重“假定”；到达电视工作者的手中，经过了摄像机、编辑机、特技机等的处理加工，又是一重“假定”；通过不同类型、不同传输效果的电视荧屏，还是一重“假定”；最后到达电视观众那里，由于电视观众的不同身份、教养、种族、国度、地域以及各自自身的不同生理、心理状况和所处的观赏环境与社会历史背景的不同，带来了各自不同的接受中的再一重“假定”。[②] 波德里亚更进一步指出，电影、电视等大众传媒不仅不需要模仿现实，而且可以生产出现实：它们塑造着我们的审美趣味、饮食与衣着习惯乃至整个生活方式。甚至认为，迪士尼乐园比现实中的美国社会更加真实，并且美国社会正在变得越来越像迪士尼乐园。因此，“拟像”比仿真更胜一筹，它已经不再是对于真实事物的模仿，而是对于“模仿物”的“再模仿”。

“超真实”是波德里亚后现代话语中一个极其重要的概念，是对拟像理论内在精神的哲学表述。在波德里亚看来，“拟像”社会就是一个超真实的社会，他在《拟像》中非常肯定地说：“从今以后，那些通常被认为是完全真实的东西（政治的、社会的、历史的以及经济的）都将带

① 郭庆光．传播学教程［M］．北京：中国人民大学出版社，1999：225-227.

② 胡智锋．电视美学大纲［M］．北京：北京广播学院出版社，2003：15.

上超真实主义的拟像特征。”“拟像不再是对某个领域、某种指涉对象或某种实体的模拟。它无需原物或实体，而是通过模型来生产真实：一种超真实。”也就是说，拟像世界的本质特征即超真实。波德里亚强调超真实不是不真实，而是比真实更真实，是一种没有真实起源、没有外在对象作为模拟物的真实，是模拟物自身成为根源的真实。在电视等大众媒介的包围下，人们就生活在这种超真实的拟像环境中。我们不妨以较有代表性的少年儿童为例：据调查统计，美国儿童在5岁之前接触到的电视暴力镜头时间平均超过200小时；到14岁时，他们将从电视中目睹13000人被杀；到18岁时，将平均看到200000次暴力动作、16000次谋杀。另外还有无数打斗、攻击、伤害和流血的场面。①

电视中大量打打杀杀的场面，尤其是其中的相当一部分是当作被肯定和赞扬的正面行为表现时，为儿童提供的示范作用是显而易见的。“当成人世界以一切可以想象的方式向儿童开放时，他们必然效仿成人的犯罪活动。”②而电视暴力常常蒙上的惩恶扬善的面纱又给儿童带去错误的暗示，认为只要有正当理由，就可以甚至应该使用暴力。青少年尤其是7岁以下的儿童，还不能明确地分辨虚构与真实，看到屏幕上有人被抢劫、枪杀、强奸、凌辱等等暴力场面，会误以为就是真的。幼儿时期过多的画面刺激，渐渐使儿童对暴力产生麻木的感觉。对电视中暴力场面的适应，使他们对于身边的暴力现象也学会了坦然处之，甚至形成了世界是恐怖无情的总体印象。总之，过多接触媒介暴力，会培养人们尤其是分辨力不强的儿童对社会的一些错觉甚至是偏见，会使他们认为世界充满了暴力，人是自私不可信的，暴力是男子汉的英雄行为等等。

二、影响文化认同与国家认同

弗洛伊德认为，认同是个人与他人、群体或被模仿人物在感情上、心理上趋同的过程。而国家认同，就是在有他国存在的语境下，人们构建出对某一国家的身份感。简单地说，就是指一个人确认自己属于哪一个国家以及这个国家究竟是怎样一个国家的心理活动。一般而言，国家认同是一种主观意识和态度，是国家历史发展和个体社会化过程的结果，表现为个人和国际两个层面。就个人而言，国家认同指的是个体在主观上认为自己属于国家这样的政治共同体，心理上承认自己具有该国一员的身份资格。就国际而言，它以其他国家对其地位和独特性格予以承认

① 陈舒平．儿童电视学［M］．北京：北京广播学院出版社，2003：303.

② ［美］尼尔·波兹曼．童年的消逝［M］．北京：广西师范大学出版社，2004：192.

的形式展现出来。在国际社会中，一个国家只有同时得到本国国民和国际社会的认同才能得以存续。① 人类学家鲁斯·本尼迪克特则精辟分析了文化认同的重要性："人的一生首先要适应本社会传统的模式和规范。从他的出生开始，本民族的习俗就塑造了他的经验和行为。到他开始说话，就成为文化的创造物，到他长大并参与社会活动，文化的习惯就成为他的习惯，文化的信仰就是他的信仰，文化的局限就成为他的局限。每一个出生于某个文化群体的儿童都与这个群体的其他成员分享同样的文化，而出生在地球另一端的孩子却没有受这一文化的影响。"②

其一，电视是否会对人们的文化认同以至于国家产生认同产生影响呢?

在国外电视产品的狂轰滥炸和现代消费主义观念的猛烈冲击下，我国的电视荧屏不仅充斥着日益熟悉的东洋或西洋面孔，就连本应有着鲜明民族特色和文化传统的各类自制节目也迅速地与所谓"国际"接轨。在以电视为代表的大众文化的熏陶下，为数不少的年轻人英语学得比汉语要好，对美国的历史和地理津津乐道，却对我国的基本国情知之甚少。穿洋服、喝洋酒、过洋节，迅速成为流行的时尚，传统节日和风俗被人们逐渐冷落和淡忘。这让任何一个有着文化责任感和忧患意识的中国人不能不担心：长期浸染于这种电视文化中，人们还能否对我们的文化传统以至于国家产生认同？而这种文化认同基础上的国家认同，对于一个国家的重要性是不言而喻的：它不仅是国家借以凝聚其国民的核心力量，而且是一个国家借以证明自身合法性的基本依据。在人类历史的进程中，同一民族通常都具有共同的精神结构、价值系统、心理特征和行为模式，人们正是在这种共同的文化背景中获得了归属感和认同感。因此，文化认同始终是维系社会秩序的粘合剂，是培育社会成员国家统一意识的深层基础。③

根据丹尼尔·贝尔三种社群的划分，民族国家属于记忆性共同体，拥有共同的历史记忆和道德传统。这种记忆是集体的记忆、历史的记忆，是在历史中形成的，是国家认同的前提。研究者也普遍认为：存在着这样一种东西，它叫作集体记忆或社会记忆。……我们会注意到，过去的形象一般会使现在的社会秩序合法化。这是一条暗示的规则：任何社会秩序下的参与者必须具有一个共同的记忆。对于过去社会的记忆在何种

---

① 郭艳．全球化语境下的国家认同［D］．中共中央党校，2005：17.

② ［美］拉里·A·萨默瓦等．跨文化传播［M］．北京：中国人民大学出版社，2004：47.

③ 杨玉玲．最坚固的国防［EB/OL］．www.gmw.cn，2006-02-03.

程度上有分歧，其成员就在何种程度上不能共享经验或者设想。[①] 所以，一个人文化认同感和国家认同感的形成，也需要以部分地习得并内化群体的其他成员所共有的某些信念、态度和价值观为基础。也就是说，一个人的文化认同和国家认同并不是先天具有的，而是后天习得的。这个学习和培养的途径固然有许多，但在视觉图像繁盛的今天，电视的影响不可忽视。

其二，全球化传播是否会对文化独特性和国家认同感形成冲击呢？

正如美国学者阿尔君·阿帕杜莱所说：各种媒体提供了五花八门无所不包的形象、叙事和人种图景，尤其是以电视、电影和音像磁带的形式。商品世界、新闻世界和政治世界在这里全都搅成了一团，莫辨彼此，现实景观和虚构景观的界限在人们的眼里已经模糊难辨。[②] 这种全球化“媒体图景”的叙事改变了人们对自己国家的现实、历史的认识，自然也改变了其对所在国家的认同。当观众拿着遥控器选取着各式各样的信息的同时，每一次转台即经历了一次时空的错乱。也许当父亲指着新闻报道中的钓鱼岛事件，训诫子女应有的民族情操时，遥控器按钮按下的那一刹那，日本宇多田光的情歌专辑却吸引了更多的注意……属于地域的独特性已不再存在。人们丧失了地方感与空间感。符号交换则成为此种影像空间的主要例行实践。[③]

正是这种全球日益同质化的电视媒体制造出“没有位置感”的共同体，使我们所生存的这个世界仿佛是无根的，甚至是精神分裂的。随着经济全球化程度的加深，追求同质化的经济对民族文化独特性的消解和对公民国家认同感形成的影响也相应地增强。大量黄皮白心的“香蕉人”（即东方人种西方思想的人）出现，文化习俗和价值取向也面临着同质化的危险。社会学家帕森斯认为，一个社会体系的维持在很大程度上依赖于共享的价值。“价值观是一套作出选择和解决冲突的习得的规则。”[④]“一套共同的价值模式与成员人格的内化需要——性格的结构整合是社会系统动力学的核心现象。除了稍纵即逝的互补过程外，任何社会系统的稳定都取决于这类整合的程度。”[⑤]1991 年，新加坡政府曾以“白皮书”

---

① ［美］保罗·康纳顿．社会如何记忆［M］．上海：上海人民出版社，2000：3.

② ［美］阿尔君·阿帕杜莱．全球文化经济中的断裂与差异［M］．北京：三联书店，1998：532.

③ 孟建等．冲突、和谐、全球化与亚洲影视［M］．上海：复旦大学出版社，2003：69.

④ 转引自张志君．全球化与中国国家电视文化安全［M］．北京：中国传媒大学出版社，2006：21.

⑤ 于海．西方社会思想史［M］．上海：复旦大学出版社，1995：387.

的方式对外宣布说："如果在更长的时间里新加坡人变得与美国人、英国人和澳大利亚人难以区别，或者更坏，成为他们可怜的仿制品（即一个无所适从的国家），那我们就丧失了与西方社会的区别，而正是这些区别使我们能够在国际上保持自我。"①

文化全球化的发展，已经将文化身份置于了一种新的语境之中，人们的民族性和主体意识受到了挑战，文化身份的自觉意识与自我认同也就受到影响，从而民族的集体无意识和精神向心力受到削弱，国家与民族的文化抵抗与文化发展也就失去了动力和方向。因而在文化全球化背景下的跨文化交流中，有文化自主性的国家都更加有意识地不断寻找或明确自己的文化身份，决不放弃自己的民族传统文化，以守护自己的文化版图。②各个群体的人之间最大的区别是文化上的，而不是生物或种族上的。所有人类都属于同一物种，对人类生活至关重要的生物特征对我们所有的人来说都是共同的。因此，一个国家如果缺乏鲜明的文化特色，在国际舞台上是很难被认同的。从内部来讲，一个没有文化核心而仅仅以政治信条来界定自己的国家，也很难做到长期的稳定团结。民族国家需要社会成员提供忠诚。民族身份有多重功能，而其心理学功能就是产生忠诚。所谓忠诚，就是共同体成员对"国家"这个符号的认同，以及在认同基础上的支持。这种忠诚之所以可能，在于民族这个"臆想的共同体"确实满足了一种心理需要，即人要找出并知道他们自己在各个世界上的确定位置，并希望能归属一个有力的集体。③

第3节　电视传播必须关注文化安全问题

国家安全是指国家面临内外威胁的现实和心理感受，以及保障安全所运用的各种手段。国家的政治安全、军事安全和经济安全的重要性自不待言，历来受到执政党和政府的高度重视，而文化安全由于其隐蔽性、长期性等特点，往往被有意无意地冷落。随着传播技术的日趋完善和快速发展，电视文化安全已经日益成为影响国家文化安全的重要因素。由此可见，中国电视可以通过自身实现对国家文化安全的维护，其实这也正是其文化责任的重要体现。

---

① ［美］塞缪尔·亨廷顿．文明的冲突与世界秩序的重建［M］．北京：新华出版社，2005：370.

② 杨瑞明．电视"文化版图"与我国的文化安全战略［N］．中国社会科学院院报，2007-01-2.

③ 于炳贵、郝良华．中国国家文化安全研究［M］．济南：山东人民出版社，2007：19.

全球化是指人类从以往各个地域、民族和国家之间彼此分隔的原始闭关自守走向全球性社会的变迁过程。[①] 一般来讲，全球化包括如下三个相对公认的角度。第一，信息角度，认为是信息与通讯自由传递导致的全球化。第二，经济角度，认为全球化与资本全球流动、资源全球配置、世界性市场的形成、跨国公司及多国公司的出现等有着因果关系。第三，环境角度，认为环境污染与保护是全球性的共同问题，需要达成全球性共识。在政治、经济和科技等综合因素的作用下，世界正变得越来越平坦，人类历史进入了一个从未有过的阶段："越来越多的人会发现他们能够找到越来越多的合作对象和竞争对手，人们将和世界各地越来越多的人互相竞争和合作，人们将会在越来越多的工作岗位上互相竞争和合作，人们的机会将越来越平等。将他们联系在一起的是电脑、电子邮件、网络、远程会议和各种新软件。"[②]

其实早在 1848 年，马克思和恩格斯在《共产党宣言》中就曾经天才地预测："资产阶级，由于开拓了世界市场，使一切国家的生产和消费都成为世界性的了。……过去那种地方的和民族的自给自足和闭关自守状态，被各民族的各方面的互相往来和各方面的互相依赖所代替了。物质的生产是如此，精神的生产也是如此。"[③]

其一，文化交流变为单向传播。

随着文化全球化传播进程的迅速加快，由于经济上的先发优势，使得发达国家拥有较多的话语权，又由于他们往往是文化标准的制定者，所以也往往因之而成为跨国信息流动的"单向度流出方"，而广大的发展中国家则基本上成了"单向度流入方"。目前，就信息传播来看，西方十大全球媒体巨无霸支配着全球大众传媒市场，主导了全球信息的流通与诠释权，它们依次是：美国在线—时代华纳、迪士尼、威望迪环球、维亚康姆、新闻集团、美国电报电话宽带公司、索尼、康姆卡斯特公司、美国全国广播公司、甘乃特。在这些传媒产业巨头的引导下，全球 50 家媒体娱乐公司占据了当今世界上 95%的传媒产业市场。目前传播于世界各地的新闻，90%以上由美国等西方国家垄断，其中又有 70%是由跨国的大公司垄断，美国控制了全球 75%的电视节目的生产和制作。现在，全世界的卫星电视节目共有 300 多套，其中有一半以上来自美国。全世界共有 137 个国家接收美国的 CNN 昼夜新闻节目。许多第三世界国家的

① 张骥等. 文化与当代国际政治 [M]. 北京：人民出版社，2003：367.

② [美] 托马斯•弗里德曼. 世界是平的 [M]. 长沙：湖南科学技术出版社，2006：7.

③ [德] 马克思、恩格斯. 马克思恩格斯选集（第 1 卷） [M]. 北京：人民出版社，1972：276.

电视节目有60%-80%的栏目内容来自美国，几乎成了美国电视节目的转播站；而在美国自己的电视中，外国节目的占有率只有1.2%。美国公司出产的影片产量只占全球影片产量的6.7%，却占领了全球总放映时间的50%以上。世界上超过2/3的人口所生产的音像制品在世界上只占到了1%。在跨国流通的每100小时的音像制品中，就有74小时的制品是从发达国家和新兴工业国家流向发展中国家的。2000年1月，EXCITE公司对全球6.4亿左右的互联网用户进行语言认证，结果是英文信息占71%，日文占6.82%，德文占5.08%，法文占1.75%，中文仅占1.52%。凭借这些优势，目前美国文化占据了网上信息资源的80%-90%，人们一进入因特网就好像进入美国文化的环境之中。①

于是，国际文化的交流出现严重的失衡，新兴国家的文化发展空间被严重地挤压，这样就会使我们的后代只能通过很狭窄的渠道来了解世界上众多的不同文化。作为《世界是平的》一书译者的何帆最后也不无忧虑地总结道："这个世界可能看起来比以前更平坦了，但事实是，它仍然是崎岖不平的。与其赞叹和赞美技术进步给我们带来的无限机会，不如探讨这种急剧的变化给不同的人群、不同的国家所带来的冲击、困惑和挑战，这才是更有意义的题目。"②

其二，文化霸权的形成悄然无声。

文化霸权是来自西方的一个概念。全球化时代的资本主义意识形态的灌输不是赤裸裸的，而是通过科技手段、大众媒介等潜移默化形式，在人类文明的相互融合和渗透中，把他们的文化产品巧妙包装起来以推行他们的文化与生活方式，达到文化霸权的目的。在葛兰西看来，统治阶级主要用两种方式进行统治：第一，是以实力直接仗势强制控制，即霸权统治的方式；第二，领导权的方式，也就是通过社会主要团体积极同意而取得的道德和哲学的领导。二者的区分大致相当于中国传统思想中的"霸道"和"王道"。在"文化霸权"这一概念中的霸权，其实并没有强制统治和接受的意思，而应是以服从和同意为基础的统治权，即"一种非暴力的文化意识形态控制手段，它需要通过社会中的大多数自觉自愿的认可赞同来实现"③。概括地来讲，权威、服从与合法性是文化霸权或领导权得以形成的必要条件。而究其实，文化霸权是一种新型的殖民主义。西方文化渗透有三种方式：一是在理论层次上推行以西方中心为

---

① 孙晶．文化霸权理论研究［M］．北京：社会科学文献出版社，2004：268－270.

② ［美］托马斯·弗里德曼．世界是平的［M］．长沙：湖南科学技术出版社，2006：429.

③ 孙晶．文化霸权理论研究［M］．北京：社会科学文献出版社，2004：2.

基础的人文、哲学、社会科学理论，宣扬西方社会制度和价值观。二是在大众文化层次上通过各种文化媒体传播他们的文化，例如通过电视、国际互联网络、书籍、刊物、广告使广大民众耳闻目睹。三是在文化性的物质产品以及人们的衣食住行等日用品方面大做文章，使人们的环境和生活方式西化。① 美国的强大，其实不仅仅体现在政治、经济、科技和军事上，通过影视塑造的美国可以掌控全球的力量，能够激发别人的梦想和渴望，吸引着大批学生奔赴美国求学深造。美国文化，不管是阳春白雪还是下里巴人，其传播的力度与当时的罗马帝国不相上下——且颇有新意。罗马及苏联的文化影响止于其军事力量的尽头。但美国的软力量统治着一个日不落的帝国。②

何谓软力量？约瑟夫・奈认为：软力量就是通过吸引而非强迫或收买的手段来达己所愿的能力。软力量即能够吸引人的力量，它往往导致被吸引人在许多事情上采取默许的态度。有民意调查显示，流行文化使美国被他国视作“令人兴奋、具有外国情调、富饶、强大、有吸引力、引领潮流——处于现代化和创新的前沿”③。2006 年 6 月，中国国务院新闻办公室公布了一份有关国际传播和中国国家形象塑造的分析材料，分析了美国《纽约时报》、《华盛顿邮报》和《今日美国报》2005 年涉华报道的内容和倾向。根据分析结果，客观报道占报道总数的 1/4 左右，偏见报道约占 1/3，平衡报道的比重是 40%。国务院新闻办的结论是：在倾向性上，3 家美国主流媒体对中国的中性报道占多数，负面报道略多于正面。而在 20 世纪 90 年代，外国主流媒体妖魔化中国的报道占涉华报道总数的 60% 到 70%。两相比较，可以看出，西方主流媒体对中国的报道已经发生了变化，但妖魔化中国仍是西方一些媒体涉华报道中隐约的主题。综合了这 3 家美国报纸对中国形象的描绘，大致可以表述为——经济形象：高速增长，前景广阔，积极参与世界经济交往；政治形象：在国际事务中发挥重要作用，但人权、民主状况不佳；社会形象：传统文化魅力久远，但公共卫生和环境状况比较差；政府形象：以中性和负面为主；企业形象不鲜明。

媒介帝国主义在文化全球化“合理性”外衣的装扮下，对文化传入国的受众进行着耳濡目染的渗透和同化，长此以往，后果是相当严重的。因此，全球化传播还是具有某种不平等的“隐喻”，相对处于传播弱势

① 孙晶．文化霸权理论研究［M］．北京：社会科学文献出版社，2004：65.

② ［美］约瑟夫•奈．软力量——世界政坛成功之道［M］．北京：东方出版社，2005：11.

③ 同②，2005：12.

的一方往往会担心不同文化交流时自身“主体性”的丧失。

其三，文化主权的捍卫必须加强。

如果没有对文化版图的重视、固守与拓展，没有健康的人文精神给以关怀，我们中华民族之优秀文化的传统很可能会在全新技术的现实中被外来文化蚕食、吞噬。[①] 当代媒介帝国主义实现文化霸权的一种主要控制形式，就是借助大众媒介——广播、电视、电影、广告、国际互联网等对第三世界国家进行文化控制。面对西方掌握全球媒介所有权与控制权的媒介强势，第三世界的民众在消费媒介产品时，在某种程度上，他们没有选择不消费这种产品的余地。这些媒介产品会不断强化他们西方至上的观念，使他们在无意识中对西方价值观或“美国生活方式”具有优越性这种神话欺骗形式深信不疑，从而致使有分裂第三世界各国自身的文化传统的危险。事实表明，“柏林墙早在 1989 年倒塌之前就被电视和电影凿得千疮百孔。如果不是多年来西方文化形象在柏林墙倒塌前就对其进行了渗透和破坏，锤子和压路机也不会管用”[②]。在导致 2000 年 10 月斯洛博丹·米洛舍维奇下台的一系列示威爆发之前，已有 45%的塞尔维亚成人收听自由欧洲广播和美国之音，而只有 31%的成人收听国家控制的贝尔格莱德广播电台。[③]

中国电视产业作为一个未受系统化开发的庞大市场，蕴藏着丰富的回报潜力，西方跨国媒体集团一直对此表示出了浓厚兴趣和积极姿态。现在默多克的新闻集团已设驻京办事处，其旗下的“凤凰卫视”和全新综艺频道——星空卫视及美国在线时代华纳所属的“华娱电视”已正式获准落户广东，迪士尼已携手“海虹”进军中国互联网，美国福克斯公司也在上海设办事处，维亚康姆公司则选定 MTV 音乐电视频道这一娱乐形式先行来中国。而早在 2001 年 1 月，BBC 的 24 小时国际电视新闻频道已获准在中国三星级以上饭店及外国公寓播出，2001 年 3 月美国《读者文摘》中文版也在我国正式发行。据统计，目前笼罩在中国上空的卫星电视频道有上百家，已经获准在三星级以上宾馆及一些涉外等特殊社区落地的就有 30 多家。如若再考虑上网络电视、影碟光盘以及小规模卫星天线对境外电视节目的私自接收等等因素，中国的电视领空已经不再固若金汤。

所谓国家电视文化主权，就是指一个国家在本国范围内，对电视文化领域拥有的最高权力。根据这种权力，国家有权独立自主地决定电视

---

① 张子扬．文化版图的固守与拓展——电视人面对 21 世纪的思与虑［N］．人民日报，2000-03-05.

② ［美］约瑟夫·奈．软力量——世界政坛成功之道［M］．北京：东方出版社，2005：51.

③ 同②，2005：117.

文化事业和电视文化产业的对内对外政策，独立自主地处理与电视文化有关的一切事务，而不受任何外来干涉。[①] 文化主权的最大威胁毫无疑问就是文化霸权。当前，即使是发达国家，在面对美国强势传媒的压力下，也举步维艰，各种矛盾由此产生。众所周知的比如美国与加拿大之间的“特洛伊木马”之战，即是一场电视文化战争。虽然两个国家都是世界贸易组织成员，有将近 8900 公里共同边界线，对多数人来说使用共同的语言，来自英国历史的共同传统，接近的政治经济制度、共同的防卫体系以及贸易和投资关系等等。然而，在总的友好关系中，也有不和谐的音符。第二次世界大战以后，美国电视率先发展起来，而加拿大是从 1952 年才开始电视广播的。由于大多数加拿大人生活在美加边界以北沿线一带，处于美国电视覆盖之下，40 年代至 50 年代初，加拿大观众广泛地接收美国电视节目。其后，加拿大线缆系统发展起来，并热衷于从边境美国电视台转播节目信号。终于，位于边界线以南的 24 家美国电视台卷入了争议。美国电视节目被称为“特洛伊木马”。几十年的争论，无外乎两大因素，一是经济利益，二是文化观念。加拿大担心自己的文化被美国吞噬，他们追求的是文化的发展，他们把广播当作提高文化和民族特征的工具使用。他们不承认所谓“简单的保护主义和沙文主义”的罪名；而美国却强调自由经济，市场竞争，借助实力，建立霸权，他们追求的是消费者的选择。他们也不承认所谓“帝国主义和商业侵略”的大帽子。[②]

“一个部落敌视另一个部落是人类最本能的反应之一。”[③] 当世界上操有不同语言、拥有不同信仰、来自不同民族和种族的人们尝试着在一起工作和生活时，就很容易产生冲突。亨廷顿也认为冲突具有普遍性：“憎恨是人之常情。为了确定自我和找到动力，人们需要敌人、商业上的竞争者、取得成功的对手、政治上的反对派。对那些与自己不同并有能力伤害自己的人，人们自然地抱有不信任，并把他们视为威胁。”他还进一步指出：“冷战的结束并未结束冲突，反而产生了基于文化的新认同以及不同文化集团（在最广的层面上是不同的文明）之间冲突的新模式。”[④] 例如，从 2007 年至 2008 年奥运会结束后的很长一段时间，

---

① 张志君．全球化与中国国家电视文化安全［M］．北京：中国传媒大学出版社，2006：63.

② 经济全球化阻碍中国传统文化发展[EB/OL].www.pai-hang-bang.com/paiming/bang-91063380.html.

③ ［美］拉里·A·萨默瓦等．跨文化传播［M］．北京：中国人民大学出版社，2004：10.

④ ［美］塞缪尔·亨廷顿．文明的冲突与世界秩序的重建［M］．北京：新华出版社，2005：135.

中国都成为外国媒体国际报道的最重要内容，也说明外国媒体已经高度重视对华报道。同期《经济学家》发表文章 7832 篇，其中涉华报道 487 篇，占总数的 6%，高出 2001 年至 2006 年阶段的 5% 整整一个百分点。从 2007 和 2008 年的报道内容来看，2007 年外国媒体对华报道最大特点就是各种关于奥运和中国谣言、传言贯穿全年，似乎外国媒体在轮番制造各种故事。从苏丹达尔富尔问题、奥运城市拆迁（125 万人被迫拆迁）、奥运食品安全（奥运猪）、空气质量、奥运会禁带《圣经》、奥运记者黑名单，各种谣言满天飞，中国各个政府部门忙于出面应对、辟谣。

表4–2　《经济学家》相关报道统计（2007–2009年3月8日）

年份	中国	日本	俄罗斯	印度
2007年	228	107	113	134
2008年	232	86	124	128
2009年3月8日	27	14	15	13
总计	487	207	252	275

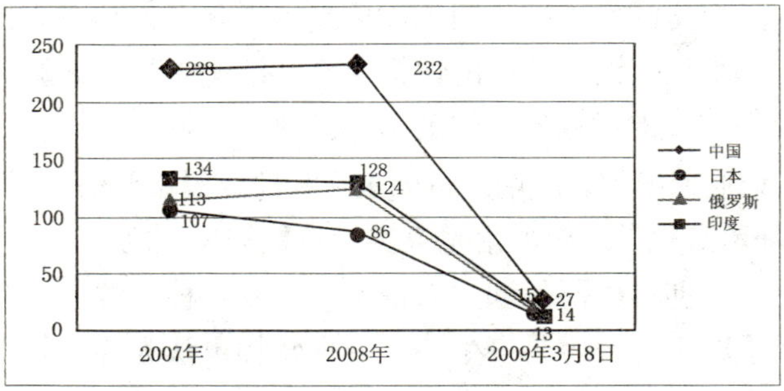

图4–2　《经济学家》相关报道统计（2007–2009年3月8日）[①]

文化冲突实际上是不同文化争夺文化空间与文化财富的斗争。本质上说，文化或文明自身是不会产生冲突的，文化冲突的真正根源在于经济利益和权力平衡的破坏，文化和意识形态冲突是利益冲突的表现形式，它们往往会引起非暴力的文化斗争以至暴力的战争。对于一个民族来说，能否在文化冲突中居于有利地位，有时会具有是否可以保存与发展本民族的文化生命和文化财富的重要意义。[②] 我们一方面应当对这种有可能威胁文化版图和文化主权的冲突保持时刻的清醒和足够的重视，另一方面也应当看到这种冲突将会长期而普遍地存在。

① 来源于中国国家图书馆 EBSCO 中 Academic Source Complete 在线检索数据.

② 孙晶. 文化霸权理论研究［M］. 北京：社会科学文献出版社，2004：195.

第4节 文化精神的嬗变推动价值取向的转向

新世纪以来中国电视出现以草根文化为表征的文化精神的下移，说明“文化平民主义”已然成为当前社会文化尤其是媒介文化的主要价值取向，并且成为电视节目创作与传播的基本文化依据。在此基础上探讨中国电视文化身份的转向就必然要以这种草根文化的兴起作为出发点，以当前受众多元、个性化的文化诉求为旨归，以普通人的审美需要与价值需求来重新定位电视的文化身份，但同时也要考虑主流文化、精英文化与大众文化的互动作用，文化的发展规律不是非此即彼，而是共同构成文化生态的平衡与和谐。另外对于过度追求的受众至上所可能导致的娱乐泛化倾向也要时刻保持警惕。

一、崇高感的消解

英国文化研究学派的代表人物雷蒙·威廉斯也谈到文化就是普通的，它只是一种生活方式。李欧梵和威廉斯共同尝试将文化与生活链接在一起，让文化的意义从知识分子手中解放出来，回归到个人的日常生活领域，人的价值的发现与尊重同样也是在日常生活之中完成的，如果人文主义不能容纳人的世俗追求就会丧失了对人性的尊重，但是世俗追求不是唯一追求，个体膨胀容易导致人对精神追求和集体价值的幻灭，从而使电视文化滑入粗俗、恶俗、低俗的谷底。因此文化诉求的转向也应该警惕走向庸俗和琐屑的极端。

对崇高进行语义方面的阐释，实质上是指人类精神的高尚与伟大，是对“虽不能至，心向往之”的境界的不懈追寻。但在一些后现代主义学者看来，后现代社会就是对秩序、理性的颠覆，是琐屑与碎片的存在，于是原来奉为崇高的都被消解。其实后现代主义并不拒斥崇高，只是在表达方式上改头换面，不愿再用固定的模式展示崇高，不愿把崇高放置在既定的框架中进行陈列，而是采用更为平易的、个性的、平民化的方式重新对崇高进行包装，追求的本质并没有变，只是外在形式的差异化表达而已。所以说，传统关于崇高的定义在后现代语境中已无法安放，崇高不是具有“精神洁癖”的知识分子高高在上的呻吟叹息，而应该是基于大众日常生活之中的发现与观照，利用更为平易的、通俗的方式使人们能对自我的精神价值进行审视和思考。

结合现代社会的文化语境而言，崇高与世俗生活之间的鸿沟逐渐弥合，是确保崇高美学价值的最合理方式。1990年电视剧《渴望》开播，第一次在日常生活叙事场景中抒写人性真善美，从精英人文价值转换为平民启蒙，强调在世俗语境中的价值体现，使崇高具有了当下性和更为普遍的接受性。此后一系列体现崇高感的世俗转向的电视剧作品不断被搬上荧屏。尤其是新世纪以来，以2000年《贫嘴张大民的幸福生活》为开端，《大哥》（2002）、《亲情树》（2003）、《婆婆》（2004）、《香樟树》（2004）、《亮剑》（2005）、《继父》（2007）、《老大的幸福生活》（2009）、《月嫂》（2011）等电视剧中，抒写的均是细微的情感与日常故事，但带给观众的却是洗尽铅华之后的朴素的崇高。

"崇高"作为中国文化的审美价值一直以来得到高度认同，在上千年的历史文化传统中始终代表着中国文化身份的核心内涵。随着现代化进程的推进及全球化趋势的到来，曾经的宏大叙事所表征的崇高价值在东西方文化的碰撞中越来越受到抵触与反抗，这种抵触与反抗不仅来自于作为"他者"的西方，也来自于本土文化主体。双重反抗导致文化本体的追索走向了崇高的对立面，将通俗甚至低俗作为抵抗崇高、消解崇高的法宝，这样势必造成中国文化身份追寻的矫枉过正。

2006年播出的30集战争题材电视剧《亮剑》一改对于战斗英雄的高大叙事，以极其平实的方式对剧中主人公李云龙的形象进行全方位刻画，让他以一种日常生活的逻辑和姿态出现在观众面前，力求还原一个真正符合现代社会欣赏口味及崇高美学标准的典型形象。李云龙是泥腿子出身的硬汉，作战勇猛、豪爽粗犷，同时他也是满嘴脏话、倔强不安分、嗜酒吹牛的粗人。生活化和平民化的形象塑造使李云龙的形象跃然于眼前，十分亲切又十分生动。也充分诠释了崇高并不是高高在上的遥不可及之物，不是对精神世界的超越，而是真正贴近人民、孕育于世俗品格之中，正是将崇高的神圣外衣褪去，其带有实用价值的平民启蒙意义才得以凸显。

2007—2013年，我国取得《国产电视剧发行许可证》的电视剧共计3285部105178集，其中，当代题材、现代题材、近代题材、古代题材、重大题材的电视剧目分别为1859部55561集、152部4643集、872部30400集、332部12351集、70部2223集，[①]分别占总比例的56.59%/52.83%、4.63%/4.41%、26.54%/28.90%、10.11%/11.74%、2.13%/2.11%（见图4–3）。由此可以看出，现实题材（包括当代题材和现代题材）电视剧在我国的电视剧生产中处于主导地位。

---

① 根据国家新闻出版广电总局官方网站的相关数据整理.

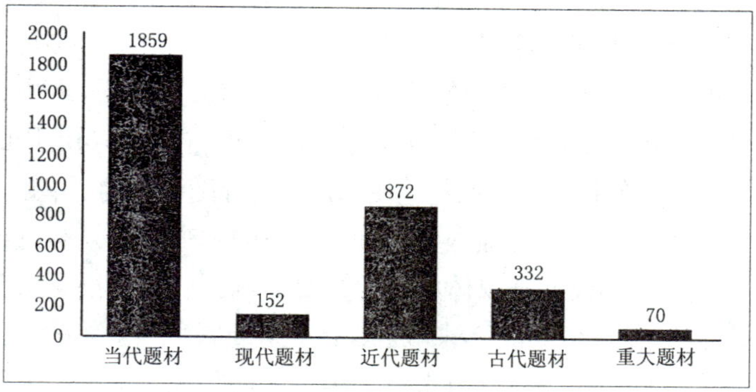

图4-3　2007—2013年，我国电视剧题材分析

二、平民意识的提升

我国电视文化在新世纪转向的重要表征之一就是平民文化、草根文化的异军突起。这种文化的转向失去了以往文化研究的批判性，而是更加体现出对平民文化、通俗文化的整体颂扬，因此它在英国文化研究界也被冠以一个十分恰当的名称——“文化平民主义”。大众文化作为消费社会的主要文化形式，肯定的是文化的商业性与消费性，重视文化内容生产的市场导向，在一定程度上规避了主流文化、精英文化忽略市场的问题，本质上遵循商品经济规律运行，在市场供求体系中生产感性的娱乐消费品。平民文化说到底不是按照政治标准层、经济标准划分的市民阶层的文化，而是来源于人们日常生活，体现普通人价值立场和主体文化诉求的文化权利体现。这是主动向被动的逆袭，越来越多的电视栏目开始关注平民群体，提供百姓舞台，原本被少数人垄断的电视权力可以被更多的人自由地获得，电视文化在某种程度上实现了话语权由上到下的传递，平民在积极参与文化创作的过程中也重新界定了当代电视的文化身份。

其一，“草根”文化的蓬勃。

“草根”一词源于 19 世纪的美国，当时美国正值淘金热，传闻说黄金一般蕴含在山脉草根茂盛之地，草根一词便传播开来，由此可见这个概念自诞生起便被赋予了潜在的能量与价值。后来社会学领域引入“草根”一说，用以指代普通、基层民众，即“草根阶层”。这一阶层一般基于与政府相对的立场，代表着同主流文化、精英文化相区别甚至是对立的弱势文化。平民文化在电视媒体中的崛起受到整体社会思潮的平民化倾向影响，一改大众文化一统天下的文化格局，同时也带动了电视节目的文化定位与内容创新。这种平民文化的表达在新媒体普及、自媒体出现之后，又被赋予了新的诠释——“草根文化”。媒介技术的变革本身也孕育着新的价值形成、网络中越演越烈的博客、QQ、微博、微视频、微博、微信等社交工具轮番登场，不仅改变着人们对媒介的认知与使用的方式，更为重要的是在便捷地、主动化地使用媒介时伴随而生的“草根”阶层，日益蓬勃壮大的这一阶层强烈要求表达自我的主观意愿，参与到文化构建的过程之中，不仅在新媒体中产生重要影响，这种草根观念也逐渐向传统媒体浸入。因此，近十年来电视媒体充分重视草根群体的文化诉求，越来越多的草根面孔与百姓故事成为维系电视与观众情感纽带的“尚方宝剑”，更为重要的是，在这些体现草根阶层的内容背后代表着电视文化身份在后现代社会中新的定位与思考。

脱胎于“草根”这个原初的形象化概念，“草根文化”的含义更为丰富，作为一种非主流的民间文化，其特点体现在两个方面：其一，自发与随意。中国社会真正认识到草根文化的社会价值和社会功用，并给予其与主流文化、精英文化相抗衡的话语权利，应该是自2005年伊始由大众媒体所推动的。一边是电视中的平民选秀活动此起彼伏——“超女”、“快男”、“达人”等“你方唱罢我登场”；一边是网络媒体中的“众神狂欢”——“芙蓉姐姐”、“凤姐”、“犀利哥”、“一个馒头引发的血案”等恶搞现象风起云涌，不断挑战着人们的审丑极限。虽然不能把2005年界定为草根文化元年，但至少可以判断的是自此草根阶层在媒体的裹挟下迅速地以“燎原”之势弥漫开来。自发形成、全民参与的文化狂欢挑战着社会文化新型格局的构成。其二，遮蔽与坚韧。在主流文化、精英文化大行其道的时代，草根虽然具有自身的文化诉求，但位于主体文化的强势围困之中而无法发声；另外，受到社会意识形态与主流话语霸权的限制，草根阶层对于表达文化需要的意愿被湮没了。一旦社会形态开始转型、社会分层结构发生变化、平民意识觉醒，处于媒介夹缝中的草根文化便表现出强烈的文化权利意识，显示出强大的凝聚力和旺盛的生命力，正是对民主性的高度追求，与现代传媒的无缝对接，草根文化俨然成为各类媒体越来越倚重的文化形态。

不管是“快男”、“超女”、“星光大道”之类的平民选秀，还是郭德纲的非主流相声、“百家讲坛”的通俗化解读，都带有颠覆、去中心、戏仿的后现代浓重意识，以传统审美意识中的“出位”姿态，表现个性与自我，形成欲望化、感官化的文化宣泄与狂欢。这种文化主张容易在市场逻辑的引导下走入商业化的误区，一味迎合市场、挑战主流，从而呈现出庸俗、粗俗、低俗的“恶搞”和无聊的弊端。草根文化与主流文化、精英文化混杂在一起，共同构成了当今媒介文化的复杂局面，文化身份的认知也必须将草根文化作为重要的社会文化参与要素加以认真谨慎地对待。2013 年我国电视界音乐选秀类节目疯狂上档，亲子互动类、喜剧类、文化类等节目集体发力，受众的眼球也遭遇了不同娱乐节目狂轰滥炸式的侵占。对湖南卫视、东方卫视、江苏卫视和浙江卫视 2013 年 1 月至 2014 年 2 月期间的娱乐节目进行题材分析发现，以上几个主要省级卫视共有近 50 档娱乐节目，节目的题材分布情况如下图 4–4。2013 年年底一档亲子互动类真人秀《爸爸去哪儿》的强劲市场表现，推动了 2014 年亲子互动类娱乐节目的大爆发，多达 24 档。[①] 同时，仅 2014 年 1 月份，就有十几档大制作娱乐节目开播，把周四到周日的晚间挤得满满当当。

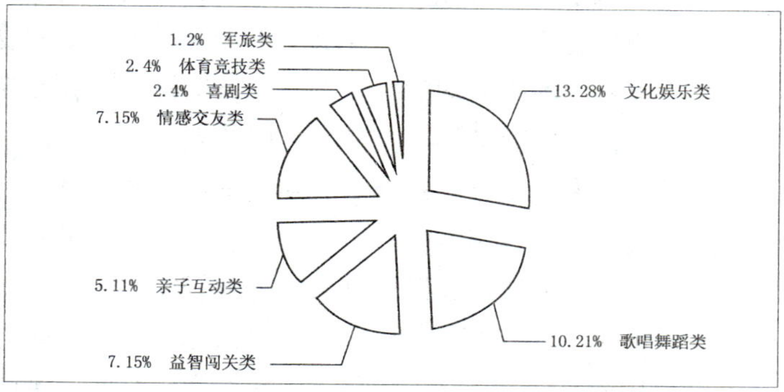

图4–4 2013年1月–2014年2月主要省级卫视各题材娱乐节目比例
（数据来源：各卫视官方网站[②]）

其二，媒介仪式的平民化表达。

20 世纪 50 年代美国文化学理论家詹姆斯 · 凯瑞首先提出了“仪式性的传播”这一模式——“传播的仪式观不是指空间上讯息的拓展，而是指在时间上对社会的维系，它不是指一种信息或影响的行为，而是共同信仰的创造、表征与庆典……其核心则是将人们以团体或共同体的形式聚集在一起的神圣典礼。”[③] 电视作为目前最为普及的大众传媒，自然成为制造媒介仪式的主要场所。电视媒介仪式是带有想象和象征意味的符号化过程，它的形成必须基于民众对于国家、民族的共同文化心理，电视作为呈现主体文化形象的载体，最直接地为民众提供了对于民族、

① 卫视新一轮PK阵地[EB/OL].www.chinamedia360.com/newspage/20140107/404BB74C861633CD.html.

② 据各省级卫视官方网站资料整理自制图表.

③ ［美］詹姆斯 · 凯瑞 . 作为文化的传播［M］. 北京：华夏出版社，2005：281.

国家进行想象和文化身份建构的素材，这种集体性的文化记忆在新世纪的电视媒体中被诠释得更为突出，也更为平易。媒介仪式便是国家形象、民族文化的集中体现。

法国社会学家涂尔干曾指出："任何社会都会感到，它有必要按时定期地强化和确认集体情感和集体意义，只有这种情感和意识才能使社会获得其统一性和人格性。这种精神的重新铸造只有通过聚合、聚集和聚会等手段才能实现。"① 春晚恰恰是凝聚集体情感、彰显集体意义的最集中的聚合方式。春晚从 1983 年开办之初便确立了其国家话语的地位，是集中代表国家形象与文化精神的电视仪式。三十多年来，中国百姓约定俗成的"看春晚、过大年"已经成为一种具有中国特色的文化现象，承载着国民的生活愿景、价值准则和文化取向。随着大众文化的兴起以及新世纪以来社会消费语境的变迁，受众对于春晚提出了新的要求，以更加平民化的方式办春晚是公众的一致呼声。新世纪以来春晚确实在以下几个方面做出了富有实效的转变：其一，回归到大众娱乐性。新世纪全民娱乐的风潮急速占领了电视媒介，春晚也不得不重新思考其文化定位与话语方式的改革。近几年春晚已经开始有意识地抹平媒介仪式的宏大崇高与世俗生活之间的鸿沟，以更具亲和力和轻松欢快的形式来传递社会的核心价值。春晚主持人的主持风格潜移默化地发生着转变，例如 2015 羊年春晚启用两个演播厅的互动形式，一号厅由朱军、董卿、李思思、撒贝宁、康辉坐镇，二号厅由毕福剑、朱迅、尼格买提担纲，两个阵营形成对垒之势，在主持人互相揭短、拆台、言语对抗之中营造出幽默、欢快的气息以及浓浓的节日联欢氛围，说明春晚也在不断提升娱乐元素所占的比重。其二，从歌颂走向合家欢。春晚为了建构公众对于国家形象与民族精神的想象，采用集束效应在四个半小时的时间里彰显民族情感、体现文化认同、承载家国精神与情怀，以密集的、大量的、集中的歌颂与赞美，急切地而又明确地传递出这一重要媒介仪式的核心主题——唱响主旋律，歌颂新生活。但是社会语境的变化对这种纯粹的歌颂提出质疑后，春晚也在开始寻求改变。羊年春晚可以看出中央电视台在这方面所作出的努力，首次启用以央视主持人金龟子的声音和哑剧大师李奎的动作为原型的春晚吉祥物"阳阳"作为特邀主持人，负责"秀秀全家福"和"摇一摇抢红包"两个与观众的互动环节。其三，从统一规划到全民参与。公众平民意识的提升表达出对原本被控制和规划的文化内容与形式的参

① ［法］爱弥儿·涂尔干．宗教生活的基本形式［M］．上海：上海人民出版社，2006：562.

与的热望，春晚作为一年一度最重要也最引人关注的媒介仪式，自然也开始寻求全民参与的组织方式，并取得令人比较满意的效果。从前的春晚记忆属于当年炙手可热的明星，而近几年春晚也成了普通人的舞台——2008 年王宝强与一些建筑工人演唱了一曲《农民工之歌》；2009 年农民歌手马广福、刘仁喜与王宏伟合唱《超越梦想》；2011 年登上春晚舞台的草根人物更多，“旭日阳刚”组合、“西单女孩”任月丽、深圳民工街舞团等；2012 年“大衣哥”朱之文；2013 年菜农张秀敏、农民魔术师丁德龙等人的亮相等。

媒介仪式体现的是文化的共享与形象的塑造，凡是经由媒介参与的社会性重大事件，或通过媒介展示的公共活动，都可以体现出文化价值的定位。随着社会思潮的演变，媒介仪式带来的文化认知也在调整角度和思路，这种认知是基于社会需要与价值认同基础之上的，平民话语、草根话语与主流话语、精英话语的互动融合将是媒介仪式主要呈现的话语方式，也正是这种转变才能重构中国电视的文化身份，以更具温情与人文关怀的方式完成对于国家形象、民族精神的想象。

第5节　娱乐节目的蜕变不是一场电视文化革命

大众媒介具有与生俱来的娱乐功能，尤其是在奇观社会，电视媒体已经不再关注真相，通过不断演绎而呈现幻象，理性价值被一些仪式化的表征所替代，娱乐化的快速生产与消费成为电视内容制作的依据，游戏、狂欢和窥探成为当下电视娱乐文化的主要形式。其实电视不是不能娱乐，娱乐本身的积极意义应该被充分挖掘，因为它能够对人们及社会形成不可否认的积极作用。目前，我国电视娱乐节目的各种变化是一种量变而不是质变，更不是一场电视文化的革命。

一、娱乐节目形成的收视奇观

2013 年，被业界誉为“娱乐节目大战年”。我国电视媒体纷纷发力，积极引进海外版权节目模式，在节目编排上形成了“季播”潮流。多数播出节目在广告商的疯狂助推下呈现出“大制作、高成本”的大片水准。各省级卫视竞争激烈，积极创新栏目编排，倾力打造品牌娱乐节目，娱乐节目之战硝烟弥漫。[①] 同时，据美兰德咨询不完全统计，2014 年我国

① 吴彦华．大数据时代的电视媒体覆盖与传播［J］．当代电视，2013（12）：99-101.

省级卫视新娱乐节目多达106档，可谓又将是全民娱乐的一年。[①]整体来看，我国娱乐节目经历了多年前集体疯狂选秀的“娱乐至上”，创造迷茫的“无所适从”，和歌曲、舞蹈、益智等娱乐集结期。至此，省级卫视娱乐节目的创作者们也开始了新的思考，将目光从“全民乱抄”的抄袭模仿投向了积极地引进和开发具有新意而又符合受众口味的优质娱乐节目。从《我是歌手》、《中国好声音》、《爸爸去哪儿》、《最强大脑》收视的一路飙升也能发现近年娱乐节目创作风向和受众收视市场正在悄然发生着变化。

其一，集体狂欢现象的出现。

费斯克认为：“大众快感产生通过两种方式：规避与生产。规避就是对现存权利、意识形态以及其他社会规范的逃避；生产则是对对象的体验、认同。”[②]草根文化的生产就是一个“独乐乐”到“众乐乐”的过程。娱乐时代激发了群体性、体验性的全民参与，受众在多元价值及消费意识的包裹中加速发展出了自恋型人格——不仅成为他人娱乐的看客，更将自我进行暴露与倾诉，成为生活在奇观社会的“娱乐人”。当前文化生态促使草根意识觉醒，电视娱乐不再专属于名人、明星，平民在对主流话语、意识形态日趋疏离导致注意力与精神寄托的转移，娱乐成了生活的日常审美消费品，“参与”、“对话”替代了单向度的“观看”。自湖南卫视掀起的娱乐旋风“超女”、“快男”到“非常6+1”、“星光大道”再到“中国达人秀”、“中国好声音”、“最强大脑”、“职来职往”等收视屡攀新高的综艺节目均遵循一个标准——平民的参与性。新媒体的快速发展，虽然在不断消解广大受众的注意力和观看时长，但是相较于传统媒体的电视剧、新闻和大型综艺晚会，电视娱乐节目目前还是具有新媒体不可比拟的优势（但这个优势在不断减弱）。

表4-3　2009-2013年娱乐节目全年人均收视时长及增幅
（数据来源：CSM媒介研究）[③]

年份	2009年	2010年	2011年	2012年	2013年
人均收视总分钟数	5608	6024	6630	6340	6587
增长率%	27.3	7.4	10.1	-4.4	3.9

① 江苏卫视开玩“科学大爆炸”[EB/OL].ent.xinmin.cn/2013/11/28/22781038.html.

② [美]约翰·费斯克.理解大众文化[M].北京：中央编译出版社，2001：80.

③ 如何“遥控”观众受众的遥控器[EB/OL].http：//www.zongyiweekly.com/new/info.asp？id=4226.

其二，圆梦想象的盛行。

个体价值的认同与实现是草根文化时代公民意识觉醒的集中体现，能够实现文化公民这一迫不及待的诉求首推电视媒体，在电视营造的公共场域中普通人可以充分进行自我展示，虽然可能不够专业和完美，但参与的满足与过程的刺激，完全使草根群体获得了前所未有的被注视、被围观的虚幻性认同，电视中的参与者对于梦想的博弈是大众梦想的替代，无法实现圆梦的受众只有通过梦想选手的展示来获得虚拟的体验性快感，他人的梦圆仿佛也是对自我梦想缺憾的些许安慰，这样受众找到了与电视屏幕中的他者情感共鸣与价值同一的交汇点，自觉地把自我纳入到这样异化想象的轨道中来。我国各主要省级卫视娱乐节目在题材设置方面各有侧重。湖南卫视以《我是歌手》、《中国最强音》、《快乐男声》继续保持歌唱娱乐类的优势地位，同时又开始占据《爸爸去哪儿》等亲子互动类节目的霸主地位。江苏卫视“黄金三角”《一站到底》、《非常了得》、《芝麻开门》在益智闯关类节目中独领风骚，而品牌节目《非诚勿扰》在情感交友类节目中一枝独秀，无人匹敌。浙江卫视在题材设置上较为均衡，各种题材的娱乐节目均有涉及：歌唱类《中国好声音》，亲子互动类《人生第一次》，益智闯关类《谁敢站出来》，情感交友类《爱情连连看》，并都有不错的收视。但是除《中国好声音》之外，大多在同题材节目收视中停留在第 3–6 位，缺乏亮眼的表现。东方卫视相较于其他一线省级卫视娱乐节目覆盖面较窄，主要有《中国达人秀》、《中国梦之声》跻身前列。

二、《我是歌手》和《中国好声音》的样本分析

《我是歌手》和《中国好声音》是在超女时代后的被称为“选秀已死”的当下又一次带来的电视音乐真人秀节目的狂欢盛宴。《中国好声音》向观众讲述的是默默无闻的草根歌手走向音乐歌手的“逆袭”之路。《我是歌手》呈现给观众的则是名噪一时的歌手实现音乐价值的“草根”历程，但是两者在节目模式，节目主题，节目传播策略的趋同及健康向上的价值观的倡导下，都揭示着对于电视音乐真人秀目的的回归——对音乐本质的回归。为了对两档节目有更进一步的了解，调查小组所研究的切入点是针对两档节目在杭州地区的收视率情况，问卷调查情况，褒贬度情况等方面所展开的对比分析研究。调查小组使用的数据是尼尔森 2013 年《我是歌手》与《中国好声音》的数据。需注意，2013 年《我是歌手》是第一季，而《中国好声音》则是第二季。由于软件数据额供给有限，调查小组只是将同一年的两档节目收视情况进行对比。而且，调查小组

认为，《中国好声音》的第一季播出时间为2012年，《我是歌手》则是2013年才开播，在《中国好声音》第一季的播出时尚未有同类的电视节目竞相播放的情况。因此，使用同一年的收视情况对两档节目进行对比分析可能更加具有可比性。

其一，杭州地区的收视情况对比。

		变量	总收视率	收视份额	总收视人数
		市场	杭州/Hangzhou	杭州/Hangzhou	杭州/Hangzhou
日期	频道	节目主要描述\目标观众	总体家庭户	总体家庭户	总体家庭户
18/01/2013	湖南卫视	立白洗衣液我是歌手	1.10	3.8	261,758
25/01/2013	湖南卫视	立白洗衣液我是歌手	1.25	4.5	252,680
01/02/2013	湖南卫视	立白洗衣液我是歌手	1.50	5.1	265,753
08/02/2013	湖南卫视	立白洗衣液我是歌手	2.01	6.6	273,541
15/02/2013	湖南卫视	立白洗衣液我是歌手	1.75	6.1	257,321
22/02/2013	湖南卫视	立白洗衣液我是歌手	1.95	6.7	264,120
01/03/2013	湖南卫视	立白洗衣液我是歌手	1.92	6.4	269,716
08/03/2013	湖南卫视	立白洗衣液我是歌手	2.64	9.3	255,916
15/03/2013	湖南卫视	立白洗衣液我是歌手	2.16	7.5	260,538
22/03/2013	湖南卫视	立白洗衣液我是歌手	4.30	9.3	417,734
29/03/2013	湖南卫视	立白洗衣液我是歌手	2.99	7.0	383,097
05/04/2013	湖南卫视	立白洗衣液我是歌手	3.77	8.3	409,119
12/04/2013	湖南卫视	立白洗衣液我是歌手总决赛.歌王	5.55	9.3	539,916
		立白洗衣液我是歌手总决赛（重）	1.55	9.3	149,059

图4-5　2013年《我是歌手》杭州地区首播收视率情况

		变量	总收视率	收视份额	总收视人数
		市场	杭州/Hangzhou	杭州/Hangzhou	杭州/Hangzhou
日期	频道	节目主要描述\目标观众	总体家庭户	总体家庭户	总体家庭户
12/07/2013	浙江卫视	加多宝中国好声音	22.41	37.8	534,010
19/07/2013	浙江卫视	加多宝中国好声音	22.98	38.3	540,613
26/07/2013	浙江卫视	加多宝中国好声音	21.97	36.6	540,669
02/08/2013	浙江卫视	加多宝中国好声音	21.81	36.5	537,982
09/08/2013	浙江卫视	加多宝中国好声音	21.82	37.4	525,450
16/08/2013	浙江卫视	加多宝中国好声音	20.48	34.8	529,812
23/08/2013	浙江卫视	加多宝中国好声音	22.30	37.8	531,881
30/08/2013	浙江卫视	加多宝中国好声音	21.81	37.3	526,835
06/09/2013	浙江卫视	加多宝中国好声音	20.47	34.2	539,524
13/09/2013	浙江卫视	加多宝中国好声音	19.75	33.8	525,792
20/09/2013	浙江卫视	加多宝中国好声音	19.27	32.9	527,754
27/09/2013	浙江卫视	加多宝中国好声音	18.85	32.1	529,714
30/09/2013	浙江卫视	加多宝中国好声音（重）	14.69	25.3	523,626
01/10/2013	浙江卫视	加多宝中国好声音	17.05	30.6	502,609
07/10/2013	浙江卫视	加多宝中国好声音年度盛典	22.99	35.8	578,593

图4-6　2013年《中国好声音》杭州地区首播收视率情况

从图4-5和图4-6可以看出，《我是歌手》在杭州地区的首播收视范围在1.10-5.55之间。收视最高的一期是2013年4月12日的歌王总决赛。

《中国好声音》的收视率则在 14.69–22.99 之间。10 月 7 日的总决赛年度盛典也是其收视最高的一期。另外，经过计算可知，《我是歌手》第一季在杭州地区首轮播出的平均收视率为 2.65，《中国好声音》的平均收视率为 20.58，两者数据相差较大。图 4–7 为两档节目在总决赛当天杭州地区的收视率表，从图表中可以看出，杭州地区，两档节目在总决赛当天的收视率要明显高于同一频道的其他节目。

目标观众	市场				
总体家庭户	杭州/Hangzhou				
日期	频道	节目主要描述\变量	总收视率	收视份额	总收视人数
12/04/2013	湖南卫视-Hunan Sa	立白洗衣液我是歌手（重）	0.02	0.8	16,150
		美的全钢豆浆机称心如意	0.22	6.7	30,227
		太阳的女人	0.36	2.6	123,475
		娱乐无极限	0.32	1.6	182,114
		立白洗衣液我是歌手（重）	0.41	1.8	209,989
		立白洗衣液我是歌手总决赛.歌王	5.55	9.3	539,916
		立白洗衣液我是歌手总决赛（重）	1.55	9.3	149,059
07/10/2013	浙江卫视-Zhejiang s	加多宝中国好声音（重）	0.04	1.8	19,266
		一汽大众奥迪财经新周刊浙商新力	0.09	2.2	37,094
		加多宝中国好声音（重）	1.92	5.7	302,277
		2013加多宝中国好声音年度盛典直播	2.98	8.0	334,831
		加多宝中国好声音年度盛典	22.99	35.8	578,593
		哈尔滨啤酒酷我真声音（重）	13.03	25.4	461,353
		加多宝中国好声音年度盛典	4.59	18.0	229,985

图4–7　《我是歌手》和《中国好声音》杭州地区的收视率对比

其二，杭州地区的播出时段分析。

从节目分析的情况可以看出，在杭州地区，《我是歌手》的收视率与《中国好声音》的收视情况存在一定的差距，由于数据显示的只是杭州地区的收视情况，而且《中国好声音》本身就是浙江卫视主打的一档栏目，因此出现以上情况也属合理。

为了进一步分析《我是歌手》在杭州地区的收视情况到底如何，我们还可以通过时段分析，将杭州地区同一时段的卫视收视情况进行比较，便可更加科学地看待《我是歌手》的收视情况究竟呈现出怎样的态势。图 4–8 是 2013 年 4 月 12 日，杭州地区 22：00—23：59 时间段的频道收视排行榜前十名。4 月 12 日的晚十点开始是《我是歌手》的总决赛的时间段，从这个表里可以看到，湖南卫视排在第二名，收视率为 5.22 仅比浙江卫视低了 0.83 个百分点，收视份额也高达 11%，与排名第三的东方卫视相比有明显的差距。可以得出《我是歌手》的总决赛场当天在杭州地区的收视情况较为乐观的结论。

目标观众					
总体家庭户					
		变量	收视千人数	收视份额	收视率
		日期	12/04/2013	12/04/2013	12/04/2013
时段群组	时段	频道\市场	杭州/Hangzhou	杭州/Hangzhou	杭州/Hangzhou
22:00:00-23:59:59	22:00:00-23:59:59	浙江卫视-Zhejiang S	54,504	12.7	6.05
		湖南卫视-Hunan Sa	47,049	11.0	5.22
		东方卫视-Dragon TV	10,029	2.3	1.11
		云南卫视-Yunnan S	8,383	2.0	0.93
		深圳卫视-Shenzhen	7,486	1.7	0.83
		安徽卫视-Anhui Sat	7,263	1.7	0.81
		江苏卫视-Jiangsu S	6,892	1.6	0.77
		宁夏卫视-Ningxia S	5,076	1.2	0.56
		北京卫视-Beijing Sa	4,842	1.1	0.54
		广西卫视-Guangxi S	3,587	0.8	0.40

图4-8　2013年4月12日，杭州地区22：00—23：59时间段的频道收视排行榜前十名

而在 2013 年 10 月 1 日的 21：00–23：59，这天是《中国好声音》决赛的一场比赛，从图 4–9 中可以看出，浙江卫视在当天的这个时段的收视率收视份额明显高于其他所有卫视，而该时段湖南卫视的收视排名为第五位。

A	B	C	D	E	F
目标观众					
总体家庭户					
		变量	收视千人数	收视份额	收视率
		日期	01/10/2013	01/10/2013	01/10/2013
时段群组	时段	频道\市场	杭州/Hangzhou	杭州/Hangzhou	杭州/Hangzhou
21:00:00-23:59:59	21:00:00-23:59:59	浙江卫视-Zhejiang S	117,814	26.7	13.08
		北京卫视-Beijing Sa	10,112	2.3	1.12
		安徽卫视-Anhui Sat	7,980	1.8	0.89
		江苏卫视-Jiangsu S	7,771	1.8	0.86
		湖南卫视-Hunan Sa	7,304	1.7	0.81
		深圳卫视-Shenzhen	5,955	1.4	0.66
		云南卫视-Yunnan S	3,280	0.7	0.36
		东方卫视-Dragon TV	2,889	0.7	0.32
		黑龙江卫视-Heilong	2,812	0.6	0.31
		河北卫视-Hebei Sat	2,109	0.5	0.23

图4-9　2013年10月1日，杭州地区22：00—23：59时间段的频道收视排行榜前十名

此外，笔者任意选取两档节目的播出日期，对比其收视率情况，从图 4–10 中可以看出，在 3 月 8 日这期，在 22：00–23：59 里由于湖南卫视《我是歌手》的播出，其收视率为 4.02，高于浙江卫视的 3.04。在 4 月 5 日这期其收视率为 3.65 低于浙江卫视，但两者相差不大。

目标观众								
总体家庭户								
		变量	收视千人数		收视份额		收视率	
		日期	08/03/2013	05/04/2013	08/03/2013	05/04/2013	08/03/2013	05/04/2013
时段群组	时段	频道\市场	杭州/Hangzhou	杭州/Hangzhou	杭州/Hangzhou	杭州/Hangzhou	杭州/Hangzhou	杭州/Hangzhou
22:00:00-23:59:59	22:00:00-23:59:59	湖南卫视-Hunan Sa	36,204	32,924	9.1	8.1	4.02	3.65
		浙江卫视-Zhejiang S	30,612	55,377	7.7	13.6	3.40	6.15
		东方卫视-Dragon TV	14,313	8,206	3.6	2.0	1.59	0.91
		江苏卫视-Jiangsu S	13,161	7,055	3.3	1.7	1.46	0.78
		深圳卫视-Shenzhen	11,929	4,940	3.0	1.2	1.32	0.55
		黑龙江卫视-Heilong	9,245	1,179	2.3	0.3	1.03	0.13
		宁夏卫视-Ningxia S	4,747	1,036	1.2	0.3	0.53	0.11
		北京卫视-Beijing Sa	4,450	4,553	1.1	1.1	0.49	0.51
		江西卫视-Jiangxi Sa	4,182	1,888	1.1	0.5	0.46	0.21
		云南卫视-Yunnan S	3,946	3,929	1.0	1.0	0.44	0.44

图4-10　2013年3月8日和4月5日，
杭州地区22：00—23：59时间段收视排行榜前十名

我们再通过图 4-11 来看下任意的两期《中国好声音》的收视情况。透过下表可以发现，无论是 8 月 16 日还是 8 月 23 日的这期节目，浙江卫视在 21：00-23：59 的时间段的收视率均排在第一位。且与第二名的湖南卫视以及其他的卫视拉开较大距离。

目标观众								
总体家庭户								
		变量	收视千人数		收视份额		收视率	
		日期	16/08/2013	23/08/2013	16/08/2013	23/08/2013	16/08/2013	23/08/2013
时段群组	时段	频道\市场	杭州/Hangzhou	杭州/Hangzhou	杭州/Hangzhou	杭州/Hangzhou	杭州/Hangzhou	杭州/Hangzhou
21:00:00-23:59:59	21:00:00-23:59:59	浙江卫视-Zhejiang S	146,257	160,385	31.2	33.7	16.24	17.80
		湖南卫视-Hunan Sa	11,853	12,731	2.5	2.7	1.32	1.41
		宁夏卫视-Ningxia S	10,150	5,965	2.2	1.3	1.13	0.66
		东方卫视-Dragon TV	6,817	9,435	1.5	2.0	0.76	1.05
		北京卫视-Beijing Sa	5,785	6,739	1.2	1.4	0.64	0.75
		江苏卫视-Jiangsu S	4,177	10,164	0.9	2.1	0.46	1.13
		山西卫视-Shanxi Sa	4,097	984	0.9	0.2	0.45	0.11
		河南卫视-Henan Sa	3,449	2,270	0.7	0.5	0.38	0.25
		安徽卫视-Anhui Sat	3,194	3,517	0.7	0.7	0.35	0.39
		四川卫视-Sichuan S	3,167	1,373	0.7	0.3	0.35	0.15

图4-11　2013年8月16日和8月23日，
杭州地区22：00—23：59时间段收视排行榜前十名

三、中国娱乐节目的创新思考

在新媒体快速发展、网络视频业纷纷蚕食电视节目份额的今天，各省级卫视开始对节目主题、模式形态、编排策略等进行积极的战略化分析和制定。一线省级卫视在娱乐节目编排方面拥有的平台和资源优势使一线和非一线阵营之间的鸿沟不断扩大。一档娱乐节目要想在众多同类型节目中脱颖而出，博得较高收视率，除了对各省级卫视品牌栏目和优势资源进行全局分析、打造优质新颖的节目内容之外，更重要的是要在细化节目主题、创新节目模式、差异化节目编排等方面寻求机会与突破。

其一，节目形态力求创新与本土化。

纵观近几年我国电视节目市场，模式类电视节目已占据半壁江山，地位和价值日益凸显。所谓模式类电视节目，指的是根据某一特定节目模式，通过版权交易、购买或合作开发等形式，以原模式为母版制作的电视节目。而在我国，这些模式类电视节目其原模式母版几乎均为国外节目模式。除版权引进之外，国内娱乐节目特别是季播类节目的题材设置同质化异常严重，仅 2013 年暑期档，就有 13 档音乐选秀节目同登中国各省级卫视的荧幕，[①] 紧接着随着《爸爸去哪儿》的热播，国内就有多达 20 档的亲子互动类节目的上映，节目题材同质化可见一斑。每一档国外成熟的电视节目模式引进中国都面临着如何本土化的问题，前几年很多引进节目失败的案例也充分说明，照搬国外模式并不是一档节目成功的主要因素，关键还在于需要对娱乐节目的形态进行不断的优化创新和本土化。

表4–4　2013年四大卫视主要娱乐节目模式状况[②]

频道	节目名称	国外原版节目模式
浙江卫视	中国好声音第二季	荷兰The Voice
	我爱记歌词	美国The Singing Bee
	中国梦想秀第五季	英国Tonight’s the Night
	中国星跳跃	荷兰Celebrity Splash
江苏卫视	非诚勿扰	英国Take me out
	一站到底	以色列Armoza公司原创节目
	芝麻开门	以色列Armoza公司原创节目
	星跳水立方	德国Stars in danger: High diving
湖南卫视	快乐男声	英国Pop Idol、美国American Idol
	我们约会吧	英国Take me out
	我是歌手	韩国《我是歌手》
	中国最强音	英国The X Factor
	百变大咖秀第四季	荷兰/西班牙Your Face Sounds Familiar
	爸爸去哪儿	韩国《爸爸，我们去哪儿》
东方卫视	中国达人秀第四季	英国Britain’s Got Talent
	中国梦之声	美国American Idol
	梦立方第二季	英国The Cube

① 13 档歌唱类娱乐节目争抢暑期档［EB/OL］. ent. qq. com/a/20130704/020582. htm.

② 表中数据是对节目官方网站资料整理所得 .

其二，常规与季播娱乐节目要合理配置。

2013 年是季播的“元年”，也快速进入了“大片”时代，似乎没有豪华阵容、大场面、大制作就羞于称季播。从相关数据中我们不难看出季播节目的热议度、吸金力都远远超过常规类节目，在社交平台上尤甚，这与季播节目天然优良的“话题基因”有关。可以说，季播类娱乐节目对于受众来说主要是吸纳新受众，培养受众平台认知。而常规类节目则是维护原有受众，培育受众的平台忠诚度。同时，季播节目也可以借助常规节目平台进行传播造势，比如湖南台热播的季播节目中的嘉宾常常参加老牌节目《天天向上》和《快乐大本营》，一方面为季播节目提供更为广阔的宣传平台，另一方面可以实现常规节目与季播节目的资源共享，优势互补，形成节目传播的联动。

季播发展迅速，但还需要一段时间去让受众认可和市场消化。常规周播节目有稳定的收视群，群众基础广泛，更有利于动态收视率的积累。未来几年，中国电视娱乐节目的重头戏仍在常规的周播节目，而季播节目将经历节目模式由单一向多元形态的转变。对于我国电视媒体来说，如何能在这股季播风潮之后，将结果沉淀下来，用拿来主义的精神，取其精华去其糟粕，建立符合自己需求的季播体制，才是最重要的。① 因此，在整体节目布局上怎样安排和搭配常规类节目与季播类节目在考验着电视工作者的智慧与战略眼光。

其三，科学把握受众的收视心理。

在“受众中心”时代里，受众的注意力与忠诚度是娱乐节目取得良绩并延长生命力“密匙”。而与受众的互动是保证娱乐节目传播的有效性的基石，因此，娱乐节目传播策略的制定一定要以受众的需求为出发点，结合有利于拓展互动手段与渠道的新技术，搭建多元化沟通平台之间的通路，寻求与受众的深层合作与互动，从而获取和培养受众的积极性与忠诚度。

无论未来的电视和电视节目是何种样子，但毫无疑问的是它将由内容、数据和用户体验这三个密不可分的部分组成。② 传统媒体研究中一个很重要的概念是关于“受众”的研究。收视数据的挖掘与分析有助于媒体更好地了解受众，从而更好地处理媒体与受众之间的关系。对于娱乐节目受众数据的挖掘与研究，要充分整理受众相关的数据，并在这些数据背后找到用户的“兴趣配方”，以此应对“技术 + 受众 + 节目”的电

---

① 孟佳．季播节目市场透析［J］．广告主市场观察，2013（6）：24.

② 刘怡．大数据时代电视节目发展的新趋势［J］．当代电视，2013（08）：68-69.

视新时代。[①] 以江苏卫视与PPTV联动的《最强大脑》为例，通过PPTV聚力对收看《最强大脑》的网络用户数据的分析，发现用户主要集中在沿海发达城市，且72%为男性，接近70%人群未婚，其中19–35岁年龄段为主要收视人群。《最强大脑》通过对网络受众数据的分析和受众的精准细分，从而可以更好地具有针对性的传播节目信息。[②] 面对当今复杂的受众环境和电视节目同质竞争白热化的状况，娱乐节目要想成功塑造节目品牌并保持娱乐节目品牌领先地位和观众忠诚度，就必须加强与受众的互动，满足受众对节目的需求，将节目受众转变为积极受众和粉丝。

其四，注重二次开发和跨屏传播。

2013年我国电视媒体与商业视频网站的合作有了突破和创新，针对合作节目进行网络化再加工创新和二次开发与传播将逐渐成为主流，更多的优质内容被生产出来，进一步丰富并增强栏目的生命力。与此同时，台网双方在推广节目时通过系列话题的打造、热点视频的传播与PC端+移动端等多平台联动发力等措施，持续酝酿并扩展节目的热度，使台网互动朝着纵深方向不断发展。相比于电视观众的老龄化趋势，视频网站用户更为年轻，他们的喜好与传统电视观众是截然不同的，视频网站开发的衍生节目能满足他们的独特喜好，并且体现了互联网的高互动特性。以腾讯视频独播《中国达人秀》第五季为例。双方在衍生内容制作、互动产品开发，以及联合营销推广等各方面开展多维度、深层次的战略合作。腾讯视频除了节目开播倒计时预告片、节目视频报道、明星评委专访、幕后花絮、节目亮点等之外，同时将每期达人秀剪成多个特色精编版本，更加短小精华的视频更有利于在互联网上传播，持续为达人秀节目营造声势，延展传播范围。

表4–5 《中国达人秀》第五季三档衍生节目（来源：节目官方网站）

节目名称	主要内容
《达人来了》	东方卫视自制达人秀报道及花絮，在《娱乐星天地》、腾讯视频上播出
《惊天达人秀》	腾讯视频自制衍生节目，每个视频节选一个特色达人
《精典达人秀》	每期达人秀播出之后的精编版，包括评委精编版、搞笑精编版、绝技精编版等

在当前电视节目市场环境下，传统电视台与视频网站利用各自优势，进行节目的联合制作和跨屏传播将会成为未来台网互动的主要方向。在

① 刘怡．大数据时代电视节目发展的新趋势［J］．当代电视，2013（08）：68-69.

② PPTV聚力“2014定制独播年”开门红［EB/OL］.bschool.hexun.com/2013-04-18/153298070_4.html.

进入多屏时代后，渠道不再为王，内容也不能独自为王，最终的王者将是“渠道 + 内容”[①]。因此，在娱乐节目传播过程中，跨屏整合传播是关键，通过整合串联多渠道的内容资源，促成娱乐节目和各传播平台的互动，逐渐将手机 + 电视 + 电脑平台发展成为多媒体终端 + 视频 + 移动端 + 电视 + 视频即时互动是一种趋势和必然。线上播出方面，重点打造高品质的主体娱乐节目，充分开发衍生节目；线下推广方面，动用多种媒体进行传播资源的整合，对节目推进过程中的分话题进行快速传播，逐步释放兴奋点，充分开发节目的社交性。一系列整合传播动作形成一个立体化的媒体圈，用以包围观众的注意力，使节目成为观众社会交谈的重要内容。并通过内容的创新和渠道的拓展让受众及其观点融入进节目当中，并积极与其他受众进行互动和分享，实现受众、节目、被影响受众的多向互动。

“阅读被视听替代，经典被流行覆盖；审美被娱乐冲淡，思考被狂欢置换；大师被明星淹没，传统被时尚逐灭。精神生活原本高格尊贵的理想情怀，正被现实社会喧嚣浮泛的消费刺激摧毁。”[②] 这就是当前媒体带给世界的“奇观”。全民娱乐的文化盛景在新世纪出现有其必然性与合理性，无疑它是与当前社会文化语境伴随而生的。大众文化的特征之一就是消费性，而娱乐化最能集中体现电视文化的消费性，能够被最广泛的受众群体接受和消费。电视促进了个体与他们自身所属社会群体的认同，因为电视为他们提供了用于比较他们自身境况和其他群体境况的较多的信息。[③]90 年代以来，中国最大的社会转型是市场化。市场最重要的原则是肯定个人价值和个人欲望，甚至刺激、制造欲望，人们也特别希望获得肯定。而成功的电视选秀节目看似一个选拔赛，实质上却为人们构建了一个破除等级感获得社会肯定的虚拟场合。

---

① 钟书平．大视频时代下的跨屏传播［J］．广告大观（综合版），2013（9）：43-44.

② 吴文科．为文化娱乐三辩　误将通俗当低俗［N］．人民日报，2010-10-14.

③ ［美］黛安娜·克兰．文化生产：媒体与都市艺术［M］．北京：译林出版社，2001：22.

第 5 章　舆论监督与电视问政

电视作为视听兼备的传播媒介具有其他媒体无法效仿的独特优势，通过可视与可听两种并行的渠道，使得电视媒介拥有直观的信息形象及新鲜的现场感。电视舆论监督节目可通过大量采集现场画面及同期声，以便真实展现新闻事件的事实真相。在节目的编导制作过程中，可利用图片、动画等形式将具有思辨性的论点融入影视形象中，使新闻舆论监督的报道效果突出，节目内容兼具感染力与冲击力。新媒体时代背景下，面对新媒体的重重挑战，充分发挥电视媒体自身优势、弥补新媒体缺陷并与其形成良性互动是电视舆论监督发展的必经之路。

第1节　电视舆论监督的再认识

中国目前就处于一个高风险社会时代，由于改革开放走向深入，社会转型期的矛盾也越来越突出。“从计划经济向市场经济转变”与“农业社会向工业社会转型”，这两大并存的转型亦是我国风险社会的独特性。在此背景之下，以冉华教授为代表的中国风险理论研究学者认为：“中国传媒应当充分利用社会赋予的权力去深度地介入社会，在社会控制、社会预警、社会矛盾疏导等方面张大其社会影响的力量，这也是大众传媒应履行的基本社会功能。”[①]

一、这是社会发展的要求

从媒介技术的角度而言，当代社会是新媒体社会，而从其他角度而言，当代社会又呈现出其他的特点，而这些社会的特点与状态又与舆论监督有着紧密的关联。公众在当代面临生态破坏、环境污染、食品安全等各种客观存在的生存风险，乌尔里希·贝克作为著名的德国社会学家，在 1986 年出版的《风险社会》这一著作中，将“风险社会”的概念首次明确。人类社会在高风险时代应当反思，从宏观方面来讲日益增长的风险在一定程度上都是由于各种各样的人为原因所造成的。从自然与社会

① 成毅涛．高风险社会下的媒介反思与公共领域构建［J］．新闻知识，2010（3）：3.

的角度来分析，人类对地球的一味索取给其带来了无法修复的影响，若要从社会制度的根源来寻找当今风险社会产生的原因，单向的追求科技理性与经济利益是政府和企业值得审视的问题。

然而目前的新闻媒体在报道过程中往往过分追求“新”与“快”，导致一些重要议题未得到持久深入的关注。媒体在报道初期往往会因对时效性的追求而提供风险话题的讨论，但之后的追踪报道效果欠佳。因此，在风险社会中，媒体舆论监督应对社会风险进行全方位、深入的监测，不仅聚焦风险话题，也探究风险产生的原因、解决对策及应对效果，充分发挥预警功能，有效化解社会风险，推动社会的良性发展。媒体在监督社会风险时不能激化矛盾，尤其在协调社会这一功能上不能失调。电视作为传统的权威媒介，更应在风险社会中充分运用其协调功能起到积极向上的作用。

近几年来，当网络等新媒体面临各式各样的风险问题时，在舆论形成上因其互动性、去中心化、对话性等特点发挥着越来越重要的作用，为建立更加公平对称的对话机制、推进新媒体公共性作用的发挥做出了努力。但值得注意的是，网络媒体的公共性一定程度上是来自于其自身的技术特征，同传统媒体一样与本身的盈利模式仍有所矛盾，日后是否会对公共事务有所淡化需要持续关注。因此，若想从根源上减少风险对社会的影响，就需为推动公共事务的解决来提升新媒体时代每个个体的自觉性与自主性，实现政府与公众的良性沟通。

另一方面，新媒体的舆论监督对现代社会风险具有一定的放大效应。当突发公共事件时，新媒体凭借其无可比拟的速度优势成为有效的监督利器，但传播的无规范、无尺度、无把关等特征不仅会引发失实报道，大幅度减弱预警功能，还会成为风险的推动者，进而导致“媒介化风险”的出现。如果在舆论监督的过程中，新媒体的用户盲目跟风或处理不当，还极有可能会引发社会恐慌。由此，新媒体的舆论监督在某种程度甚至是放大了社会风险。

因此，在正视新媒体舆论监督为当今风险社会带来负面影响的同时，无论是新媒体的舆论监督抑或是传统媒体的舆论监督，都要对风险社会进行准确到位的监测和恰如其分的风险评估。

二、电视媒体的职责所在

传播学家麦克卢汉曾经说过，“媒介即信息”，电视媒体最基本的功能就是传播信息。人们在有选择地接受信息。出于自身需要，无论是新闻事件发生前还是发生后，人们都希望从新闻传播中获取与他们自身相关的各种信息。而作为大众传播的工具，电视媒体有责任、有义务在社会发展的各阶段向公众提供有关新闻事件的真相，发挥其社会守望功能。

现代文明国家，新闻媒介被视为社会守望者，处于全体公民据以窥视社会和自然环境、讨论公共事务的公共领域之中，具有告知、启迪、监督三大社会功能。而转型期中国电视工作者同样历史性地担负着双重职能：一是作为专业人员，在社会分工中负责冷静客观地报道重大事件和披露重要信息；二是作为知识分子，在社会分工中负责守护社会良心。① 面对日益复杂的社会现实及其出现的诸多新特点，要想成功应对各种发展问题，除了政府的身体力行以外，作为社会“公器”的新闻媒体同样负有不可推卸的责任。

危机预警功能：敏锐的媒体通过自己的理性判断可以通过新闻报道提醒社会危险的临近，从而引起社会政府管理机构的重视，及时采取对策以避免危机的爆发或者减轻危机的危害。

信息沟通功能：当社会不断发展的时候，媒体在政府与公众之间扮演着无可替代的信息沟通者的角色。如果电视媒体能够及时提供有关新闻事件全面的信息，人们就会形成对社会的正确认知，消除对于突然爆发的危机的恐惧，这对于维护转型时期的社会稳定是非常重要的。反之，各种谣言就会盛行，进而导致社会恐慌和不稳定。

情绪引导功能：有时新闻事件极大的震撼性、广泛性和危害性，不仅干扰或破坏人们习以为常的生活模式和社会秩序，而且使人产生对环境的失控和不确定感，从而破坏个体心理的安宁，引发心理危机，使之出现一系列心理、生理、行为的反应，还有可能改变人的信念、使人失去信心。在危机蔓延的时候，电视媒体既要成为信息传播的绿色通道，又要成为安抚民心的“减压阀”和“稳压器”。

舆论监督功能：“大众传播媒介是一双无处不在的眼睛，守望着世界的每个角落，为人们收集新鲜信息，引领前进的航向。它是民众的喉舌，以舆论凝聚民力，抗衡权势，激荡社会与人心。”② 社会转型的加快，公民民主化意识得到迅速增强，体现在大众传播方面就是舆论监督的作用不断增强，越来越多的人开始运用大众传播媒介来反映意见、表达利益，大众传播工具已成为公民表达利益的重要途径，成为人民参政的重要阵地。在社会转型中，电视媒体的强力监督可以促进有关部门改进工作，

① 汪丁丁．风的颜色［M］．北京：社会科学文献出版社，2002：20.

② 曾文经．传媒的魔力：领袖人物运用传媒力量纪实［M］．北京：时事出版社，2001：1.

促进社会公正，促进危机向好的方向转变。

强调客观、公正与责任感的传统新闻专业主义与新闻消费主义对立而站。在当今新媒体失守、许多地方电视台也因一味迎合受众而使电视新闻节目身陷趣味化、微观性的环境里，坚守报道与人们切身利益紧密相连的硬新闻以及理性、富有建设性的舆论监督依然很有必要。因此，媒体应把握好娱乐的“度”，不忽略新闻作为社会守望者的角色，维护并监督社会良好运转，并激发受众对公共事务的关注。事实上，无论是风险社会还是消费社会，均提示了我们媒体舆论监督的重要性以及通过理性、恰当的媒体舆论监督培育民众公民素质的现实意义。

三、电视作为内容生产方式的优势

舆论，即是公众的意见。将公众的意见汇总通过新闻媒体传达发酵，有时会出现比法律处理影响更广的效果，也因此舆论对公共生活及公共权力的监督效果十分显著。舆论监督是社会民主的重要内容，亦是公民参与国家及社会公共事务管理的一种形式。人们对舆论监督的定义一般来讲是指公民们通过传播媒介或者一定的组织形式，进行充分的意见表达、呼声和建议，随后运用形成的社会舆论压力对权利组织的活动进行监察。汤林森曾说过，“大众媒介正以平稳而快速的步调扩张其技术能力，在西方社会当中，它们对于公私领域的生活、夹其渗透、报道及再现的能力，已经具备非凡的影响效果”①。与其他的大众传媒相比，电视是大众传播媒介中发展比较完善的媒介，其传播特性的形成是植根于它所作用的物质条件及其传播活动的独特方式。总的来说，主要有以下几点：

直观性：随着电子声像技术的完善，电视传播活动从摄录各类素材到编播、传输、覆盖和接收各个环节都具有越来越高的保真度和传真力。

即时性：电视具有较强的时效性，可以在同一时间内实现“信息源→编码→发送→接收”的全过程，从而实现超越时空界限的即时传播。

综合性：电视节目量大，品种丰富，题材广泛，表现形式多样，大大超越了其他大众传播媒介传播的范围，具有很强的兼容性和综合性。

定期性：电视传播是依据时间顺序连续进行的，因此，传播者就需要进行合理地筹划、编排，使得频道、栏目的设置与编排满足观众的需求。

互动性：电视传播者与接受者双方在传、受过程中显现出不同于人们接受报刊、广播时的心理感受与行为方式，在新媒体时代正在依靠其他媒体的力量努力形成一种独特的互动关系。

---

① ［英］汤林森．文化帝国主义［M］．上海：上海人民出版社，1999：45.

20世纪30年代，德国哲学家海德格尔就已预言：世界即将进入“图像时代”，今天电视媒介已经成为社会普遍的“文化景观”，并演化为“视觉文化”大家庭中不可或缺的一员。所谓视觉文化，是指视觉因素，即形象或影像的呈现和组合转换成为文化的主导表现形态和内容，这种文化强调视觉快感，专注于感性的愉悦，电影、电视、广告、摄影、印刷物的插图，等等，都表明人类越来越生活在一个图像化、直观化、影像化的文化情景中。[①]而电视舆论监督方面的优势就来源于电视独有的媒体特性，在视觉文化的背景下，电视舆论监督的现场感、交流感、证据力以及视觉冲击力都更为鲜明。

记录真实情况：电视媒体在传播消息的过程中，画面可以记录真实场景，情节主要是按照时间上的线型顺序展开，这种不断深入的调查过程，尤其适合于揭露社会现状，层层揭露的叙述手法也比较满足观众急切了解事实真相的心理状态。

评论引导舆论：声画同步是电视节目的特点，通过形象的画面提供真实的素材，具有张力的声音能够扩宽观众思维想象的空间，电视在转播过程中能让观众感受到一种身临其境的情景再现。电视新闻媒体最关注的就是对信息的表达，通过这些表达方式的转换，以及电视评论员的语音语调的变化情况，能够让整个新闻播放得更加鲜活，即使是平民化的语言，专业的播音主持也能让观看的过程更加享受，这样监督和导向作用就更加具有影响力度。

体现官方态度：人类的内心深处都具有渴望知情权与沟通权的心理欲望，我国电视作为主流媒体在传播过程中所体现的权威性，可以在大众传播的基础之上强化群体传播的致信因素。我国电视媒体可以通过媒体和政府的紧密合作为切入点，用更强的仪式感使观众更便于接受信息，它所体现出的参与性、正式感和权威性都说明其充分发挥了群体传播的说服作用。

实现资源的深挖：电视媒体通过画面和声音双层渠道传播的特性，使消息的内容更容易被大家关注与接受，电视媒体作为传统媒体，仍具有强有力的公信度和群众基础，传播过程更加直观和普遍。而且所以在描述事件或消息的过程中还能传达很多潜在和深层次的信息，能够引发观众的思考和共鸣，声音与画面的结合以及准确的剪辑与切换，能够让观众产生更深刻的认识。

在新媒体语境下，电视媒体的优势包括受众面广、实证性强，而且

---

① ［美］尼古拉·米尔左夫．什么是视觉文化［J］．文化研究，2003（3）．

能够对很多社会上的不正之风以及腐败现象进行及时有效的揭露，因此，电视媒体在舆论监督中仍具有重要作用，有着不可替代的社会影响力。首先，解决问题更加方便快捷。电视新闻媒体的报道工作，往往会对民众最关心的热点和难点问题进行发掘、梳理和记录，不仅在电视上将新闻事件进行播出，有时还会向相关部门及时反馈，切实解决市民面临的问题，对热点或重点问题会持续进行跟踪报道。新闻热线基本是全天开通，通过对问题的及时反馈来最大限度地化解社会矛盾。其次，提供决策依据给政府。政府在制定决策的时候不仅要依靠科学理论依据，还需要充分进行事实调查，这样才能够确保决策者在基于大量事实的基础上做到掌控全局并做出科学的决策。真实是新闻的生命，电视语言更要求用事实说话，全面而客观的新闻调查是电视在报道过程中的首要工作。如此一来，直观的电视语言才拥有了强大震慑力度的根基，并能够进一步在社会内形成广泛的舆论压力，推动政府工作的改进。例如，浙江卫视的《今日聚焦》栏目以连续集中曝光各地涉及“三改一拆”、“五水共治”的典型违法问题，聚焦政府职能部门不担当、不作为、不落实等作风问题，深入调查和简短有力的点评相结合，对违法行为给予了极大的震慑，积极发挥主流媒体服务省委省政府中心工作作用，有力地促进了省委省政府重大决策的贯彻落实。

表5–1　浙江卫视《今日聚焦》栏目40–54期的选题

期号	题目	播出时间
40	嘉善：洪溪污水处理公司超标排放污染红旗塘	2015年4月1日
41	宁波江北区：五婆湖水库惊现一批违建别墅	2015年4月2日
42	新昌：村干部非法占地违建两处经营项目	2015年4月3日
43	义乌：多处违法建筑只作象征性拆除	2015年4月6日
44	苍南：非法塑料回收点集聚严重污染村庄环境	2015年4月7日
45	杭州上城区：公园管理用房被出租商用新增13处违建	2015年4月8日
46	兰溪：每天万吨超标污水由浒溪排入兰江	2015年4月9日
47	诸暨：店口镇四家电镀企业仍在违规生产	2015年4月10日
48	磐安：五丈岩水库边违建两处农家乐项目	2015年4月13日
49	温州龙湾区：省重点建设项目已批八年未落地	2015年4月14日
50	湖州南浔区：多重因素致下昂市河污染加剧	2015年4月15日
51	宁波东钱湖：占用集体土地违建休闲度假场所	2015年4月16日
52	杭州江干区：非法印染作坊向京杭大运河偷排废水	2015年4月17日
53	永康：原村干部占用耕地多次违建厂房	2015年4月20日
54	宁波江北区：铁路沿线废旧物品堆积破坏景观	2015年4月21日

第2节 内外因素圈禁发展空间

尼尔·波兹曼认为，报纸、书籍等印刷媒介是由文字构成的，这种抽象的符号要求人类在阅读时必须进行开展理性的思考，而电视却与其背道而驰。时时处于动态之中的图像及声音使受众无法思考，因为思考会影响观看。波兹曼同时指出，每种技术都有一定的内在的偏向，电视属于娱乐的媒介，报纸属于严肃的媒介。电视的声像形式最易于娱乐，把人们带入一个追求感官刺激的“感性时代”，人们的“文化生活”不经过大量的大脑思考，只是满足视觉和听觉的需要。① 当娱乐精神成为电视文化的精髓，不管是政治、经济、宗教、教育等多么严肃的话题，这种倾向都会影响受众对新闻的理解。人类不应当被电视文化的表面辉煌遮蔽，这一有可能会蚕食人类灵魂与肉体的“文化沙漠”值得警觉，而电视作为娱乐的媒介也会为舆论监督带来相应的问题。

一、体制内的约束

新闻作为一种社会生产活动，正如社会学家塔奇曼所言，“新闻是人们了解世界的窗口”，“窗口展示的视野取决于窗口的大小、窗格的多少、窗玻璃的明暗以及窗户的朝向是迎着街面还是对着后院”②。这个形象的比喻说明新闻是按照一定的政治、社会标准“制造”出来的，媒介组织在新闻制作与传播过程中，受制于诸多束缚。批评性报道是我国电视台进行舆论监督的主要形式之一，在节目的制播过程中其最直接的“把关人”分别是记者—编辑—部门主任—总监等。在我国当前的传媒体制中，所谓“把关的标准”既来自于这层层把关人的主观认识，政治、经济、社会等外部环境的制约作用更加明显。在实际工作中，个人的主观偏向大多会服从于媒介组织，换言之，即是记者编辑个人对新闻价值的判断需服从电视媒介组织的标准与要求，电视批评性报道也须同时兼顾来自政治、社会、经济等外部环境的压力。我国电视新闻媒体属于社会事业单位，还要进行企业运作，既要依附于政府，又要受市场和经济的多重约束，如此一来在制播的把关过程中，电视媒体需要兼顾社会责任、政府影响、行业利益、自身生存等诸多因素，也正是这些因素会直接影响把关

---

① ［美］尼尔·波兹曼．娱乐至死［M］．南宁：广西师范大学出版社，2004：11.

② 芮必峰．政府、市场、媒体及其他［D］．复旦大学，2009.

的质量。

目前我国正处于历史性变革之中，改革进入深水区，存在大量违法乱纪行为及不正之风，深层次的各种社会矛盾呈现胶着状态。因此，新闻媒体应担任好社会“瞭望哨”的角色，加强舆论监督仍责任重大。电视媒体凭借其直观、形象的符号信息，对黑幕的曝光会给观众强烈的视觉冲击力，进而引起轰动的社会舆情反应，对相关部门组织形成强大的舆论压力。也因如此，一些监督力度较强的电视栏目因“会给当地政绩抹黑”“影响社会安定”等借口被相关利益集团阻挠，在开播一段时间后便偃旗息鼓了。另外，舆论监督类电视新闻节目，由于要进行长期深入的实地调查，往往需要专门的人员、设备，制作成本较高，再加上制作完成的节目不一定能够播出，更加提高了成本。而在电视台追求收视率，实行“末位淘汰制”的情况下，此类新闻节目由于收视率无法和娱乐类节目相比，收视率和随之而来的广告收益往往都不高，所以很多电视台不愿意制作此类节目。

二、娱乐化的冲击

新闻娱乐化是指在新闻传播过程中，新闻报道过于追求趣味性、吸引力和人情味因素，在新闻题材上片面注重软新闻或追求硬新闻的软化，在新闻表现上过分强调故事化、戏剧化。这种新闻娱乐化倾向，必然导致其公信力下降。中国人民大学喻国明教授曾经说过：媒体“要平衡社会情绪，提示社会最重要的东西，它和受众之间是‘诤友’、‘益友’和‘挚友’，而不是‘酒友’、‘腻友’和‘狎友’”[①]。人类有一种“凑热闹”的本能心理，媒体不能未经审视就助长受众的这一心理，面对猎奇心理，媒体更应培养公众的理性观察与冷静思考能力。

在电视舆论监督节目中也存在娱乐化的倾向，一些舆论监督的报道为满足公众的好奇心或吸引眼球，传播与公众利益毫不相关的内容。例如在报道暴力犯罪的事件中，“妻子被强暴，丈夫躲一边落泪”等标题赫然出现，报道中更是以故事化的情节讲述犯罪全过程。使得在报道播出后，对施暴者不良行为的批判寥寥无几，很大一部分人群则倾向于指责受害人丈夫的懦弱。这样，不但没有起到新闻舆论监督的正面导向作用，反而让新闻事件中的受害者遭遇被当作故事围观。又如“某某官员遭情妇举报被免”等反腐报道，利用大量篇幅描述官员的生活丑闻，用夺人眼球的标题转移了受众的视线。然而却忽视了贪腐对人民群众公共利益

① 黄彦娜．新闻娱乐化现象浅析［J］．新闻爱好者，2013（4）：26.

的巨大危害，舆论监督的作用未得到有效发挥。

娱乐化色彩偏重的电视舆论监督节目重解气而非解惑，常常导致深度及建设性不够。有些节目就事论事，只从表面现象上关注，不深度挖掘根本的因果关系。例如长久以来电视节目对“老人摔倒扶与不扶”的探讨，大多仅从道德的层面加以分析，而没有从法律、制度等更深层面进行探讨和引导，没有触及问题的根本，使得观众看完节目后，再遇到类似事件，仍然不知道应该如何处理。

电视媒体舆论监督的娱乐化倾向，导致报道内容的部分失真、有损公众的知情权，传播内容的低俗化倾向，亦会使观众产生反感情绪。长此以往，使受众对媒介舆论监督功能的期望得不到满足，削弱了监督的力度，给媒体自身、监督对象以及公众带来负效应和消极影响，从而直接导致媒介的公信力下降。

三、底层化的倾向

在我国，央视的《焦点访谈》是电视新闻舆论监督的开路先锋，在创办初期阶段，新闻舆论监督类节目的比重相当高，最高年份曾经达到全年节目播出总量的70%。一些节目单刀直入，曝光事件淋漓尽致，分析弊病入木三分，解决问题立竿见影，深受广大观众称道。

早在1998年，时任国务院总理的朱镕基先生在央视视察《焦点访谈》时，欣然提笔写下了“舆论监督，群众喉舌，政府镜鉴，改革尖兵”这十六个大字。此后，新闻人一直将这四句箴言作为践行舆论监督的宗旨。然而在2011年，当主持人敬一丹谈起《焦点访谈》为何锋芒不再的原因时，她坦言“我们不仅要面对黑暗的现象，还要背对着被触及的利益集团”，使得这档一度被赞誉为“焦青天”的品牌栏目，失掉了其初创期的凌厉风格，如今在节目中属于舆论监督的选题下降到20%左右。[①] 在具体的节目中，常常用“某些”“某人”等含糊其辞的字句带过，而不将矛头明确指出，故虽批判的言辞足够激烈，但所指目标不够明确，由此弱化了电视舆论监督强有力的威慑作用。更有甚者，出于对监督对象的胆怯心理，在大肆叙述其业绩后才轻描淡写地提出问题，在表达观点时显得言不由衷。据统计数据表明，2014年，《焦点访谈》共播出257期节目，其中舆论监督类节目仅占25.7%，共66期；《经济半小时》共播出236期，其中新闻舆论监督类节目占总数的26.7%，有63期；而《每周质量报告》

---

① 黄昭文．新媒体环境下电视舆论监督策略探析新［J］．青年记者，2013（29）：9.

共播出39期，其中新闻舆论监督类节目25期，约占总数的64.1%。[①]新闻舆论监督类内容比重下降，呈现力度小、影响力弱的趋势。

舆论监督对象是指对掌握主要社会资源的有关权力部门及人群，包括国家权力部门及其工作人员和其他社会团体、机构、公众人物等。然而，由于现行新闻体制受行政、地域等诸多制约，舆论监督对象出现“区域化”，“底层化”倾向。不少地方电视台的媒体机构由于对舆论监督的风险性存有顾虑，因而只同级或所属下级的行政部门或仅限于当地管辖范围的进行监督，从不跨地越位使“只见拍苍蝇，罕见打老虎”成了常态。

伴随网络舆论监督的日渐兴盛，民众对电视舆论监督效果越来越失望，电视媒体的内在缺陷也日益凸显。“舆论监督应该是监督一切权力，而监督重点是权力组织和决策人物，如果电视舆论监督只盯着低层级的机构及人员进行监督，却对高层级机构及其人员的违法违纪违规行为视而不见，其社会公信力与公众认同感下降是其必然结果。”[②]相较于传统媒体，近两年网络等新兴媒体主动出击，不仅敢于在“打老虎”等重大反腐话题的风口浪尖进行监督，很多时候还会行使事前监督权，电视舆论监督的力度在新媒体的强势挑战下相形见绌。

四、沟通机制不畅

罗伯特·希斯说：“在危机管理中，沟通是最重要的工具。”[③]有学者对沟通定义做了较为全面的概括，认为主要体现在以下六个方面。其一，认为沟通是一种信息的共享活动；其二，认为沟通是一种通过信息的交流以达到影响他人行为的活动；其三，认为沟通就是一种信息、思想、情感的交流过程；其四，认为沟通是组织的私结剂；其五，认为沟通是传递信息并被理解的过程；其六，认为沟通是一个系统的范畴，是信息流动“过程的集合体”，是组织有机体的生命线。[④]简而言之，沟通是人与人之间、人与社会之间，通过有意义的符号进行信息传递、信息接收或信息反馈的总称，沟通的内容是信息，目的是传递信息，从而实现期望，构建关系。现在一些电视舆论监督节目为曝光问题而曝光，并不着力于推动问题的解决，也不搭建官民互动的平台，客观上导致有的硬监督节目加重了民众与政府之间的隔阂与对立，未能起到沟通官民关系的作用。

---

① 卢欣．2014电视新闻舆论监督——以央视的新闻舆论监督节目为例［J］．科技传播，2015（1）：15.

② 李峰．我国新闻舆论监督现存问题与对策研究［D］．东北大学，2006.

③ 畅铁民．企业危机管理［M］．北京：科学出版社，2004：220.

④ 袁明旭：论公共危机沟通的特点与功能［J］．民族高等教育研究，2007（6）：2.

"公共领域的最核心含义，是独立于国家政治权力并介于国家与社会之间的公共交往和公众舆论，它既监督制约国家政治权力，同时又为政治权威提供合法性基础。就此而言，在当今中国社会发展壮大公共领域就显得十分有必要。"[①] 德国哲学家哈贝马斯把"市民社会"分为私人领域与公共领域两部分，前者指随着市场经济的发展而形成的独立于政治国家的"私人自主领域"，而后者则包括教会、文化团体、市民论坛、传媒等。公共领域实为社会文化交往领域，是社会成员以公民身份介入政治生活的民主公共论坛。[②] 应该说，传媒在公共领域建构方面作用巨大，也责任重大。

电视媒体在当今意欲构建公共领域，需要发挥好政府和民众之间的协调作用。然而，当今的电视舆论监督节目对官民协调作用的发挥却有所缺失，主要体现为电视媒体未给各方均衡说话、相互交流的机会。此外，只注重曝光，而不跟踪问题的解决情况，也是导致政府与民众的分歧没有得到彻底解决的原因。节目需增强解决问题的实际作用、不流于形式，将责任落实与监察机制紧密结合。

五、时效性的滞后

随着新媒体语境的拓展，网络在近两年的舆论监督过程中实时跟进事态发展，从新闻线索的发现、跟进事件的发展到推动事情的解决，每一步都起着举足轻重的作用。例如 2013 年 6 月，发生在陕西延安的"城管爆踩商贩头部"的事件，最初是由当时在场的一位路人将整个暴力过程用手机拍成视频并发布到微博上，一经曝光便在短时间内引发了网友的评论及转发，"暴力执法堪比黑社会"等愤慨之词的出现迅速引爆舆情。之后，央视的《焦点访谈》也详细报道了该事件，节目中播出的一些画面和事件发生过程中的重要视频片段，正是源自这位路人发布在微博上的视频。诸如其他一些征地强拆事件、警民冲突事件等，绝大多数热点事件，最初都是通过网络爆料，迅速成为民众关注议论的焦点。由于有时事发当下电视媒体并不在现场或受播出时间的制约，在电视媒体播出的报道中也会大量运用网上的视频、图片、评论等，这些相关资料大多出自非专业的民众自发上传的相片及视频，而这也正是在整个事件传播发酵过程中最关键的起点，电视等传统媒体的跟进报道与网络舆论形成合力，最终使事件得以解决。从另一角度来看，传统电视媒体依托网络

---

① 杨仁忠．公共领域论［M］．北京：人民出版社，2009：341.

② 同①，2009：166.

媒体中的素材进行报道，反映出传统媒体相对于新媒体，在整个事件的发生、发展、解决过程中应对不足，作用有限。

在当今众多网络舆论监督的热点事件中，微博和微信通过其及时、快速、交互等特征捷足先登，使得许多事件在第一时间能够得到援助、甚至追问，展示出其独领风骚的舆论强势。不同于《东方时空》、《新闻 1+1》等央视老牌的新闻评论类节目，根据其追求信息全面、注重深度解析的创办宗旨，对突发事件无法从根本上改变其“先加工、后传播”的报道方式。所以只能对已经发生的事件进行剖析和报道，而对社会发展中潜在的倾向性事件鲜有涉及，缺乏前瞻性思考，造成社会预警功能失缺，表现出思维方式的固化和迟钝。而网络舆论监督所独具的信息海量、传播快捷、透明性高、参与性强、交互方便等先天优势，能够在舆论的形成过程中，把出现的各种新情况、新问题、新变化及时地反映出来，快速地形成热点舆情。电视媒体则需更为严谨地通过质疑、甄别、制作、播出等一系列复杂工序，这就不可回避地发生了滞后现象。

电视作为传统媒体，舆论的表达方式比较单一，局限于从下到上的层级反映与单向表达，这种方式下的舆论监督不可能一步到位，上行过程中的层层过滤很可能导致信息丢失或扭曲，并且传统模式下的单向表达很难形成规模化的对话与讨论，因而降低了舆情的时效性，也延缓了监督反馈的时间。当然目前的电视媒体已经开始普遍使用微博、博客、微信、政府网站、贴吧和论坛等应用，也为舆论表达提供了新渠道，为公众的建言献策提供了新载体，为官民交心提供了新媒介，进一步开拓了舆论监督的样式，提升了政治沟通的效果。

第3节　电视问政节目的进路

百姓问政，都要通过合理合法的有效路径渠道进行民声表达和传递，到了社会沟通交流高速发展的今天，这种途径需要多样化、多元化。电视问政的真实性、权威性开辟了民主监督新形势。电视问政和责任型政府建设是彼此相互促进的双方，二者之间关系甚为密切。

电视问政的出现，增加了政府官员和老百姓直接沟通的新渠道，电视问政是民主监督的新形式，让干部更加勤政，让政府效能提速，也让干群关系更加密切。电视问政实现了舆情的传递和抵达，对反映民意、体察民情、了解民心无疑是大有裨益的。各部门不仅可以通过对问题的处理，把“为人民服务”的宗旨落到实处，有利于政府的转型、塑造政府形象，还能够借此吸取经验教训，不断改进工作方式。

一、电视问政的发展

新闻执政最早是由美国白宫的一位发言人提出。据称，从美国基层市政厅到白宫的各级领导者，都十分重视运用媒体新闻来执政，甚至总统每天在白宫召开的高层会议，讨论的主要内容之一就是今天应该发布什么新闻。可见，西方政府领导人深谙与媒体打交道的本领，他们不仅在政治选举中通过媒体赢得选票、争取民心，还努力让媒体理解、接受政府做出的大小决策，进而让媒体影响公众。在不同的时空条件下，不同政治立场和利益需要的人对新闻执政的理解不尽相同。而在我国，党和政府进行新闻执政有着得天独厚的优势。它指的是政府与媒体打交道的能力，包括对媒体资源的管理驾驭能力、宣传创新能力、舆论引导能力等。事实上，执政党因其执政地位，拥有较丰富的执政资源。其中，新闻媒体作为传播意识形态的主要工具，是一个国家的软资源、软力量。传媒在政治生活中的能动作用日益增长，不断提升的影响力渗透到政治的各个方面，政治的生存方式和运行逻辑在很大程度上受到传媒的约束和牵制。新闻媒体成为执政党治国理政过程中不可小觑的特殊资源。电视问政即通过电视传播手段，让政府主动对接百姓，促进社会热点问题解决，有人称之为“时政访谈互动电视”、“政民对话类谈话节目”。与其他问政形式相比，电视问政最大的特点同时也是最大的优势在于，在同一时间维度和空间纬度中构建了政府、媒体和公众三方面对面的对话空间，尤其是官员们公开露面、零距离的直面公众接受义正词严的“拷问”，政府和官员都要面临和接受更多更严峻的考验。电视问政是我国政治民主化进程中政府不断探索、创新问政形式以期更好的问政于民的产物，不仅问出了问题，还问出了承诺，问出了思路，问出了信心，问出了责任。在满足公民参政议政、检验政府官员的执政能力和推动政府转变工作作风等方面都具有重要的积极意义。

其一，电视问政是进步。

执政为民、为人民服务是我国政府工作的根本宗旨，长期以来，干群关系之所以存在紧张现象，一来是部分政府官员从未真正走进基层，走入群众，了解民间疾苦，而是高高在上、颐指气使，让群众反感；二来是因为老百姓的民主权利不能完全落到实处，虽然改革开放后，随着西方民主思潮的入侵和影响，我国政府的行政观念已经逐渐开化，但是由于几千年“官为本”思想根深蒂固的腐化，老百姓还是面临门难进、脸难看、事难办的尴尬局面。电视问政节目让社会公众通过电视、互联网与官员直接互动，实现了权力向上级部门负责，更向老百姓负责的局面。

主持人单刀直入的询问、民众代表毫不留情的质疑和官员的尴尬，使节目收效良好。电视问政的核心是通过曝光问题来推动政府的工作落实。从 2014 年 3 月份至 2014 年年底，南宁市《向人民承诺——电视问政》已经举办了 14 期直播节目。截至目前，节目组共收到市民问题反馈 3000 多个，直播期间接到热线电话 700 多个，节目中曝光的 40 多个方面 90 多个问题全部得到整改落实。在发现问题后，南宁市纪委也对在节目中发现履职不力的 67 人实行了问责。石嘴山首期电视问政在石嘴山电视台与石嘴山新闻网全程同步直播后，迅速引发了各界关注和观看热潮，访问石嘴山网《电视问政》专题视频的网民达到 25000 人，参与石嘴山网微博“石嘴山电视问政”话题的互动网民达 10000 余人次。

其二，暗访偷拍成利器。

电视问政节目现场，一般首先播放暗访短片，曝光侵害群众切身利益的人或事。武汉广播电视总台于 6 月 26 日《电视问政》活动中聚焦群众最为关注的小餐饮规范管理问题。在直播现场，首先播放了由媒体充当督战队、对整改情况进行检查监督的暗访短片。随后，小餐饮管与城管“两重天”、消毒餐具难放心、高校周边美食街脏乱差等个个尖锐问题直逼台上官员。武汉市食药监局局长杨泽发现场随即承诺将坚决予以查处，直言这是对其工作的鞭策。

其三，倒逼作风转变。

电视问政“拷问”着领导干部的群众观念和责任意识，倒逼官员在施政过程中主动作为。干部本应贯彻落实全心全意为人民服务的宗旨，但实际上却存在着一些干部在上级面前卑躬屈膝、谨言慎行；在群众面前威风凛凛、姿态高傲。这种阳奉阴违的差异，损害的是干部形象，影响的是干部威信，破坏的是干群和谐。电视问政期间，接受问政的领导干部面对各式各样负面信息和尖锐问题、矛盾，“脸红出汗”之后必须当场表态，主动承担，给出让群众满意的办法或方案，其中说得最多的一句话就是“马上就办”。有窘态，说明有力度，有实效。看到领导干部在摄像机前被“拷问”得汗如雨下，民众大呼过瘾，监督部门深感欣慰，社会舆论赞声一片。电视问政真抓实干的制度常态，不少一把手都不约而同地被“问出一身汗”，惊醒政府各部门在日常工作中，对待工作和群众的事情就要像在直播现场被问政时承诺的那样，马上办、尽心办、全力办，增强责任意识和服务意识，提高政府公信力。电视问政的出现无疑为治理政府一些部门庸、懒、散的状况找到了一条切实可行、立竿见影的道路。

二、实践带来了反响

我国的电视问政节目起步比较早。早在2002年郑州电视台就举办了一档《周末面对面》电视问政性质类的节目，随后，武汉、兰州、西宁、长沙等地也零零星星创办过该类节目，武汉电视台更是掀起电视问政节目的高潮。但之后的十余年，电视问政节目几乎销声匿迹，淡出屏幕。随着西方民主意识的渗透和影响，我国社会公众参政议政意识逐渐提高，近两年，电视问政不仅在湖北荆州、宁夏银川、湖北咸宁、浙江温州、河南洛阳、广西南宁等城市纷纷展开，还呈现出向县级市、县扩散的趋势，大有东山再起之势。尽管电视问政在全国各地日渐升温，但还没有能够产生较为广泛且深刻的影响力。电视问政尚未成为常态化、制度化的问政形式。与网络等炙手可热的新兴问政形式相比，电视作为最传统的问政媒介，应该被更广泛地接受与推广，但我国电视问政一直以来发展得不温不火。

其一，武汉电视问政产生影响。

我国电视问政节目始于郑州电视台，却是被武汉电视台推而广之并在全国产生意义深远的影响。2007年，武汉电视台《百姓连线》节目就邀请市职能部门领导与行业评判代表、市民面对面进行互动，2009年又推出"区长百姓面对面"节目，2011年节目更名为《电视问政》。2012年6月26日武汉市纠风办和市广播电视总台于6月26日至7月4日联合举办了以"治庸问责，优化环境"为主旨的5场电视问政活动。活动分别以"尽职保安全、管理保秩序、责任促成效、规范促和谐、发展惠民生"为主题，邀请相关承诺单位负责人通过电视直播的形式，集中接受市民代表和特约评论员的提问与评议。从2012年起，《电视问政》节目从以往每年一次扩充到上、下半年各举行一次，在社会各界产生了巨大的反响，

其二，温州电视问政亮点突出。

从2010年开始，为进一步营造"大干快上、比学赶超、奋勇争先、进级升位"的工作氛围，温州市委市政府在市直单位开展"互学互比"活动。在市委书记陈德荣的一手推动下，"互学互比"活动以电视问政的方式呈现出来，一发而不可收。2010年到2013年年初由温州电视台、温州人民广播电台、温州新闻网同步直播的政府年终述职会从19个增加到103个，述职单位越来越多，其影响力也越来越大。

温州电视问政的最大亮点就是将电视问政成绩应用进考核成绩。陈德荣在接受央视记者采访时谈道："如果考核结果不运用，就等于没有

考核，不能够奖优罚劣，那考核就相当于形同虚设。”这也是温州电视问政最具特色的地方。电视问政年度大考的成绩占这些一把手年度考核的 40%，排名末位将被淘汰，直接关系到这些一把手的“乌纱帽”；部门如在考核中连续几年优秀，在今后任用提拔中该部门领导将被优先考虑。考核评估是引导政府及其职能部门人员树立正确价值导向、尽职尽责做好每一项工作的重要制度。电视直播让公众打分，让公众评估政府行为，不仅公开化，而且真实化。

其三，南宁电视问政得到肯定。

为了更好地发挥媒体监督作用，促进各级各部门各单位践行党的群众路线，改进作风，2014 年 3 月，南宁市将原来的每周录播节目《政风行风面对面》升级改版为《向人民承诺——电视问政》直播节目。节目围绕市委、市政府重大决策部署，紧扣群众关注的作风建设、城市建设管理等开展问政，充分利用各种媒体有效宣传手段搭建“百姓参与、百姓评说、百姓监督”的政民互动问政平台，创新了“三方对话、同台应答”的问政直播、现场承诺模式。节目开播以来，得到了人民日报、新华社、中央人民广播电台以及自治区和各大门户网站纷纷正面聚焦报道，中央纪委专题片《作风建设永远在路上》高度评价南宁市以“电视问政”活动促进干部作风大转变的有效做法。

三、节目存在一定不足

与其他传统媒体和时下流行的网络问政相比，电视问政的组织化程度更高，具有直接、直观、直白的特点，参与者具有政府的权威性和群众的代表性，内容具有紧贴民生生活的公共性和公益性，形式具有电视互动的生动性和新颖性。电视问政是一个应运时代而生的新的社会通气阀，可以促进政府高效、实效的落实责任，缓解当下官民之间的矛盾。但是，作为一种新兴的问政形式与报道模式，它也存在一定的缺失。

其一，电视问政难以深入。

电视问政节目通过群众反映问题，记者走访调查，收集挖掘一些群众反映的、关心、关注的社会热点、难点问题，通过发动广大群众积极参与，直面政府各部门工作缺失，现场问政，打造一场公开透明、百姓全程亲身参与并发挥主要作用的官员“考场”，试图通过这种方式达到治庸问责，奖优罚劣，切实为人民服务、对人民负责的目的。但是，在问政现场经常见到的是“一团和气”的评议，问政代表提出的问题无非是寻常人家的“民生政治”问题，例如南宁电视台《向人民承诺——电视问政》首期节目聚焦市容整洁、环境质量、城市绿化美化等问题；在全国最有影响力的武汉电视问政，也不过是问服务、问管理、问环境等浅层问题，难以触及更为重大、敏感或更深层的实际问题，现场评论虽然尖锐深刻，偶尔也能让被问政官员不知所措，如坐针毡，但问政问责的深度、广度和实效性都受到了制约。

其二，电视问政成为秀场。

2013 年中国青年社会调查中心通过民意中国网和搜狐新闻客户端，对 4777 人进行一项题为“电视问政是监督形式还是作秀”的在线调查显示，34.1% 的受访者平日会关注电视问政节目，24.4% 的受访者对电视问政的积极作用给予肯定，也有 35.8% 的受访者直言电视问政只是政府官员的“秀场”，没有实际意义。曾因食品问题，武汉市食药监局局长杨泽发在问政现场鞠了个躬，之后被中央电视台播了 17 遍。这不得不让人质疑部分政府官员是否为了提高收视率或博得政治同情而演出的一场“政治秀”。在直播现场，部分官员“打官腔”“说空话”的情形也不鲜见。海口吉兴雅苑小区 100 多户业未办理房产证，奔走忙碌了八年，虽然前期已克服重重困难，完成了十余个相关部门的审批，但想要一张房产证却难于上青天。海口市住房和城乡建设局局长李运文在问政现场面对现场数十位业主当场表态：“在走完相关法律程序之后，承诺吉兴雅苑居民 7 个工作日内办完相关房产证手续。”如此官方的承诺，业主们不买账也是情理之中。

随着问政时间的推移，部分官员似乎已经适应甚至熟稔如何面对镜头，从刚开始的不知所措到逐渐驾轻就熟地应付公众和媒体，无论什么言辞犀利的正面的问题，他们总会以放低姿态为模式，以致歉、承诺为套路轻而易举的化解。

其三，电视问政时冷时热。

电视问政因其独特的优越性，曾在各大地方电视台掀起收视狂潮，因犀利热辣而迅速引发关注，但多数都只是昙花一现。电视问政尽管已在我国多个地区开展，但空间分布不密集。多以地市级电视台为主，省级卫视频道较少涉及，目前正呈现出向县级电视台扩展的趋势。可就全国来说总数并不多，而就某一个省市区来说，就更屈指可数了。2012 年自河南省洛阳市开展电视问政以来，周口市、沈丘县也先后采用此种方式扩大政府行政民主，方便群众参政议政，可“一阵热浪”过后，再无人问津。问政的频率次数有限，多数地方电视台一般是一周一问、一月一问甚至一季一问，且有些问政时间不固定，难以形成常态化的问政模式和监督形式。此外，电视问政从本质上来说还是一场政府由上而下推行的政治活动，如果没有更高层权力的支持，或者是政府高领导层官员的变更，电视问政或许难以维持。安徽省《对话江淮》仅仅播出六天就停播了，石嘴山电视问政节目是一部只有四集的掀起短暂收视狂潮的“热播剧”，而且还是一季度才播一集的“季播剧”。这类的电视问政只是为监督无尽期，问政进行时。没有以点带面的机制，没有以点带面的工作，监督无法形成长效。

其四，缺乏后续监督机制。

节目结束之后及时跟踪、追问、回访是必需的，规范的事后监督机制是保证电视问政效果的关键，没有这种规范，问政电视直播容易成为一句空话。就目前来说，由于缺乏有效的问责和监督机制，多地的电视问政节目止于让官员“脸红出汗”，停留在让官员在问政现场遇到诘问时首先低头认错，接着表示重视解决，承诺立即改、马上办的固定流程中，下了电视之后原来存在的问题依然存在，没有得到解决，官员在现场口口声声的“高度重视”“马上就办”成了兑现不了的“空头支票”，问政之后依然不见行动，没有回音。2013 年某地的电视问政中，该地干部针对百姓反映的农村饮水安全问题，当即承诺“一个月内解决”，下了电视却迟迟诺而不践。电视问政的高调承诺，低调办理，应付了事、大事化小小事化了的态度，造成了政府的问题“落实危机”。电视问政不能为问政而问政，归根结底是要解决问题。问政后，日常监督的缺位造成了“整改一阵风，落实一场空”的尴尬局面。换言之，要坚决治庸问责、尽快解决电视问政节目中所反映的问题，光靠几期节目远远不够，还要有长效机制来切实保障落实执行。唯有建立相应的制度，电视问政的范围才能扩大到整个体制中不同层级的官员，并长久地发挥监督作用。

第4节　电视问政亟待与社会发展相适

电视问政不应该是临时起意或朝令夕改的，它应该成为一种固定化的问政模式，这样才能让电视问政节目在现如今问政机制尚未完善的情况下督促政府改进办事作风，促进责任型政府的构建。

在美国电视界，星期日上午的谈话节目有着特殊地位，在政治新闻类节目中它若自认第二，没人敢认第一，是每个主要电视台的龙头节目。这些节目主要包括 NBC 的《与新闻界对话》、ABC 的《这一周》和 CBS 的《面向全国》。近年来，CNN《国情咨文》、FNC 的《福克斯周日新闻》也广受关注。这些节目最大的亮点是嘉宾众多，主持人也都是全美新闻界的标杆性人物。美国的电视问政一般都紧扣热点，在波士顿爆炸案、旧金山韩亚航空空难等社会热点事件发生期间，美国相关机构的“一把手”

都在第一时间接受采访与问责，通报最新进展；在政府方面有重大举措或面临重大问题时，这些节目往往就会有大量政府官员的面孔，例如白宫办公厅主任丹尼斯·麦克多诺、国务卿约翰·克里等。且先不论这些政府官员在节目中讲话是否坦诚，他们都为美国民众和舆论监督提供了一个监督政府的机会，让民众得以更多地参与和了解政策过程，督促政府的决策与行动；同时，政府和政治家也得到了与民众和新闻界沟通的机会，直接阐述自己的观点，为政策行动争取支持。

英国广播电视公司和天空电视台等主要电视媒体，经常就涉及国计民生、政府运作和公众关心的热点问题采访各级官员。除了在下议院每周三有固定的首相问答时间，英国首相、外交大臣、财政大臣和国防大臣等最高级别官员也会时常现身电视，接受媒体、公众就重大问题提出的质询。这种针对官员的质询通常被认为是“双赢”的。一方面，对于媒体和公众来说，不但能够直接听到政府负责人解释其在重要问题上的立场和针对这些问题的思考，从而消除民众心中的疑问和忧虑，也能够针对现实存在的问题提出质疑和批评；另一方面，对于政府和官员来说，电视问政是向普通民众传递信息最直接有效的方式之一。因此英国官员不仅仅将接受媒体、公众质询当作是一项义务，而且乐于积极利用媒体进行宣传。正是由于电视问政的存在，拉近了政府和公众的距离，帮助民众了解他们关心的问题，督促政府官员严肃对待公职工作，因此在英国社会得到人们广泛接受和认同，也使其成为电视新闻不可缺少的内容之一。

在法国，从总统到省长市长各级官员，经常需要面对电视媒体的各种采访和提问。在电视镜头面前表现得好坏，对于官员的政治生涯有不小的影响。在法国有很大影响的24小时新闻电视台BFMTV有个早间新闻访谈节目。法国主要政治人物，如国民议会会长、外交部部长、内政部部长、政府发言人，以及主要政党领袖，或者是当前热点新闻事件的主要当事人，经常在这个节目上露面。法国社会面临的一些重大和热点问题，都能够在这个节目中得到体现和反映。主持人让·雅克·布尔丹在半小时的直播访谈节目中，常常气势汹汹地向被采访者提出各种问题，有时甚至问道被采访者语塞。奥朗德当选法国总统后，承诺要每半年举行一次大型记者会，全面解释内外政策，回答法国人的关切。在一场两个多小时的记者会中，奥朗德总统回答了到场记者的几十个问题，从解决失业问题，谈到振兴企业的国际竞争力，以及与中国的经济贸易关系。记者的有些问题触及政府工作的薄弱环节和历史积弊，非常尖锐。法国政治分析家认为，作为公众人物，除了要会“做”以外，还需要会“说”，利用公共媒体传播政治见解，与民众形成良性互动。

自2010年微博开始井喷式的发展，不仅成为继网络论坛、博客、新闻跟帖之后最强大的网络舆论载体，也因此成为网络问政备受追捧的新渠道。从中央到地方，越来越多的政府机构和官员开通微博，探索官民互动网络新模式。官方政务微博无论在数量、覆盖面、应用方式和影响力方面，都呈现高速发展的态势。在新浪微博中，全国共有22个省级政府开通了官方微博，以各级政府、部门名义注册的政务微博总数突破6万个，覆盖公安、工商税务、交通、旅游、团委、医疗卫生等各个领域。无论从内容发布、语言风格还是互动形式上，政务微博都在不断探索，努力契合网络传播特点，并通过开展微访谈、微博直播、微博新闻发布会等活动，实现与网民的近距离互动交流。“平安北京”新浪微博粉丝已突破460万。无论从活跃度、覆盖而、传播力、互动性各方面来看，“平安北京”的影响力在全国公安微博中都名列前茅。以公安部打拐办主任陈士渠为代表的一批官员还开设了个人实名微博。陈士渠也因活跃度高，且微博与业务工作紧密结合，成为官员微博问政的典范。如今，他在新浪微博上已累计发布消息5000多条，粉丝数高达325万，被广大网友誉为“打拐先锋”。

如今，随着网络的普及，网民参与网络问政的热情不断高涨，特别体现在举报、揭露政府官员腐败行为方面。有学者将这种网络监督描述为政府官员的“共景监狱”，指出“网络上的舆论监督使得人们，尤其是各级政府和官员，仿佛是置身于角斗场中央的角斗士，时刻受到全方位的关注，承受人们的各种问询和质疑”①。从2008年南京“天价烟局长”周久耕案到2009年“最牛团长夫人”于富琴遭免职，2010年广西烟草专卖局调查官员性爱日记曝光事件到2011年江苏溧阳卫生局长“微博开房”事件，再到2012年重庆官员雷政富不雅视频事件，都让人们充分见证了网络反腐的威力。由网民发起，媒体参与，到最终政府部门介入，网络反腐在官方与民间的互动中不断发展。2009年5月，最高人民检察院公布了新修订的《人民检察院举报工作规定》，明确将网络纳入举报渠道，并要求通过网络对网上举报进行答复。10月，中央纪委监察部统一开通全国纪检监察举报网站，进一步拓宽举报渠道，受理群众对违纪人员的检举控告。这些都表明了党和政府对网络反腐形式的高度重视。在推动网络反腐过程中，越来越多的政府部门和官员学会主动积极回应。对于反映情况不属实的，及时辟谣，澄清事实真相；对于反映情况属实

① 叶皓．在网络监督的常态下提高执政能力［J］．现代传播，2010（2）：3.

的，调查处理结束后，将结果尽快在网上公布。

同时，网络的强大影响力，在很大程度上也督促着司法部门的查处力度。2012 年 10 月 9 日，网友在天涯论坛发帖，爆料广州番禺城管局政委蔡彬及其家庭成员拥有 21 套房产，并详细展示了房产的详细列表，包括房屋类型及所在区域。该帖随即被新浪微博网友编发转载，引发网络围观、媒体争相报道。最终，广州市纪委免去蔡斌职务，并对其立案调查。从网友举报到停职调查，仅用了 3 天时间，成为网络反腐胜利的又一次缩影。

综上所述，在实践中，执政部门已经认识到网络问政的重要性，并努力学会运用它。但如何让其发挥实际有效的作用，这还需要一个过程，需要政府、媒体、网民三方的积极联动。尤其是政府部门更需要反思，从发达的网络平台中审视权力的制约问题、监督权力的执行问题等，争取在网络问政中有更大的作为。那么相对于网络问政来说，电视问政的桎梏在哪里呢？

一、节目公共性不足

电视问政虽然具有一定公共性旨趣，但节目性质和设置上的欠缺却限制了电视问政对公共性的实现。

其一，部分电视问政虚有其表。

电视问政是民主监督其表，权威问责其里的一种形式，依靠的是体制内的层级问责监督和主要领导人的意愿推动，核心是通过媒体曝光，由上级领导对下级问责。这种体制内的问责，天然存在一些先天不足，难免出现制度内集体包庇护短、选择性问责等缺陷。镜头前的权力运行状态和镜头下的官员工作状态，从来都是两个世界的命题。电视问政引入专家学者、网络名人、社会公众的参与，但追根究底毕竟还是一个有限度的开明政治产物。比如，哪些问题可以列入选题，哪些案例可以拿出来问，都有可能是事先在一定范围内“沟通”的结果。这样的“民主”难免让问政监督的深度、广度以及真实效果大打折扣。

其二，问政意识不够。

一方面，一些官员由于认识不深、理解不够，仍然存在惧怕、回避甚至逆反心理，不愿走进问政现场，这就导致了选题难以深入，只能停留在最表层的民生政治问题。另一方面，群众也不敢大胆发言、大胆提问、大胆质疑。受几千年中国传统官民等级思想的深刻影响，群众往往不敢发声。即使电视问政在现场直播的同时，还开通了官方微博和热线电话，鼓励市民及时互动、积极参与节目，但无论是在电视直播现场，还是其他对话渠道，民众基本只简单来表达自己的意见，丧失了应该发挥的作用。由此可见，百姓的思想意识没有改变和受限于体制内问政的模式，导致百姓还是缺乏直面官员，进言纳谏的勇气。

二、部分干部认识不到位

其一，表演意识盛行。

在一些官员看来，接受电视问政是一门“表演艺术”，甚至只是“语言艺术”，话说得漂亮，却只是说说，并没有树立责任意识。“馒头要一口一口吃，事情要一步一步来。”“我刚到这个部门不久，有些情况还不了解，我会及时向上级反映。”“看到群众这么困难，我也是睡不好觉啊。”“在此我向市民承诺，也欢迎大家监督，保证解决问题。”……这些话，既无助于问题的解决，更容易成为拖而不办的理由。在一些官员看来，只要说得正确，滴水不漏，就是上策，于是这些场面话、套路式应答就出现在了电视问政现场。电视问政虽是医治懒政的一剂有效良方，但部分官员的光说不练假把式严重打击了社会公众对政府的信心。而多次出镜似乎也让某些官员产生“耐药性”和“抗药性”，实战经验的累积，使得某些官员的心理素质形成了一道坚硬的屏障，应对技巧和“表演”水平也都有所长进。沦为“表演问政”是电视问政当前面临的一大危机。

其二，事后落实困难。

有些政府官员缺乏“马上就办”的责任心，问政之后有些部门回归不作为状态。在节目下，部分官员依旧存在严重的“官本位”思想，缺少真正的“为民情怀”，对群众反映的难题拖延、推脱。广西柳江的电视问政就曾曝光了水源污染问题，当时的一任党委书记做出“一个月内对水源污染问题进行整改”的承诺，令人遗憾的是，一个月后水源污染问题依然完全没有得到解决。这种只承诺不行动，被问政时先表态，过了关便把承诺抛之脑后，伤害了民众的朴素期待，也透支了政府形象。部分政府官员没有从思想意识上真正情系于民，电视问政“问了也白问”。

三、制度支持力度不够

电视问政一开始因其犀利热辣的方式而迅速引发关注，不过很少能有坚持下去的，多数只是昙花一现，难以常态化。电视问政是政府举办、让群众质疑政府的节目，归根究底还是依靠政府的力量来维持和延续，一旦政府不继续支持和推进，电视问政就只好“半路夭折”。就目前而言，浙江丽水的《问政进行时》，政府支持是电视问政节目得以持续的关键；

在全国比较有影响的武汉电视台的《电视问政》也是因为武汉市委、市政府的大力支持才能发展起来。过分依赖于政府，是电视问政的最大弊端。电视问政的大投入、高成本，也使得这种问责形式难以常态化。每个地方电视台的每一期电视问政节目，前期要做大量的宣传工作，动员市民参与热情，拍摄中需要的拍摄仪器和邀请评议员、嘉宾都是不少的花费。电视问政的组织，需要很高的制片成本投入，一轮电视问政，前前后后需要的工作人员、制作团队有 20 多人，每天有超过 200 人为直播服务，投入的人力物力不少于任何一台正式的、大型的综艺晚会。这样的投入不是每个地方的政府财政状况都能长期负担得起来的。虽然在高收视率、社会热议的“眼球效应”之下给干部造成了不小压力，但面对复杂而漫长的现实工作，这样的舆论压力难以持久。

第5节 多角度审视中的发展和创新思路

新华社新闻研究所公开公布了“受众对媒体满意度与信任度”的抽样调查报告。报告称，85% 的受访者认为当前电视媒体在舆论监督力度上有所欠缺且批评性报道所占的比例仍较少；75% 的受访者认为电视媒体对本地政府的监督力度也不够，[①] 这从一定层面上反映出电视媒体在舆论监督过程中，与受众的期望存在较大差距。从相反角度看，受众的期望和需求，正是电视媒体充分行使社会责任，把舆论监督报道做大做强的潜在市场和广阔空间。身为党和政府执政资源的重要组成部分，电视媒体应兴利除弊，坚持正确的舆论导向、积极发挥其舆论监督的引导作用，促进国家和社会的良好运行。因此，电视媒体要通过科学的方法和合理的途径，全面客观的开展舆论监督工作。

一、注重建设性

其一，强化选题的针对性。

电视舆论监督不应回避热点、焦点、难点问题，但是更要结合本地社会经济发展的实际情况和迫切问题。近些年来我国新闻舆论监督的范围拓展到了社会的方方面面。电视新闻监督节目要想更好地体现时代感，除要加强关乎国计民生的问题外，还应拓展新空间、涉足新领域，关注与人民切身利益相关的话题。例如浙江卫视的《今日聚焦》面对的都是热点难点问题。从选题分析看，其来源一是省“三改一拆”办、“五水

① 明薇．新闻舆论监督的社会环境建设［D］．华中科技大学，2015.

共治”办提供；二是群众的信访举报；三是记者跟随省督导组在基层的主动发现。栏目从创办伊始，就确立了“建设性舆论监督”的理念，坚持“用新闻的力量推动进步”，推进“问题”的有效解决。为此，集团领导提出了要坚持六项工作原则，即选题原则、事实原则、建设性原则、评论原则、时宜性原则和反馈原则。客观报道新闻事实，不“炒作”不“夸大”，强化“解决问题、促进发展”的大局意识，在每天的《浙江新闻联播》中，会对当日播出内容进行预告，并对前一日播出的报道进行反馈。

其二，推动问题的解决。

新闻报道不应是简单地调查问题，还要切实地解决问题，在实施舆论监督的过程中要通过理性的分析，寻找问题的根源，一针见血地揭示问题的源头以及探寻背后的真相，这样才能够帮助问题尽快解决。新闻报道要建立追踪机制，观众关注的是事态发生之后进一步的发展状况以及解决方法，因此电视媒体需对已经发生的事件进行回访，对没有彻底解决的问题随时回头关注，而不是仅仅对发生的问题进行尝鲜报道后就草草了事。还可以通过与其他媒体相联手，从多个角度来分析问题热点，促使问题得到关注并从根本上加以解决。浙江卫视的《今日聚焦》栏目就通过自己的节目形成了建设性舆论监督的强大声势。许多基层干部说，《今日聚焦》对问题不留情面、直点痛楚的曝光，压力很大，触动很大，很受教育和鞭策。“篇篇有反馈”、“件件有落实”，许多领导感叹，“摄像机比推土机管用”。短短时间内，已经成为各级干部们大会小会议论的话题，逐渐占据了浙江党政话语圈，进而逐渐发酵延伸，变为工作中的重要抓手。在基层群众中的影响力也是与日俱增，逐渐赢得了民间口碑圈。如余杭区专门召集街道、村书记、村主任共 680 余人内部集中收看近期节目。

其三，把握监督的尺度。

电视媒体在舆论监督的过程中要掌握好尺度，如果舆论把握不当会容易出现场面失控的情况，容易造成社会矛盾以及一系列社会问题。当记者面对热点问题时要寻求合理有效的报道策略，既不能煽风点火，还要善于疏导。唯有秉持客观性与准确性，舆论监督才能回归到对事实监督的本来意义，报道的内容情节均源自于真实才能经得起时间的推敲。浙江卫视为确保《今日聚焦》报道客观公正，栏目坚持以问题为导向，做到问题精心筛选，事实仔细核准，要求记者在实地调查中，明察暗访，充分记录调查的过程，客观表达所见所闻。特别是要求采编人员像侦探一样细致、深入，确保证据确凿，展示关键的细节和画面，反复求证当事人、求证政府部门的说法、求证违法的法律依据。为强化电视化表达画面，集团为此购买了两架八旋翼飞行器，用航拍镜头立体呈现，直观、一目了然。同时，强化主播点评，做到把握政策底线和舆论口径，要有针对性，一事一议，情理结合，以理服人，以情感人。

二、增强时效性

其一，借力新媒体。

电视媒体可以通过建立网络舆论监测机制，通过网站、论坛、社区、微博等网络资源发现舆论监督的线索，及时发现问题并进行监督参与。对于可能出现的舆论监督方面的热点问题，不仅要有预见性，还需具备能够及时制定应急预案的能力。若等到社会热点已成为网民人人皆知的话题才被动跟进则为时已晚；更不能对重大热点问题避而不谈，这就丧失了很多观众资源。电视媒体要主动借力新媒体，在问题事件发生及监督的过程中，为保证电视媒体能与网络媒体的信息一致并且同样及时，为了使舆论监督的传播速度和效果最大化的实现，记者就需要与网民在事件发展的各个阶段都保持真实、有效且畅通的沟通。为此，各级电视台加快架设自主的新媒体运营平台已是刻不容缓。浙江卫视的《今日聚焦》栏目从 2015 年 3 月份到 8 月份的杭州市网收视率居高不下，稳稳占据集团所有新闻栏目第二位。栏目开通的 114 热线平台报料逐渐增多，每天信息、观众来信、微信平台也非常踊跃。

其二，发挥权威作用。

新媒体具有时效性强、互动性强、参与性强等诸多优点，但由于字数的限制和信息的海量以及人们关注度的限制，使得不可避免的有碎片化、深度不够、权威性不够的缺点。网络以速度为第一落点取胜，电视在此方面难以企及。但第二落点则以深度和独特的角度取胜，而这正是电视媒体的优势所在。电视媒体在多年发展后，积累下成熟的运营体制、经验丰富的从业人员、严格的审核制度，所以电视新闻节目在进行舆论监督时应重视对微内容的整合，进行系统的分析挖掘、深入的评论，以此来弥补新媒体在权威性、深度感以及敏锐度方面的缺乏。电视新闻和新媒体相比不具有时效性的优势，但同时有了充分的时间去策划出更加具有深度的节目，所以在实际操作中要更加注意内容的选择。首先，可强化选材的专业性，在内容上形成持续关注的系列性；其次，在选择监督内容方面要拓展更深入的层面及更广泛的领域。充分运用画面声音的双重表现形式表现客观事实，不是一味使用概念化的解说。为此，浙江广电集团把办好《今日聚焦》栏目作为今年新闻宣传的首要任务，举全集团之力打造新闻标杆栏目，统筹资源，在人、财、物等各方面给予政策支持，力争成为“浙江的《焦点访谈》”。第一次集中采访出发时，集团抽调以浙江卫视为主、广播电视各频道参加的30个组、近百人的采编队伍跟随30个省督查组下基层，营造了强大的声势。在《今日聚焦》的播出上，集团也进行了精心编排，实现了多频道、多终端播发，网台互动传播。

三、搭建沟通平台

其一，主动联系政府。

舆论监督的另一个重要作用便是在民众与政府之间搭建一座畅通有效的沟通桥梁。为此，电视媒体的节目在选题时就需找准自身定位，不仅要在把握全局的基础上选取有针对性的节目，还要切实关注人民的利益，做接地气的选题。宏观微观两手抓，如此才能更好地发挥群众关注的舆论平台作用，将政府和群众紧密联系在一起。电视媒体每天都会通过热线电话、短信平台、官方微博和邮箱等渠道收集到很多新闻素材，获得多种新闻信息。哪一个节目都难以做到对每一个投诉都及时解决、对每一个题材都深入地采访调查，因此在选材时要注重选择上下都关注的典型事例，这样才能够将群众的声音传达给政府，给政府指明的具体的关注方向，促进政府工作的改进，也才能让政府的所思所想为民众关注、理解。现代新闻媒体除了宣传作用，一个重要作用就信息传播和舆论监督，在这里，深刻把握媒体与政府的关系，对于做好建设性舆论监督至关重要。浙江卫视的《今日聚焦》栏目坚持“政府关注、群众关心、近期可整改”的原则，突出“一事一报”、“对事不对人”，助推问题立行立改，通过正面及时跟进报道，让地方政府看到了新闻推动工作强大威力。面对舆论监督，地方政府与媒体往往是矛盾的对立面，要么“防火防盗防记者”，要么“腾挪闪躲”，但是在《今日聚焦》面前，这种关系悄悄发生了变化，从以往的“非暴力不合作”，变为互为倚重、同心协力推动工作。2015年4月18日播出的《杭州西湖区：老“宣杭铁路”沿线违建众多污染扰民》新闻，曝光了铁路沿线存在着多年的10万平方米违建，涉及石材加工、仓储等60余家经营户，周边居民对违法建筑产生的噪声、粉尘污染意见极大。由于涉及

图5-1 《今日聚焦》栏目2015年4月18日播出的节目

铁路部门土地，拆违难以进展。在首轮督查期间，杭州市西湖区政府主动联系栏目组曝光该处违建，节目播出后，又主动积极与铁路部门协商，得到了铁路部门的理解。5 月 18 日，西湖区组织力量强制拆除了首批 2 万平方米石材加工和市场，其余违法建筑在 7 月底也完成了拆除。

其二，优化参与机制。

电视媒体亦可携手新媒体来加强受众的参与性。《电视问政》作为武汉电视台的一档新闻舆论监督栏目，就加强与新媒体的合作，将收看模式拓展为全方位形式。受众不仅可以在电视上收看《电视问政》，还可以上网登录黄鹤 TV、人民网或在手机下载掌上武汉的客户端同步收看节目，这无形中增加了潜在的受众群。在节目的参与互动上，从前期向网民征集问政话题到节目现场与微博网友开展在线互动，为了吸引更多的受众参与到节目的舆论监督之中来，在节目制作每一个环节都充分利用新媒体平台与观众进行互动。为精益求精，该节目在受众参与方面还可进一步优化，譬如在每期问题短片的选取上，除单一的依靠记者暗访这一途径外，在经核实的情况下也可选取公众拍摄的视频作为话题来源。在与受众的互动中，节目除现场通过微博跟受众开展实时的交流外，也应积极推送热门话题的讨论，充分调动受众参与节目的积极性。2014 年央视“3・15 晚会”在受众参与方面的尝试也取得了不错的效果。对场外观众而言，晚会通过微博、微信、微视频、手机客户端、电子地图等多种新媒体技术手段，增强了场外观众的体验感与参与互动感。由此一来，便将原本单一的专题视角转变为了多元的评论视角，把原本闭合的播报内容转变为开放性的热点讨论，进一步将单一的典型案例发展成为能够广泛传播的舆论热点话题。

四、改善外部配套环境

近几年虽然新媒体的迅速发展给舆论界注入了新的活力，而且政府办事更加公开、公正、透明化，人民群众也有越来越宽广的平台发表自己的观点，但是舆论监督还是存在着很多严峻的挑战。从内在原因来看，电视媒体虽属于事业性质但一直以企业方式管理，具有信息产业性与意识形态性的双重属性。一方面，电视媒体受自身经济利益的需要及驱使会把吸引受众眼球作为出发点，这样舆论监督的效果难免会打折扣，还有可能产生舆论监督庸俗化及官方化的趋势。另一方面，电视媒体受同级党组织的管辖，如此一来在监督党和政府的方式与尺度的把握上也出现了难题。除此之外，舆论监督难以突破地域间的限制是因为一直以来受行政制度与级别的约束较大，因此很难使舆论监督的功能向纵深发展。

目前，我国舆论监督对外部配套环境的需求与已陆续出台的一些法律、法规、决议还相差甚远，正是由于缺乏明确的法律保护，所以当电视新闻媒体在遭到一些权力对抗时，单凭舆论监督就想要大刀阔斧地推进公共事务的解决，则显得有些苍白无力。因此，通过法律手段为媒体的新闻舆论监督提供保护显得尤为重要，尽快确立舆论监督职责与权限的制度框架，切实保障在媒体开展调查的过程中，记者不会因内部体系或外来权力压力而遭到破坏；媒体人也需严于律己，把握自身不会因外部利益而使报道受到干扰。

目前可行的方法是通过电视使行政力量与舆论监督形成合力。电视节目要与政府部门的工作重心相一致，与相关职能部门配合协调，建立相互联系、沟通、合作机制，得到相关部门的支持与帮助，推动舆论监督的开展，保证问题的有效解决。在浙江卫视《今日聚焦》栏目的龙头引领下，浙江许多市县党委政府主动要求媒体开设舆论监督类栏目，掀起浙江建设性舆论监督的新高潮。截至目前，全省各市县电视台相继开办 40 多档监督类栏目，大多安排在晚间 18：30 到 20：30 的黄金时段播出，形成了全省广电通过建设性舆论监督宣传服务党委政府中心工作的声势和效应。目前，还有一批栏目正在筹备或即将推出。目前，《今日聚焦》宣传报道工作取得了阶段性成效。省委书记夏宝龙对栏目做出批示，“这个栏目办得好，要充分发挥新闻舆论的监督作用，坚持用事实说话，推进省委、省政府中心工作的开展，推动群众关注的热点难点问题的解决，用新闻的力量推动社会文明进步”。2015 年 5 月 19 日上午浙江省委书记、省人大常委会主任夏宝龙检查了不久前被《今日聚焦》栏目曝光的衢江区高家镇上溪村溪西养殖小区整治情况。

图5–2　浙江省委书记夏宝龙检查被《今日聚焦》栏目曝光的小区整治情况

时至今日，互联网与手机等新媒体的飞速发展已以无孔不入的姿态进入人类生活的每一个罅隙，新媒体语境的全方位覆盖为传统主流媒体的电视舆论监督灌入了崭新的活力。电视媒体唯有立足权威感、深度性、现场感等自身优势，充分利用互联网等新媒体中广泛的资源优势，敏锐观测网络舆情进而寻找策划选题。同时，在舆论监督的各个阶段加强与网民的联系，增加受众率。由此，电视媒体与新媒体强强联手才能最大化地实现舆论监督的传播速度与传播效果。除此之外，电视媒介系统还需大力建设自身的新媒体传播平台，为最大限度地发挥舆论导向的效果及媒体影响力，同时加强与其他媒介形式的传播与合作，使舆论监督可以通过其他媒体更多次多元化的转播。此外要审时度势，及时更新观点，面对新媒体带来的冲击要及时调整节目陈旧的播出形式及内容，追求更高的传播效率和速度。

第 6 章　电视媒体与新媒体

2007 年，在瑞士举行的达沃斯世界经济论坛年会上，比尔·盖茨说过一句震惊四座的话："互联网将在五年内彻底变革传统电视产业。"此言一出，立即引起了传统广电媒体的恐慌和不安。媒体发展的现实不断印证着比尔·盖茨的感觉，伴随着互联网兴起而出现的新媒体和新业务正在快速改变传统媒体产业的生存状态。

第1节　新媒体对业态的重构

回顾人类传播形式和属性的变迁和发展历史，最初的人与人之间的传播是口耳相传，是一对一的传播。纸媒的出现，打破了时空的界限，传和受不再局限于同一时空下，同时纸媒帮助实现了一对多的传播，所谓的大众传播也就出现了。我们发现，以往的各种传播形态没有哪种可以实现两者的兼容，而新媒体做到一对一和一对多的同时满足。这种传播属性本质上的变迁才是新媒体超越传统媒体的最突出的飞跃性变化。例如，发一条微博，既可以准确地传递给某一个个体接收者，也可以为更多的大众所同时接收。此外，在做到大众传播的同时，还可以直接获得来自每个个体的反馈与互动，并且，每个个体的反馈又可以被更多的个体同时接受。新媒体的出现取消了大众传播与个体传播之间的对立，使得一对一、一对多与多对多传播可以并存于同一时空。某种程度上可以说，对于一个粉丝数超过百万的微博博主来说，他的影响力已经超过了发行量不足百万的小型媒体。

一、广电媒体加入"L"型趋势

如果说新媒体让传统媒体迎来了寒冬，那么最先感受到寒冷的是报纸。以传媒产业最发达的美国为例，从 1950 年至 2012 年的报业广告年收入情况看，2000 年以后报业广告营收急剧萎缩。在互联网和金融危机的双重冲击下，近年来西方多家传统大型报纸发行量大幅萎缩、广告销售持续下降，传统报纸行业裁员、关闭机构、破产、转为网络出版的消息不断传出。2006 年以来，美国报业营业额减少近 300 亿美元，跌幅近

50%；2008 年英国有 60 份报刊倒闭；2009 年第一季度美国有 70 份报刊结业，具有百年传统的《基督教科学蔵言报》和有 140 余年历史的《西雅图邮报》先后停止发行报纸，改为电子出版；著名的《华盛顿邮报》也宣布出售其旗下具有近 80 年历史的美国第二大新闻杂志《新闻周刊》。在此背景下，关于传统报纸消亡的声音不绝于耳。早在 1994 年，美国未来学家迈克尔·克莱顿就将报纸称为“媒介恐龙”；2004 年，美国北卡大学教授菲利普·迈耶预测，到 2043 年第一季度末，日报的读者将归于零。日本媒体专家明确指出报纸消失的日子是 2030 年；我国清华大学刘建明教授提出：“在 2030 年—2035 年之后，报纸将无可救药。”[①] 遭遇危机的传统报纸不约而同地认为互联网正在改变人们的阅读习惯，传统的报纸已经落伍。调查结果显示，在电脑、手机、电视、报刊、图书和电子阅读器这几种媒介中，约一半的被访者“最经常”使用手机阅读自己感兴趣的内容，使用电脑的占四分之一左右，极少数被访者的首选阅读工具是电子阅读器。[②]

表6–1　你最常使用的媒介是哪种？[单选题]

	手机	电脑	电视	报刊	图书	电子阅读器
比例	49.2%	24.6%	12.1%	8.2%	3.2%	2.7%

作为传统媒体的电视，情况也不容乐观。以美国的电视行业为例，有数据显示：美国八大有线和卫星电视提供商到 2011 年 8 月共流失用户 19.5 万。如果算上所有的电视服务提供商，在美国境内，有线电视和卫星电视用户流失了 45 万户。[③]2011 年第一财季，美国视频租赁公司 Netflix 的订阅用户总数超过 2360 万，这一数字已经超越美国最大的有线电视服务商 Comcast（康卡斯特），可见电视用户正在遭遇分流。与此同时，在网络新媒体的冲击下，2011—2012 年美国电视广告增长率下滑的势头非常明显。这种行业态势基本代表了全球电视的发展趋势。

我国电视在 20 世纪 80 年代末超越报纸、广播成为最重要的大众信息传播媒介。但是从 2005—2012 年上半年的全国电视广告走势来看，2012 年上半年电视媒体广告增幅首次出现下跌。另据艾瑞咨询的数据

① 王君超．报纸的未来：消失还是再生？［J］．新闻记者，2009（8）：11.

② 史雯．嬗变与形塑：新时期青少年网络阅读研究［M］．北京：中国广播影视出版社，2016：99.

③ 于伟．美国有线和卫星电视用户流失加快宽带互联网效应凸显[N]．通信信息报，2011-08-17.

显示，2009年至2011年的3年期间，北京电视机开机率从70%下降到30%。即过去100户家庭中70户有看电视的习惯，现在只有30多户。[①]2011年，上海地区电视开机率平均值为27.2%，并继续缓慢走低。[②]与之相对应的是，网络媒体蓬勃发展，迅速获得了规模庞大的用户群体。全球互联网2002—2012年10年发展的一组数字可以表明互联网行业的飞速发展——互联网用户：从5.67亿到22.7亿；使用时间：从平均每天46分钟到平均每天4小时；网站数量：从300万到5.55亿；浏览器：从微软95%，其他5%到微软39%，谷歌28%，FIREFOX25%，其他2%；网速：从下载一首歌需要12.5分钟到下载一首歌18秒；最大社交网络：用户从300万人到9亿人。[③]

在广告投放方面，网络新媒体正在蚕食传统媒体的广告份额。虽然我国广告市场在不断壮大，2012年广告经营额3125亿元，同比增长33.54%，但新兴媒体却把份额分走了大半。[④]传统媒体的份额在逐步缩小，而新媒体所占份额却在逐年增大。瑞士信贷发布报告：2012年广告开支将增长9.8%，传统媒体低迷。所有增长来自互联网，增长31%，电视下滑5.8%。长期看，社交媒体和在线视频将不同程度地蚕食电视和印刷市场份额。

新媒体不仅分流了传统广播电视最具购买力和成长性的受众，而且正在塑造用户使用媒体的习惯。互联网的出现让人们对传统广播电视的单一形态、单向传播、大众化的内容越来越无法接受，多媒体形态、双向互动、个性化传播将成为新一代受众的媒体标准，这或许才是传统广播电视面临的最致命威胁。

二、新媒体改变媒介使用模式

美国学者保罗·莱文森，他发现了媒体发展和演化过程中的大量新兴业态不能简单一致对待。保罗·莱文森著的《新新媒体》（2014年第二版中被译成了《新新媒介》）这本书则用“新媒体”和“新新媒体”来对上述的诸多陆续涌现的新媒体形态做定性和分类。他认为传统媒体中的报纸、电视、广播是旧媒体；第一代互联网出现后，涌现出一种数字化的内容提供方式，是“新媒体”，这里即包括了电子出版、网络广播、

① 北京电视开机率三年内从70%下降到30%[EB/OL]. roll. sohu. com/20110902/n318158825. shtml.

② 李燕京. 电视开机率越来越低　观看者越来越“老”[N]. 中国消费者报，2012-05-23.

③ 李辉. 2002-2012：互联网的十年巨变[EB/OL]. www. ctocio. com/ccnews/8066. html.

④ 李铮. 传统媒体与新媒体：相互借力共赢未来[N]. 中国新闻出版报，2013-05-23.

网络电视等，这种“新媒体”的特点是，全媒体性和超媒体性；而第二代互联网技术背景下产生的微博、微信、播客、掘客等媒介方式，则应该被称为“新新媒体”。新新媒体的最突出的特点，就是所谓的“个媒体”性，即每个人都可以成为传播主体。新媒体和新新媒体的区别就在于“互动”的不同。交互性内容分为“有限交互”和“完全交互”，新媒体的互动方式只是一种“有限交互”，新新媒体则是可以做到“完全交互”的媒体。①

学界中“社会形成观”的代表思想认为，对媒体的理解要超越对媒体技术形态的关注媒体技术带来的人的行为方式的变化以及社会结构的变化。“人”是生活在新媒体语境下的主体。之所以这样认为，是因为，人受到了新媒体语境的大环境的影响，呈现出与以往时代和环境下不同的状态，产生不同以往的“社会组织”和“惯例”。而人的这些状态，也将反作用于新媒体语境的其他元素，对新媒体本身的发展造成影响。因此，非常有必要研究新媒体语境下，人在这个时代背景下的状态特征。

其一，始终处于“永远在线”状态。

新媒体中移动媒体的出现，如移动电视、手提电脑、移动通信终端（即智能手机）等，满足了人们随时、随地接触媒体的需求。尤其是智能手机，已经被称为继报刊、电视、广播和互联网之后的“第五媒体”。目前的人们，几乎除了睡觉之外，全天候地接触着手机，智能手机中的若干种应用，尤其是其中的社交媒体应用，例如QQ、微信、和微博等，可以保持后台运行，即永久开放状态，只要有新的内容就实时更新，主动推送。这样的特点，吸引着用户保持时刻的关注，成为一种高热度的“永远在线”。生存在信息社会中的年轻人群，已再无法离开传递信息的载体——手机，甚至可以说，当今社会中，如果失去了手机，就切断了与信息连接的纽带。在新媒体时代，相当数量的受众对于承载了媒体、信息、通信、人际交流等多功能的智能手机媒体达到了一种空前的依赖状态。

新媒体所提供的媒介生存环境的一个重要特征就是：无处不在。身处于这一环境之中的每一个个体自始至终都保持着一种“在线”状态，在这个状态下，个体的主观的意愿已经不再重要，其在很大程度上已经完全为新媒体所强加的行为逻辑所左右，这就是所谓的被技术或者被媒体所“同化”。在当今的现实社会里，为新媒体技术所裹挟的社会成员的思想观念、价值取向乃至情感波动，很大程度上已经不再取决于电视，

---

① 王菲．媒介大融合——数字新媒体时代下的媒介融合论［M］．南京：南京日报出版社，2007：69.

而是取决于形形色色的移动新媒体以及由这个新媒体所提供的数字信息。

其二，经常处于“冷漠围观”状态。

新媒体时代，信息垃圾到处泛滥狂轰不止，人们亦开始因被媒介包围而变得日趋麻木和冷漠。当媒介从“点到面”的传播真正过渡到“点到点”的传播，首先带来的问题是信息的泛滥。大量的无意义的“垃圾信息”充斥在各种媒介中。个媒体上的信息，也许对于某个人或者某类人来说有所意义，但是，对于更多的人来说，被接收到时都是“垃圾”。诸多的垃圾泛滥在人们的世界中，带来的问题，可能不仅仅是冷漠，而且还会引起“厌烦”甚至“抵触”。

正因为这种“冷漠”、“厌烦”和“抵触”，我们对媒介的信任度，会空前的降低，即对新媒体领域普通个体发布的信息，受众知道需要持怀疑态度有保留地接受。但是，新媒体大环境下人们对媒介的整体信任感是下降的，也渐渐“迁怒”于传统媒体，或者扩散到包括传统媒体在内的所有媒体领域。比如，今天人们对央视《新闻联播》的新闻，对国家发布的若干统计数据，以及某些特殊情况下官方发布的信息，就不再完全被动地接受。再次，由于信息的不断膨胀、爆炸式生成，公众对媒体信息关注的持续度，也会空前的降低。当今的传播呈现出一种“没有过去，只有现在”的状态，即信息的更新使受众的注意力转移异常迅速，只有当下发生的事件才是热点，才能引起受众的关注，而曾经的新闻不管多重要，不管在当时引起了怎样的轰动，当时间流逝，当事件成为过去式，一切都随着新的事件的爆发而被淹没、被遗忘。这种对信息的瞬间火热，然后又瞬间冷却的态度，也说明了当今新媒体时代的受众，其实是一种冷漠的围观状态。

其三，产生“只看意见，不认领袖”的状态。

在新媒体中，真正拥有一定传播影响力的人，属于那些获得了广泛认可的“意见领袖”型人物。关于意见领袖，百度百科中的解释是：“意见领袖是指在人际传播网络中经常为他人提供信息，同时对他人施加影响的‘活跃分子’，他们在大众传播效果的形成过程中起着重要的中介或过滤的作用，由他们将信息扩散给受众，形成信息传递的两级传播。”①

新媒体时代，“意见领袖”们不再需要依附大众媒体平台，新媒体领域中的个媒体平台，完全足够成为他们展示的舞台，也能够聚集足够多的受众，形成“意见领袖”能够脱颖而出的群众规模，例如微博和微信。因此，新媒体时代的“意见领袖”数量会更多，产生影响也相对迅速和

① 百度百科中意见领袖词条.

容易。另一个方面，目前的意见领袖也已经难以达到我们传统媒体时代的影响力，人们在重大突发事件时，更需要的是看到有分量、有深度的观点。意见领袖的意见对网络舆论的形成发挥着一定的导向作用，可以稳定、强化受众的态度。我们的调查证明，网民已经呈现出相当理性的特征，网友、版主和消息灵通人士等意见领袖对受众有一定作用，但是舆论影响有限。

表6-2　权威人士（专家）在网上发布的信息对被调查者看法转变影响的程度[①]

		1没有影响	2轻微影响	3稍有影响	4一定影响	5较大影响	6很有影响	7极大影响	合计
1机关/事业单位干部/公务员	Row%	8.7%	15.1%	15.1%	22.0%	20.2%	17.0%	1.8%	100.0%
2企业领导/管理者	Row%	3.3%	9.2%	13.3%	37.5%	14.2%	18.3%	4.2%	100.0%
3私营或个体劳动者	Row%	5.6%	14.2%	16.0%	15.4%	25.3%	21.0%	2.5%	100.0%
4技术人员/教师/医生	Row%	6.9%	7.7%	12.4%	23.9%	31.7%	12.4%	5.0%	100.0%
5一般职员/文员/秘书	Row%	4.9%	6.4%	13.1%	26.6%	30.0%	18.0%	1.1%	100.0%
6工人/商业服务人员	Row%	3.6%	9.1%	9.1%	21.8%	25.5%	12.7%	18.2%	100.0%
7农民/进城务工者	Row%	9.1%	6.1%	3.0%	48.5%	6.1%	6.1%	21.2%	100.0%
8学生	Row%	2.7%	8.5%	18.1%	23.4%	20.3%	19.8%	7.1%	100.0%
9尚未工作或已离退休者	Row%		5.6%	22.2%	33.3%	5.6%	11.1%	22.2%	100.0%
10其他（军人、僧侣等）	Row%				100.0%				100.0%
合计	Row%	5.2%	9.5%	14.5%	25.0%	23.6%	17.0%	5.1%	100.0%

其四，“集合”到“聚合”的转变。

新媒体时代人们呈现出一种前所未有的“聚合”现象。人们因为兴趣，而非利益，进行积极地参与，进而聚合成一些群体，而这种群体在社会中正产生着日趋突出的作用。聚媒体是指由某一类社会成员所组成的特定的小团体，其不仅在阶级属性、知识背景等方面拥有相似的特征，而且对社会问题拥有着相似的认识与看法。聚媒体是个媒体在发展到一定阶段和一定规模后，自然产生的聚合现象。新媒体领域里人们的聚合，和大众媒体领域里人们的集合，是两重不同的概念。大众媒体下，人们

① 黄鸣刚．公共危机中的网络舆论预警研究［M］．北京：中国广播电视出版社，2009：171.

集合在一起，成为一种“集体无意识”后的整合划一的整体，多人成为一人。而新媒体时代，相似兴趣或观点的人聚合在某一个平台上，但是他们不是拥有一种性格的，而依旧是多样的、各具自主个性的个体，他们选择信息和反馈信息依旧有每个人的特点。所以，网上的大众依旧是多个声音的相加，而不会像社会集合下的汇合成一个声音。

聚媒体的表现有两个方面，一方面是指某人的信息，固定地传向某些因为兴趣而一直对他的内容产生持续关注的人群，这是指定向“发送”。另一方面，是指一些因为共同兴趣的人，将此类型的内容，源源不断地主动输送到发布处，这是指定向的“聚合”。BBS 是实现聚媒体的最初的也是最常见的方式。拥有一定主题的 BBS，因为主题性，就自动生成了由一致兴趣而聚合在一起的人们。例如，南京西祠胡同的各种类型的讨论版。例如豆瓣网，每一个豆瓣用户都可以设置具有自我个人色彩的主页，主页的内容、格式等也都是根据设置者个人的兴趣自主地选择。于是，在这种自主选择中，同类型的人通过彼此发布的内容慢慢聚拢，形成“小组”。微博和微信，也能非常典型地体现新媒体的“聚合”现象。“聚合”现象体现出新媒体时代的人的一大特性是，人们开始因为兴趣，而非利益，开始积极主动地参与媒体行为。与传统媒体鼓励普通民众参与，总是需要依靠“有奖”的方式不同，在新媒体领域中，民众的参与，更多只是依靠纯粹的兴趣，这种单纯的动因，也是保障了很多新媒体在没有盈利模式时依然一片兴旺的原因。

第2节　视听网站的冲击日益明显

我国的视频网站经历了四个发展时期，2004 年至 2005 年是初创时期，当时的视频网站尚处于“摸着石头过河”的阶段；2006 年至 2008 年是视频网站快速增长时期；2009 年至 2010 年部分视频网站已经开始为上市做准备；2011 年视频网站进入平稳发展时期，特别是 3G、WiFi 等高速网络的接入、智能手机屏幕的增大、高清手机视频 APP 的出现为手机视频的发展提供了基础，手机视频用户的增多促进了视频网站的进一步发展。①

2013 年 1 月 15 日，中国互联网络信息中心（CNNIC）在北京发布了第 31 次《中国互联网络发展状况统计报告》，“报告显示截至 2012 年 12 月底，中国网民规模达到 5.64 亿。其中，网络视频的用户规模到 3.72

① 中国视频网站发展研究课题组．中国视频网站发展研究报告［J］．传媒，2014（6）：8-13.

亿，与2011年12月底（网络视频用户数为3.25亿）相比增加了4653万人，增长率为14.3%，用户使用率为65.9%（2011年12月用户使用率为63.4%）。手机视频用户规模为1.3亿，比2011年12月（手机视频用户数为0.8亿）增加5424万人，增长率达67.8%，用户使用率为32.0%（2011年12月用户使用率为22.5%）（见图6–1）。”

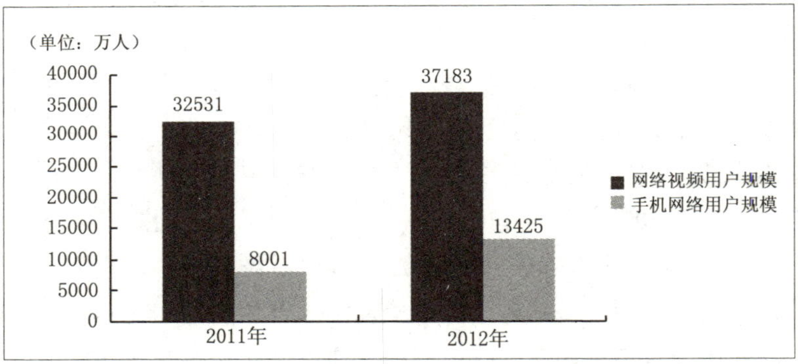

图6–1　2011年12月至2012年12月网络视频/手机视频用户规模[①]

有用户就有需求，3.72亿的网络视频的用户规模意味着强大的视频内容需求，更意味着巨大的商业价值，这给网络视频的运营商——各类视频网站带来了良好的发展机遇。网络视听新媒体主要是两类，一类是视频分享类，其载体是视频网站，主要包含网友自拍、分享的视频短片以及来自视频网站或民间力量组织制作的视频节目内容。这类网站的最重要的意义是在于提供传统电视媒体所不提供的视听内容。案例代表是优酷、土豆和酷6这样的视频分享网站。另一类是视频直播类，主要是PPLIVE，PPSTREAM或者是网络电视门户类，这类网站主要是通过和传统电视机构的合作，将电视频道直播和优质节目内容转化到网络观看环境。这类网站的最重要的意义是提供传统电视媒体上的视听内容，只是在网络上提供更多“交互”功能，满足用户更高的收视体验，如点播、评论等。当下，随着一系列商业视频网站因为资本投入的迅速崛起，电视遇到的最大挑战就是视频网站（原视频分享网站的升级豪华版），代表的有优酷（与土豆网合并）、爱奇艺、腾讯视频、搜狐视频。那么，如何看待电视媒体所遭遇到的挑战呢?

我们认为，一方面，这是一个信息爆炸的时代，媒体爆炸，受众被严重分化，受众注意力市场的份额被其他媒体形态严重“窃取”，现

① 第31次中国互联网络发展状况统计报告［EB/OL］. tech. hexun. com/2013/cnnic31.

在的人无论上网、加入社交媒体，甚至玩手机游戏等都占用了原本用来看报、看杂志、看电视的大量时间。其实新媒体对受众的分流形式不是直接地“窃走”用户数量，而是以其鲜明的可使用特征、强大的媒体服务功能等分流受众的媒体消费时间。通过观察可以看出，越是年轻人群，越是活跃的城市人群，受教育程度高的人群，易于接受新鲜事物的人群，消费水平较高的人群，他们对新媒体的接受和依赖程度远远强于原有的几种媒体形式。

从广播到电视，从电视到网络，媒介创新的历史又证明了新媒介的出现并不会让旧媒介彻底消亡。人们已经意识到各种媒体都有自己的存在空间，新出现的媒体形式并不会完全取代旧媒体，而往往会将旧媒体纳入成为新媒体的内容。在新媒体时代，必须要掌握这个时代的人的特性和需求，在电视内容的生产上也做出相应的调整和变化，只有这样才能找到自己的生存策略，否则，就会在电视内容自身的竞争中被淘汰，也会在大的媒体环境中，失去自己的受众市场。新媒体时代的电视人，要考虑什么样的电视栏目形式是适合的，符合当下人的关注兴趣、接受习惯和审美需求；要关注原来的电视栏目在内容、选题和呈现形式上需要做些什么样的改动更适合今天受众的口味。

另一方面，应当平心静气地接受这一事实：就受众对视音频文化的消费而言，电视也已不再是受众视音频消费的主流媒体。

在第一代网络阶段，电视受到的冲击还不太大，因为第一代网络技术主要提供的还只是图文信息。但是，进入第二代网络阶段，互联网的声音和图像的传送水平取得了明显进步，给用户的视听体验可以和电视一争高下，此时，电视受到的冲击就明显了。今天，数字化的内容逐步转移到 IP 平台，通过网络终端获得广播电视和点播视频服务大幅增加，也就是说，电视不再是取得视频内容的唯一渠道，网络终端设备越来越受大家的欢迎。同时，即便仍是通过电视机来 观看电视内容的用户中，其中也有相当一部分，看的已是通过互联网传输到电视终端的节目内容了。2013 年，IPTV 用户超过 3000 万，互联网电视年销售量突破 2000 万台。美国电视也经历了被互联网分走受众的阶段，当美国各电视台彻底转为数字电视信号之时，美联社却出现了讽刺性的报道，“经济的不景气已经令许多纽约市民开始‘抛弃’有线电视盒，改为通过网络收看节目或者购买递送服务”[①]；莱希曼研究集团近日公布的报告显示，1% 的成人每天上网收看电视节目，8% 的人每周至少看一次，而去年仅为 6%，

① 戴鑫．美彻底告别模拟电视时代［N］．经济信息报，2009-06-18.

网络电视已经受到越来越多人的追捧。[①]

当下，一批商业视频网站已发展成熟，形成稳固的收视用户，培养用户的使用习惯。有的主打综艺大片，有的针对境内影视新剧，有的提供最新美剧，有的主推日韩影视……位于中国视频网站前十位的，每一个都有不俗的业绩。这些视频网站不仅大范围开拓以电脑屏幕为载体的互联网视听空间，还在近两年移动媒体开始蓬勃之际，积极拓展以手机为收看终端的移动视听媒体领域，他们开辟出若干个移动终端使用的视音频服务 APP，其成绩也是非常让人惊讶的。比如优酷，在优酷 APP 连续 3 个月月度覆盖用户破亿之后，2014 年 8 月，艾瑞发布的移动端 MUT 数据再度表明，优酷 APP 最新月度覆盖人数仍高达 1.2 亿。[②]视频网站（含视频 APP）如此快速地争夺电视受众份额，将受众从传统有线电视前抢走，最主要的原因是视频网站比传统有线电视提供的内容要丰富得多，具体体现在下列四个方面：

其一，影视作品已经充实其中。

视频网站如优酷、土豆网，其内容来源并非单一依赖某一电视台，而是大量兼并所有传统电视媒体上的内容，已经做到比某单个电视媒体（电视台或者电视频道）拥有更多的节目资源和内容。一些电视台自办的网站也是一样，不仅有本台的节目，还有购买了版权的其他平台上的节目内容。新媒体兵不血刃地闯进了传统媒体的大众传媒市场，实现不仅一对一，还能一对多的内容传播，但是，客观地分析，其实新媒体平台上真正做到一对多的，受大众欢迎和接受的内容，还多是传统大众媒体提供的。虽然，新媒体平台上也有很多播客的作品，甚至有人将播客拍摄制作视频的工作模式誉为“手工化”生产，但这样的手工作坊类的生产，怎么可能跟几十年发展下来的影视大工业化生产相比呢？严格地说，视频网站上的传统影视制作单位提供的内容，绝对远超越播客群体上传的视频内容，成为点播流量的主流。

其二，个性化作品琳琅满目。

过去个人的作品，基本上不为传统媒体采纳，现在，传统媒体虽然注意到某些个人作品的重要性，但传统媒体上播出的内容，不仅要经过严格的审查，而且由于播放时间的限制，对于形形色色的个人制作的内容，也只能有限度地选择，能够播放出来的，还是极少的，与视频网站上的海量呈现不可同日而语。进一步深究下去，还会发现，视频网站上

① 杜峰．美国网络电视大获追捧［N］．通信信息报，2009-03-12.

② 以上数据均来自于艾瑞咨询机构按月度发布的核心发布数据．

视频内容的个性化，还体现在其传播上所表现出来的强烈的个人定制化的特征，即能让受众根据自己的喜好获得更多符合受众自身个性的内容。条件所限，具有较窄受众群的电视节目在传统电视上很难拥有好的时段而不容易被收看到，但是在网络平台上，这些小众的内容完全可以被喜欢他们的人群轻易搜索和欣赏到。例如，有人特别喜欢国外摇滚乐队 MTV，有人则喜欢国外有意思的电视节目或电视剧，其均可从视频网站上各取所需。而这种收看方式，传统电视就无从提供。

其三，境外作品为数不少。

大众媒体受到国家政策等很多方面的制约，满足不了受众对国外文化产品的需求。网络在某种程度上已经提供了一种无疆界的自由交流。在中国，虽然我们对境外媒体上传播的内容仍有审查，但大量在意识形态上对我们没有危害的内容已基本准入。目前，以美剧、Discovery 或者美国国家地理频道的纪录片为代表的这种文化消费格外突出。2014 年 10 月国家广电总局提出了对互联网引进境外电视剧的更高要求，加强了对境外剧的审查力度。国内观众想同步追美剧的观看方式可能会受到影响，但是，也仅是滞后一些而已。相对于国内广电有线网络支持下的传统电视，视频网站依旧是大量境外电视节目的唯一来源，对这些内容有需求的受众，还是离不开视频网站，哪怕等待节目的时间会延长，但除此以外，别无他处，广电总局对视频网站境外节目的加强审查，不会在这点上降低其对传统电视的竞争能力。

其四，自制节目方兴未艾。

目前视频网站自己制作节目，争取受众的渠道多种多样，且具有自己的特色，如紧跟时事，选题往往是容易引起争议的话题；言论自由，其言论往往比传统电视媒体上的言论更火爆，以此来吸引受众等。一般说来，在视频网站的电视节目制作力量远远不能跟传统电视单位相比时，其大多采取的，就是这样的“剑走偏锋”的路数。比如在爱奇艺集结马东、蔡康永、高晓松制作《奇葩说》之前，就与郭德纲合作推出了评论类节目《以德服人》，与梁冬合作推出了生理健康类节目《某某人知道》；优酷与王凯合作推出的评论类节目《凯子曰》，与高晓松合作推出了知识类节目《晓说》；乐视 TV 与黄健翔合作推出了体育类《黄段子》，搜狐与苏芩合作推出了情感类节目《苏芩女学馆》等（见表 6–3）。

表6–3　与视频网站合作的自媒体脱口秀节目表

节目名称	主持人	首播时间	合作网站	节目类型
《晓说》	高晓松	2012年3月	优酷视频	知识类

（续上表）

节目名称	主持人	首播时间	合作网站	节目类型
《以德服人》	郭德纲	2012年6月	爱奇艺	评论类
《罗辑思维》	罗振宇	2012年12月	优酷视频	知识类
《某某人知道》	梁冬	2013年1月	爱奇艺	生理健康类
《凯子曰》	王凯	2013年8月	优酷视频	评论类
《黄段子》	黄健翔	2013年8月	乐视TV	体育类
《奇葩说》	马东、蔡康永、高晓松	2014年11月	爱奇艺	评论类

2014 年被称为网络自制剧元年。各大视频网站相继推出自己的自制大剧，网络自制剧成为其最大的盈利点。网络自制剧以其投入少、收益高、受关注度高等优势成为视频网站的最爱，为网站带来了巨大的点击量，广告随之扑面而来，引进大剧版权和自制网络剧成为视频网站两大盈利热点。来自艺恩咨询机构的预测显示，2013 年网络自制剧产量不到 1000 集，2014 年网络自制剧制作集数将达到 1700 集左右，增长 45% 左右，2015 年这一数字预计可达 3000 集。

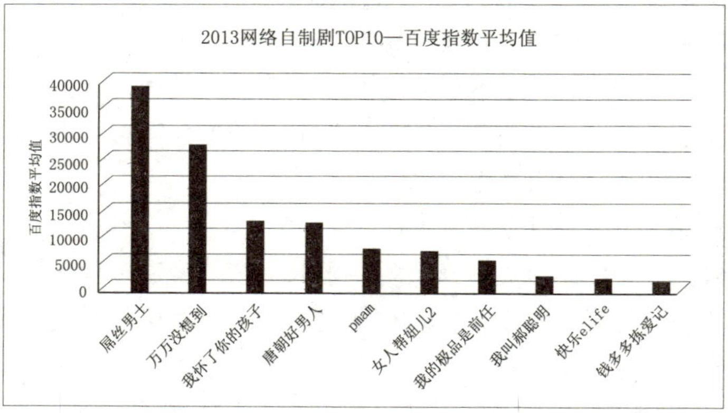

图6–2　2013年网络自制剧百度指数

此外，从资金投入的角度看，电视与视频网站相比，也明显稍逊一筹。在国家的严格管控下，部分大型视频网站开始删除之前上线的那些没有版权的视频内容，并投入资金购置版权。如 2009 年年底，酷 6 与搜狐联合，共同投资 1000 万美元，成立“国际影视版权联合采购基金”，专门用于购买海外影视剧；而乐视网 2010 年的版权费用也在 2 亿元左右。从 2010 年下半年开始至今，视频网站在巨额亏损、普遍缺乏盈利模式的情况下，纷纷大幅度增加融资力度，掀起上市热潮。优酷网、酷 6 网、乐视网、凤凰新媒体已经上市，土豆网、迅雷、PPS、PPTV 等正在准备上市。门户网站开始发力网络视频，百度重金打造高清视频网站奇艺网，搜狐6亿美元的“再造搜狐”计划中将搜狐视频列入四大战略之一，腾讯也挟6亿用户和10亿资本高调启动腾讯视频战略。[①] 在内容资源上，电视已远远不能跟视频网站相抗衡。新媒体不再是柏拉图描绘的观众难以自主的洞穴，而是观众可以随意遨游的信息高速公路。[②]

其五，互动方式更加多样。

作为新媒体的视频网站，与传统媒体身份的电视最本质的区别，应该就在于它提供了受众互动的空间，形成了全新的传播方式。受众之间的交流，往往形成了促进他们进一步收视的又一重推动因素。最明显的是，视频网站的互动方式，评论、打分等功能，不仅影响到受众的接收和习惯，而且影响到内容的传播和效果。很多视频网站为受众提供了一个超文本或超媒体的阅读语境，这种语境是传统电视所无法提供的。举例来说，某视频网站不仅仅上线了一部影片，往往还附载有介绍导演、演员信息的各种文档，除了影片本身的视频界面外，还会有若干小窗口，提供影片的某些带主题的精彩片段、该导演或该主演的其他作品推荐，主视频窗口下方还会根据用户最近浏览影片的特征推荐其他相类似的用户可能感兴趣的视频内容。总之，任何一个视频网站的页面都不是单纯的视频展示，而是一个包含若干超链接的操作界面，网站通过大数据分析，将最符合用户兴趣的内容，通过这些超链接使用户便于到达，带来更多的用户使用，增加用户在网站上的停留时间和粘着度。同时，还伴有大量的网友评论，标题、推介、吐槽、比较性评论等等，形成了视频内容之外的另一类更为吸引受众的内容。在这样的超媒体网络环境下，尽管受众可能偶尔牺牲了一个线性的完整的故事，但是他们会享受到被置身于一个多元复杂的跨媒介的阅读语境中的其他乐趣。

第3节　广电全媒体与媒介融合的关系

随着数字化、网络化等高新技术的广泛运用，以互联网为代表和数字技术为基础的新兴媒体席卷而来，广电行业正迎来一个全新的发展阶段——全媒体时代。在国内，不少传统媒体纷纷将全媒体作为发展口号，如“打造现代化全媒体集团”、“实施全媒体战略”、“采取全媒体一站式营销”……在新的媒介生态下，谋求全媒体化正在成为传统广电媒

① 宫兆轩．电视媒体的新媒体战略［J］．青年记者，2011（27）：75.

② 陈犀禾．数字时代的电影制作和电影观念［J］．大众电影，2001（2）：85.

体发展的共识。

一、广电全媒体的内涵

新媒体技术促使各媒介间的界限趋向模糊，并造就空前丰富的传播渠道，掀起一场世界范围内的媒介变革。在西方这种变革更多地被表述为媒介融合或融合媒介，在我国，业界更多使用“多媒体（或称全媒体）发展”词汇。单就国内发展看来，新闻机构“全媒体”的发展首先体现为终端的多样化，一家新闻机构不再只拥有一个媒体或者一种类型的媒体终端，而是朝着既拥有传统媒体也拥有新媒体，既拥有平面媒体也拥有视频媒体的全（多）媒体集团方向发展。也就是说“全媒体”涉及组织和业务两个层面。

我国新闻机构的“全媒体”变革最早在纸媒行业发起。2005 年第三届中国报业竞争力年会上提出了“数字报业”的概念，报纸开始逐步打破单一的纸媒形态，向网络报纸、手机报、电子阅读器、移动客户端等数字化的报业形态挺近，此后广州日报集团、南方报业集团等众多庞大报业集团相继诞生。电视新闻媒体紧随其后，继 2009 年广播影视科技工作提出加快网络广播电视等新媒体发展的要求后，电视新闻媒体的“全媒体”进程加快，浙江广电集团、湖南广电集团等重磅级的电视传媒集团问世。

相较于传媒业界的积极探索，我国全媒体的理论研究才刚刚起步，虽然研究者众多，但对全媒体的概念和内涵还缺乏统一的认识。人民大学彭兰教授从传播业务层面解释全媒体概念，即全媒体是运用多种媒体手段和平台来构建人的报道体系，从总体上看属于业务运作层面的策略。与传统媒体相比，全媒体是在开放信息平台上进行的多落点、多信息形态的传播，而非单落点、单一信息形态、单一渠道的传播。① 烟台日报传媒集团社长郑强认为，从传播渠道和载体层面而言，全媒体就是多种媒体形态的融合，它包括几乎所有的传统媒体形态，例如广播电视、报纸、网络、手机、户外媒体等。② 南京政治学院周洋认为，全媒体是传媒应用层面的概念，即综合运用文字、图片、音频、视频等各种信息形态，同时通过网络、通信等传播手段，全方位、立体地传播内容的一种新的传播形态。③ 姚君喜和刘春娟认为，全媒体的概念可以从广义和狭义两个层

---

① 彭兰．媒介融合方向下的四个关键变革［J］．青年记者，2009（2）：9.

② 吕道宁．解读烟台日报传媒集团全媒体模式［J］．今传媒，2010（4）：21.

③ 罗鑫．什么是“全媒体”［J］．中国记者，2010（3）：82.

面解读，广义上的全媒体是指对媒介形态、媒介生产、传播以及营销的融合应用。狭义上的全媒体则是指综合传统媒体与新兴媒体，在媒介内容生产、媒介形态、传播渠道和传播方式、媒介运营模式、媒介营销观念等方面的整合性运用。[①] 石长顺也认为全媒体分广义和狭义两种，从狭义上理解，是指所有媒介载体形式的总和。而更为广泛的认识是，随着时代的发展，越来越多的信息传播手段带来了我们获取新闻、咨询的新体验，这类新体验都可以纳入到全媒体的范畴中去。[②]

2012年12月中国传媒大学、社会科学院联合发布《新媒体前沿（2012）》称，新媒体和传统媒体共同进入一个全媒体时代："未来不仅多个网络将实现融合，用户也将在融合网络的各个部分自由、便捷地访问各项应用。届时，网络将从单纯的连接工具演变为帮助用户、服务、终端实现交互与分享所谓平台。随着网络融合的升级，新媒体和传统媒体共同进入一个全媒体时代。这个全媒体时代是被'数字化'和'互联网化'的全媒体时代"。同年，上海社科新闻研究所发布《2012上海传媒发展报告》宣称，随着新媒体爆发性增长，传媒向全媒体演进的趋势明朗化，在体制创新、创业增长、技术应用等方面均取得了重大发展突破。目前国内电视新闻"全媒体"形态主要有官方网站、微博、微信、移动客户端。在新浪微博媒体汇电视类目下电视频道的"卫视"栏中，搜索统计有24个卫视官方微博，其中14个是央视频道，也就是说全国只有10个上星频道开通了微博。具体到电视新闻频道，在电视频道的"地方频道"搜索统计有25个电视新闻频道开通微博。但不少微博在2011年后就不再更新，有些微博虽然仍在使用，每天也只有两三条信息更新。

表6-4　全国各电视新闻频道微博建设概况
（2014年1月14日，笔者据新浪微博统计）

频道＼微博	微博发布数量	粉丝数量	关注数量	最新微博发布时间	最初微博发布时间	话题	图片墙
贵州电视台第5频道	62	1038	113	2011，9.9，14：29	2011，7.14 14：01		1
海口电视台新闻综合频道	115	2998	294	2013.12.16，16：09	2012，10.26 09：24	1	13
河北电视台生活频道	2	1228	5	2012，8.14 11：45	2012，8.14 11：42		840
黑龙江经济频道	1193	26526	459	2012，12.6 11：27	2011，2.26 15：42		178

① 姚君喜、刘春娟．"全媒体"概念辨析［J］．当代传播，2010（6）：15.

② 石长顺、唐晓丹．全媒体语境下电视编辑角色转型与功能拓展［J］．中国编辑，2009（2）：54.

（续上表）

频道＼微博	微博发布数量	粉丝数量	关注数量	最新微博发布时间	最初微博发布时间	话题	图片墙
河南法治频道	1748	9516	213	2014，1.3 19：35	2010，4.1 15：51	1	26
河南民生频道	1997	43619	107	2013，10.30 11：29	2011，1.17 15：37		
新乡房产消费频道	571	1311	98	2013，7.10 08：37	2011，2.16 09：26		51
湖北经视官方频道	24825	52545	431	2014，1.3，17：27	2011，1.20 10：54	121	1743
荆门鄂中经视频道	14	603	19	2012，2.24 22：53	2011，7.13 15：44		
湖南电台新闻综合频道	5545	91491	273	2013，12.31 16：53	2010，4.16 22：42	1	937
邵阳电视新闻频道	559	1983	671	2013，9.10 13：15	2013，3.11 15：27		51
长沙新闻频道热线001	912	1781	454	2013，5.18 12：57	2011，7.7 18：10		5
镇江民生频道	12793	10632	1055	2014，1.2 10：44	2011，10.11 16：03	94	2117
NJTV生活直播频道	624	3169	243	2011，12.14 15：29	2010，6.18 13：58		110
新余市广播电视台	83	135	66	2013，6.11 12：34	2013，3.25 10：33	2	40
赣州电视台一套	375	2169	113	2013，3.25 23：28	2011，5.24 11：57		115
山东电视生活频道	2389	4946	422	2013，12.14 09：43	2011，11.8 09：34	8	321
泰山先锋党建频道	380	911	147	2013，9.12 15：02	2011，9.20	2	126
山东体育频道	97	10219	75	2013，1.15 16：41	2011，4.26 15：18		
东方财经频道	513	6245	51	2013，11.26 17：48	2011，1.18 13：50		113
宁蒗电视台	563	1270	663	2013，12.27 15：23	2011，7.18 10：27	1	38
昆明政法频道	2453	14058	434	2013，8.14 11：41	2010，12.7 17：26		109
昆明财富频道	29	1088	116	2013，1.17 19：36	2011，5.16 12：28		6
杭州电视台生活频道	10577	136636	352	2013，12.31 15：46	2010，4.9 11：36	31	1450
浙江经视	3834	31870	269	2014，1.4，14：03	2009，9.3 11：39	11	738

新媒体对受众最深刻的影响是实现受众信息自主权、媒介接近与使用权以及媒介参与权的最大化。网络新闻有文字、视频、音频等多媒介

传播手段，全方位展示新闻，受众阅读与观看的选择性非常高。通过微博“定制”、网络RSS订阅等功能，受众还可以根据自己的喜好任意选择自己感兴趣的新闻、资讯。由此，受众一改以往被动的地位，获得了最大化的信息自主权、受众媒介接近权与媒介使用权。以微博、移动、微信为代表的Web2.0时代的新兴互联网媒体的出现，更将媒体与受众间的互动发挥得“淋漓尽致”，尤其在一些重大社会新闻事件发生后，受众无数的评论、转发、顶贴互动，媒体迅速聚集了大众的关注力，将新闻事件推助为社会热点。传媒业界的全媒体实践不仅是开创了媒介内容生产、传播和营销的全新模式，而且主要是为了适应已经改变的用户的媒介接触方式和行为习惯。我们的调查表明：

其一，在突发事件中受众最信赖的媒体是电视，其次是网络。

当灾难发生时，恐慌的受众面对复杂的危机信息，感到越来越无力把握自己的生活，因而他们期待权威媒体能够引导他们看清危机事件的真相，将损失降到最低。从信息传播的角度来看，遭受危机事件破坏而发生断裂的社会恒常性使人们迫切需要权威信息和意见的指引。我国电视媒体依托其权威性、范围广和声画全的传播优势，传递事实、指点迷津、释疑解惑。调查结果表明，在危机传播中受众对电视媒体、网站媒体、网络媒体和网络的微博、论坛的信赖程度较高。其中对电视媒体的信赖尤其突出，达到半数以上的被调查者认为其最信赖。相比之下对网络与网络的微博、论坛信赖程度偏低。而对广播、纸质以及手机媒体的信赖程度较弱。具体分析结果如表6–5所示：

表6–5　危机报道中受众最信赖的媒体①

类别	人数	百分比
电视媒体	2406	57.1%
网络媒体	645	15.3%
网络的微博、论坛等	474	11.2%
纸质媒体	276	6.5%
广播媒体	267	6.3%
手机媒体	147	3.5%

其二，突发事件中电视对受众心理的影响力最大，其次是网络。

长期以来，电视作为我国传统主流媒体依凭着统一性的国家话语，

① 数据来自本课题组的统计数据.

理所当然地占据了社会主导权，引导着社会的主流舆论与价值观、审美观。但随着传播技术的发展，信息时代的到来，传统主流媒体不再是危机事件报道的唯一主角。以互联网为代表的新兴媒体以其方便、快捷、海量存储和开放性、互动性等特点，成为能与电视等主流媒体一争高下的传播角色。调查结果表明，在危机报道中电视对受众心理的影响力最大，其次是网络。被调查者选择电视是最能影响受众心理的超过半数以上，选择网络的达到 27.3%，共计 84.5%。而广播、报刊、手机对受众心理的影响力小。具体结果如表 6-6 所示：

表6–6 媒体对受众危机认知的影响[①]

类别	人数	百分比
电视	2412	57.2%
网络	1152	27.3%
报刊	210	5.0%
手机	204	4.8%
广播	183	4.3%
其他	57	1.4%

其三，在突发事件中，媒体对受众危机认知的影响差异主要基于其使用习惯。

分析结果如下：（1）在危机传播对受众心理的影响上，男性与女性都认为电视与网络的影响力最大，广播、报刊、手机等媒体对其影响力小。具体来看，广播、网络、报刊媒体对男性的影响力略高于女性，而网络和手机媒体对女性的影响力略高于男性。（2）在危机传播中，电视与网络在不同年龄段其影响力都最大，但是具体情况下也存在区别。电视对 30 岁以上人群的影响力高于其他年龄段；而网络对 30 岁以上群体而言，随着年龄的增加影响力逐渐减小。（3）对于危机传播的影响力，电视与网络在不同文化程度的群体中影响力均最大。同时，文化程度与网络影响力呈正比；而电视的影响力会随着大专以上文凭而下降。（4）与其他职业相比，电视媒体对农民、进城务工人员在危机报道中的影响力最大，而对工人、商业服务人员、学生的影响力最小；网络媒体对学生的影响力最大，而对农民、进城务工人员的影响力最小。除此之外广播对工人、商业服务人员、农民、进城务工人员的影响力相比其他职业也较大。具体结果如表 6–7 所示：

① 数据来自本课题组的统计数据 .

表6-7　媒体对不同特征受众危机认知的影响比较①

		电视	广播	网络	报刊	手机	其他	合计
性别	男	1368	120	693	141	117	24	2463
		55.5%	4.9%	28.1%	5.7%	4.8%	1.0%	100.0%
	女	1032	63	459	69	87	33	1743
		59.2%	3.6%	26.3%	4.0%	5.0%	1.9%	100.0%
年龄	20岁以下	339	21	168	18	30	18	594
		57.1%	3.5%	28.3%	3.0%	5.1%	3.0%	100.0%
	21-30岁以下	990	54	573	75	90	33	1815
		54.5%	3.0%	31.6%	4.1%	5.0%	1.8%	100.0%
	31-40岁	546	54	282	51	42	3	978
		55.8%	5.5%	28.8%	5.2%	4.3%	0.3%	100.0%
	41-50岁	390	36	102	42	33	3	606
		64.4%	5.9%	16.8%	6.9%	5.4%	0.5%	100.0%
	51岁以上	144	18	27	24	9	0	222
		64.9%	8.1%	12.2%	10.8%	4.1%	0.0%	100.0%
文化程度	初中及以下	318	48	120	36	15	12	549
		57.9%	8.7%	21.9%	6.6%	2.7%	2.2%	100.0%
	高中	692	63	600	57	87	9	1212
		57.4%	5.2%	24.8%	4.7%	7.2%	0.7%	100.0%
	大专、本科	1251	60	639	105	84	33	2172
		57.6%	2.8%	29.4%	4.8%	3.9%	1.5%	100.0%
	硕士及以上	144	12	90	9	18	3	276
		52.2%	4.3%	32.6%	3.3%	6.5%	1.1%	100.0%
职业	干部及领导	426	24	174	48	30	6	708
		60.2%	3.4%	24.6%	6.8%	4.2%	0.8%	100.0%
	私营或个体劳动者	438	27	177	27	36	15	720
		60.8%	3.8%	24.6%	3.8%	5.0%	2.1%	100.0%
	技术人员及一般职员	558	36	285	39	42	12	972
		57.4%	3.7%	29.3%	4.0%	4.3%	1.2%	100.0%
	工人、商业服务人员	165	21	93	21	27	0	327
		50.5%	6.4%	28.4%	6.4%	8.3%	0.0%	100.0%
	农民、进城务工者	264	33	81	21	18	0	417
		63.3%	7.9%	19.4%	5.0%	4.3%	0.0%	100.0%
	学生及其他	558	42	342	51	51	24	1068
		52.2%	3.9%	32.0%	4.8%	4.8%	2.2%	100.0%

可见，电视媒体的声画优势和新媒体的快捷迅速需要如果能够得到融合，就可以得到很好的传播效果和理想的社会影响。媒介的融合可以为用户提供更多接触视音频信息的机会，用户通过 PC、手机等终端可以方便地点播视音频信息，操作的便捷性和选择的丰富性让用户更加主动，真正成为信息传播和舆论引导的中心。

所谓的广电全媒体就是指传统广电传媒在新的媒介环境下，以数字

① 数据来自本课题组的统计数据 .

化、网络化技术为基础，以传统广电音视频传播业务为核心，在融合多种传播渠道的基础上构建开放信息平台，形成一云多屏式的新型传播格局，以提升传播效力和市场盈利能力。广电全媒体的本质是传统广电媒体与网络新媒体的融合。这意味着广电全媒体融合了包括传统广电媒体和网络新媒体在内的多种媒介渠道，这些媒介渠道不是简单的叠加，而是一个有机整体。目前我国广电集团大多拥有广播、电视、网络等多种媒介形态，需要通过中央厨房等形式实现有机的融合，实现集约化采集生产，提供一云多屏式的信息传播服务发挥“1+1>2”的效应。

二、媒介融合和广电全媒体的辨析

媒介融合是指在数字化、网络化等技术因素以及政治、商业、文化等多重因素共同作用下，媒介之间出现的多层次、多方面的相互交融的状态；而广电全媒体就是指传统广电传媒在新的媒介环境下，以数字化、网络化技术为基础，以传统广电音视频传播业务为核心，在融合多种传播渠道的基础上构建开放信息平台，形成“一云多屏”式的新型传播格局。

媒介融合和广电全媒体是两个既相似又有明显区别的概念。其相似之处在于，两个概念都表达了媒介在发展过程中呈现的互相交融的状态，其区别在于：首先，媒介融合是多个主体，即不同媒介之间的交融互动，而全媒体是单个主体，即具有多种媒介功能的统一体；其次，媒介融合表达的是媒介演进过程中所呈现出来的发展趋势，而全媒体只是媒介融合发展到一定阶段的产物；再次，媒介融合是强调信息脱离载体，在多种媒介中传播，而全媒体是集合多种信息形态，为用户提供全方位服务。

其一，媒介融合是广电全媒体的基础。

没有媒介融合就没有广电全媒体。以数字化、网络化为基础的媒介融合已经成为当代传媒发展不可阻挡的现象和趋势，媒介融合为传统广电传媒向全媒体转型发展提供了依据和基础。传统媒体时代，信息和载体不能分离，从而形成了以载体和传播渠道为依据的媒体形态。报纸、广播、电视既是信息的载体，也是传播独特信息形态的媒体平台。在数字化、网络化等技术的推动下，信息和载体之间逐渐分离，智能化终端的出现使得信息传播不再依赖于特定的渠道和载体，原本界限分明的媒体之间开始出现融合发展的趋势。如果从技术视角观察，全媒体是新媒体技术和媒介融合不断发展和普遍运用的必然结果。为了适应发展需要，全球传媒业纷纷实施全媒体转型。媒介融合就是技术数字化、网络化、产品多媒体化、业务融合化、组织整合化，市场一体化，最终将是媒介产业的融合。在新的媒介生态环境下，传统广电传媒需要积极借助媒介融合的技术手段开拓新的传播渠道，创造新的传播模式，形成全媒体传播格局，从而适应传媒行业发展的趋势。

其二，广电全媒体是媒介融合的发展。

对于媒介融合而言，全媒体是必经的发展阶段。媒介融合强调的是物理层面的相互交融，是一切变革的基础，媒介融合改变了媒体赖以生存的生态环境。为了适应新的媒介生态环境，传统广电媒体向全媒体调整和转型，广电全媒体从内容和渠道两个层面进行变革：在内容上，建立融合内容生产机制，在内容共享的前提下，集约化生产，开发多样化产品形态，满足不同终端的需要；在渠道上，利用媒介融合的技术，开拓多种传播渠道，实现内容的多渠道分发，建立全媒体信息平台。从这个意义上看，广电全媒体是基于媒介融合基础之上的综合媒体信息服务和全业务服务，也是媒介融合的高级阶段。在媒介融合的大背景下，我国传媒集团在经过“全媒体”的转型发展之后，将会开启“大传媒”经营时代，即跨越更多的行业界限，积极优化产业结构，聚合其他相关产业，创造出更多更优的传媒经济模式。[①] 全媒体不是媒介发展的终极状态，随着技术的发展，会向更高水平发展。广电全媒体是数字化技术带来的深刻转型过程中的一个阶段、一种样态，它更多的是反映了一种发展趋势，是对现实挑战和变化形势的一种回应。

其三，广电全媒体是应对媒介融合的策略选择。

传统广电媒体向全媒体转型能够带来以下三个方面的直接效益：首先是提升了社会影响。新媒体时代的受众对于信息的接收是多样性的，对于媒体的使用是碎片化的。正是在这样的背景下，媒介融合更多地表现为多媒体新闻表达手段的融合，新闻表达方式不再是简单的单向传播，而是综合运用多种传播媒介和终端，以文字、图片、声音、影像等为载体，实现传播时间全天候、受众范围多样化、传播方式立体化的传播信息。例如，2010 年年底，《重庆晨报》在报道宜万铁路通车的过程中，首次使用全媒体对该重大事件进行全方位播报，文字、地图、图片、音频、视频等传播手段同时上阵。格式塔心理学中有“整体大于部分之和”的著名论点。[②] 如果把新闻看作一个格式塔，那么把文本、图片、视频、Flash、三维演示等新闻叙述方式整合在一起，便能起到了其中任何一种或几种传播方式相结合都难以达到的效果。其次是提高资源使用效益。传统广电媒体花费了大量资源制作的内容，一个平台、一次播出会

① 彭兰．媒介融合方向下的四个关键变革［J］．青年记者，2009（2）：9.

② 徐颖．格式塔心理学在网络新闻专题中的运用［J］．新闻世界，2011（7）：75.

造成极大的浪费。广电全媒体要求集约化生产、共享内容资源、内容多渠道分发，从而有效提升各种资源的效率；第三是创造了新的发展机遇。每一个新出现的媒体形态都是一个新兴的市场。广电全媒体在巩固电视终端的基础上，还可以向汽车、手机等其他终端拓展，在媒体形态上有IPTV、互联网电视、网络电视台、手机电视、移动电视等。传统广电媒体向全媒体转型不仅顺应了媒介融合的趋势，而且有助于解决传统广电发展中的现实难题。

第4节　媒介融合实践中的困境和原因

新媒体的快速发展对传统电视有冲击，但不可能替代电视。尽管新媒体的竞争让电视倍感压力，倍受挑战，但是，我们发现，电视依旧还是有自己的生存空间，只要我们客观分析电视媒介现存的优势，科学分析融合发展的困难，电视的明天依然是光明的。因为“这个社会是一个金字塔结构，也许塔尖上会有一批人在选择媒体的时候放弃电视，或者兼顾电视，但是在塔基座最广大的人群上，电视仍然是他们最主要的消费品。”[①] 同时，根据年艾瑞咨询提供的 2014 年中国在线视频用户行为研究报告，40.9% 的视频用户每天收看电视，另外有近 40% 的用户每周接触电视的时间在 1 天以上。[②]

一、电视现存的媒介优势

今天的新媒体，在传播信息的形态上，不再是单一信息，而是融入和文本、图画、声音、视频在内的丰富内容；在各种传输渠道打通了电波、通信、网络种种壁垒，实现的大网络的融合；在使用终端上，电脑、电视、手机都将趋向于同样的功能，实现深度的整合。用户可以在任何地区的任何场合，无论运用哪一种终端，都可以进入新媒体网络，获得直接或间接的服务，诸如通话、视频点播、游戏、网络浏览、文本阅读、购物等等。新媒体时代手机、电脑和电视三者在功能显现上可以完全趋同。但是在这些比较中，电视媒体依然保有一些方面的优势。

其一，收视的习惯性延续。

电视的问世虽不足百年，但作为一种迅速普及、使用广泛的媒体，不仅进入千家万户成为家庭必备的生活日用品，拥有着最为庞大的收视

---

① 王长珍．电视与新媒体的博弈［J］．记者摇篮，2010（12）：40.

② 2014 年中国在线视频用户行为研究报告［EB/OL］. report. iresearch. cn.

群体，而且已经改变了人们传统的生活方式并形成了一种新的生活方式与文化形态。尽管新媒体来势迅猛，这种亦已形成的生活方式以及由此培育的生活与娱乐习惯乃至文化形态不仅不会消失，而且仍将凭借着一种文化惯性长久地持续地主宰或占据着人们的日常生活。文化惯性所包含的文化因子实际上某种程度已经构成了文化传统的一部分，无论从文化的多样性和承继性等角度看，这种文化惯性并不会如物理惯性一样随着惯性的消失而消失，而极有可能或继续保持着惯性的姿态，或与新的文化增长点结合到一起，继续前行。也正是在这个意义上，我们说，电视所形成的文化惯性虽然已不再如日中天，但仍将在相当长一段时期内拥有着广大的收视群体。但是，需要注意的是，随着新媒体对受众生活侵入程度的加深，受众的时间和注意力被分割，日益碎片化。2013 年 11 月份 epanel 市场咨询发布《第 5 次中国受众新媒体接触报告》（如图 6–3），报告数据显示，网民在使用新媒体时最关注的功能中，“便于与朋友互动”和“便于分享”的比重分别为 58.7%、48%，是所有关注功能中比重呈现增长的。[1]

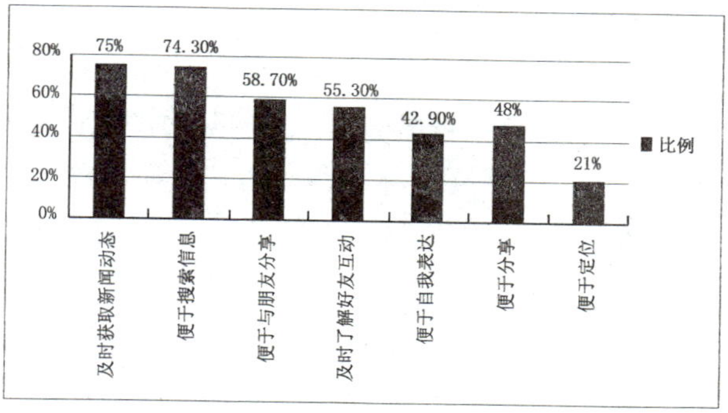

图6–3 2013年网民关注新媒体的功能比例

数据来源：epanel市场咨询《第5次中国受众新媒体接触报告》。

其二，收视的家庭性作用。

电视在我国有较长的发展历史，电视用户对其也产生了收视习惯与依赖。在家时间越长的人，对于电视的需要性就更强烈。比如中老年人群、家庭主妇阶层，电视是这一类人群在家中的伴随媒体，是他们的忠实“伴侣”。稳固这一受众群，培养忠实受众，不仅是电视求生存的需要，也还在一定程度上维系或培育着人们在后现代社会日益沙化的情感。电视的出现原本只是为了给人们提供信息与娱乐，但人们在收视电视的漫长过程中，也逐渐伴生出一种“副产品”，即电视对于家庭和社群的

① 第5次中国受众新媒体报告[EB/OL]. www.epanel.cn/a/diaochabaogao/meitixingye/2014/0211/1744.html.

整合作用。“电视从孩提起，就在培养人的倾向性和偏好……跨越了文字和流动性的历史障碍，电视已成为人们社会化的最基本和共同的来源，成了千差万别的人每日讯息的最基本和共同的来源。电视的大量讯息和形象的重复模式形成了共同符号环境的主流。”[①]不可否认，任何社会都需要家庭和社群的联系。当社会氛围开始鼓励回归，回归简朴、单一的生活方式，回归家庭集群式的生活方式时，那么电视这种充满了家庭人情味的媒体就会被再度重视起来。例如，每年春节期间，主流舆论就一直有意无意地鼓励在外的游子回家过年，鼓励年轻一代离开电脑、手机，陪伴父母看看春晚，共享天伦。

另外，相较于电脑和手机，即便是观看同样的内容，观看电视屏幕带来的舒适感和放松感还是更大一些的。

其三，收视的伴随性特性。

新媒体时代，今天的电视受众看电视的方式则出现了新的变化，开始两极分化：直播式节目开始“广播化”，即直播式节目以一种伴随状态进入受众，受众可以在一边做家务、吃饭或者分心于其他事项的同时收看着电视节目。与此同时，点播式节目开始“网络化”，即受众通过点播观看电视节目时，往往呈现出一种在上网时的接受状态：相对专注，以及渴求更多发散性信息和资讯等。具言之，在竞争激烈的受众市场，电视媒体逐渐呈现出一种以前不曾有过的低姿态——伴随性收视。广播的发展已经朝伴随性媒体方向发展。于是，我们看到，一方面是移动收听为广播打开了新的受众市场，寻找到了新的媒介定位，另一方面广播也欣然接受了作为移动人群的一种伴随性媒介地位，并在这个领域中重新自我定位，重新规划、设计符合这种定位的特色栏目、内容，满足受众的需求。今天的观众选择电视媒体，也开始在很多时候将其作为一种背景性存在。作为伴随式的收看，有时，电视的听觉空间比视觉空间更应被制作者重视。在伴随性收视状态下，电视节目需要“广播化”处理，即利用听觉完成叙事和描述，不能过多依赖画面。因为，随着生活节奏的加快，中国人已开始习惯边看电视边干其他事情，能把观众持续捆绑在电视机前认认真真地观看完整段节目内容的想法已经不切实际。据InMobi研究报告显示，近年来，受众投入在电视上的注意力与关注已经低于在以手机、电脑为代表的移动新媒体，数据表明移动端占据27%的媒体时间，电视为22%，PC为32%。[②]

---

① 周勇．广播电视概论［M］．长沙：中南大学出版社，2005：71.

② 全球用户在移动端花费的时间超过电视［EB/OL］．www.199it.com/archives/25657.html.

另外，电视媒体所具有的内容权威性和资源丰富性就不再赘述了。

二、客观存在的融合难题

广电全媒体发展不仅关系到广电机构的命运，还关系到整个广电行业的兴衰。广电需要在巩固自身优势阵地的同时，积极投身新媒体领域，从单一的广电媒体向传统媒体和新媒体融合的全媒体转型发展。在我国广电全媒体发展的过程中，存在着各种转型发展的困境。造成这些困境的原因既有宏观战略层面的，也有微观战术层面的，既有行业性的，也有广电机构自身的，需要广电媒体认真对待。

其一，眼前和未来的矛盾。

在传统广电媒体向全媒体转型发展的过程中，首先遇到的难题就是眼前与未来的矛盾。传统广电媒体的生存基础受到来自网络新媒体的冲击，为了重新获得竞争优势，传统广电媒体积极向全媒体转型，探索发展新媒体形态，满足用户的多元化、个性化的需求，这已经是传统广电媒体发展的共识。然而从实践来看，我国电视全媒体发展仍然处于探索尝试阶段，尤其是新媒体业务的发展，尚未找到清晰的盈利模式，目前传统广电媒体在向全媒体转型中，拿得出手的、获得市场认可的新媒体产品乏善可陈，大部分新媒体业务投资巨大，且处于亏损阶段，即使有部分盈利的，也是杯水车薪，无法与传统广电业务相提并论。摆在传统广电媒体面前的困局是，不做新媒体没有未来，发展机会、市场机遇会越来越少；而做新媒体，大量投入却得不到及时回报，会影响现在的业务发展。在眼前与未来之间，广电人需要积极而又谨慎的探索。赛立信在 2013 年 15 城市媒介接触习惯与行为研究表明（如图 6–4），互联网的接触率稳居第一，电视已经排在第二位。

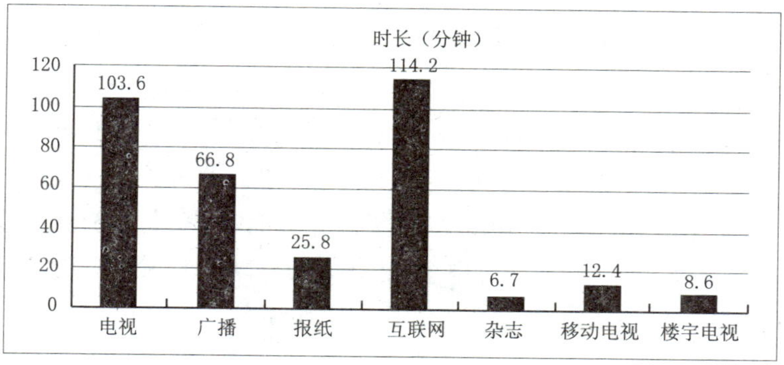

图6–4　2013年15城受众平均每天接触各类媒体的时间

数据来源：2013年赛立信《15城市媒介接触习惯与行为研究》。

其二，单位和企业的对立。

市场体制还是事业体制是摆在传统广电媒体转型发展面前的一个无法回避的难题。体制问题反映的是主体与环境之间的矛盾，环境一直在变化，体制如果不能及时调整和改变，就会成为限制主体发展的障碍。改革开放以来，我国的经济环境已经完成了从计划经济向市场经济的过渡，然而广电媒体的体制问题却一直没有得到解决，一方面，广电媒体需要参与激烈的市场竞争，成为事实上的市场主体，需要市场化的体制机制；另一方面，广电媒体又属于事业单位，其体制机制上具有浓厚的行政化色彩，在管理体制上也不可避免地具有国有企业的通病。国有企业的领导者缺乏对企业的责任感，与企业的发展业绩相比，他们更在意的是上级领导的评价和自身的利益，国有企业的保值增值则在其次，企业亏损都是因为“新市场 + 成熟”所致。

国有体制下，现代企业制度流于形式，运营机制被扭曲，国有体制下的广电全媒体如果以事业体制去参与市场竞争，将难以取得竞争优势。电视台办新媒体最主要的问题出在母体，是母体的体制机制和资源配置、采编流程、技术支撑等方面与新媒体不匹配。电视台办新媒体的出路要么另起炉灶，要么就改造母体，对母体实施新媒体化改造。

其三，所有与所需的关系。

传统广电媒体在向全媒体转型发展过程中，关键资源的缺乏越来越明显的成为发展的限制因素。广电全媒体的资源困境主要体现在两个方面：1. 所拥有资源与所需要资源的不匹配问题。传统媒体时代聚集起来的资源，无法有效延伸到新媒体时代，例如传统广电媒体拥有大量的内容生产制作人才，但缺乏新媒体运营人才；传统广电媒体拥有大量的内容资源，却缺乏具有市场竞争力的精品内容；传统广电媒体拥有强大的品牌和影响力资源，却无法有效延伸到新媒体上。2. 缺乏发展新媒体所需资源问题。新媒体的成功不仅是抓住了市场机遇，还体现了领先的技术资源和社会资本的结合，广电媒体既无领先的技术资源，又无充足的资本实力。资源困境将是影响广电全媒体转型发展的一个长期而又关键的问题。优酷网财务报告显示，2011 年一季度总收入为 1.28 亿元，但亏损金额高达 4690 万元人民币；2010 年，酷 6 传媒亏损高达 5150 万美元，超过营收的 2.5 倍。[①] 对于广电全媒体而言，自身资本资源不足以满足新媒体发展需要，在引入社会资本的过程中还存在诸多的限制。

---

① 微博视频成为媒体“烧钱”大户其盈利模式还未清晰［EB/OL］. finance. ifeng. com/news.

三、没有突破融合难以成功

对于我国广电全媒体而言，核心优势仍然是广播电视业务。广电全媒体中的新媒体业务需要围绕广电优势，依靠母体的各种资源，向母体借力，向市场借势，快速成长。广电新媒体的发展成功与否，有赖于电视台的媒体属性和市场属性是否有效的向新媒体延伸。现实中，我国广电全媒体发展并非一帆风顺，广电全媒体拥有的优势并未有效地转化为竞争优势，我国广电全媒体发展还面临着诸多现实问题。

其一，行业监管不统一。

广电全媒体业务涉及多个行业，行业之间的壁垒阻碍着全媒体的整合。在我国现行的管理体制中，媒体接受同级党委宣传部门和行业行政主管部门的双重甚至是多重领导，图书、报纸、杂志、音像等归新闻出版总署管理；广播、电影、电视和网络视听内容归国家广电总局管理；电信行业归国家工信部管理。由于在行业之间、部门之间的既得利益不同，报刊出版、广电、网络条块分割，各自为政，形成难以逾越的行业壁垒。2013年，政府机构改革方案将新闻出版总署和广电总局合并为新闻出版广播电影电视总局。这一举措被认为打破传统媒体之间的管理边界，有利于传统媒体之间的整合，为形成全媒体格局奠定了初步基础。然而广电和电信之间的隔阂仍然没有突破，三网融合在我国推进艰难，其主要原因就是广电和电信两大行业之间的利益博弈。例如，在三网融合进程中，电信企业明确提出“媒介化”发展方向，而广电机构则向“全媒体”、“全业务”方向发展。[①] 电信行业垄断着IDC业务、国际互联网出口和ISP牌照等资源，在语音服务、宽带数据业务上占据着绝对优势；广电除了在电视业务中占据垄断外，还拥有IPTV、互联网电视、手机电视等新媒体业务牌照，并把持着内容播控平台的主导权和内容的审查权。三项核心业务，电信垄断两项，广电垄断一项，两大行业间的“深沟高垄”，导致三网融合推进缓慢，相关的新媒体、新业务的发展也充满了不确定性。

其二，体制机制难以适应。

体制机制是最深层次、最根本的、最核心的问题，也是构成企业核心竞争力的主要要素。具有政治属性和市场属性的双重属性是我国媒体经营的特色之一，媒体在定位上是事业性单位，实行企业化管理，追求社会效益优先下的社会效益和经济效益双赢。双重属性的定位，将传统广电媒体从政治工具的定位中解脱出来，让广电媒体进入市场，促进了

① 谷虹、黄升民．三网融合背景下的“全媒体”反思与平台化趋势［J］．现代传播，2010（9）：9.

广电媒体的快速成长。然而，在市场经济环境下，双重定位正在成为广电事业进一步发展的桎梏。著名主持人崔永元曾表示："如果说中国电视是公共电视，那么它一定是世界上最没有责任感的，如果说中国电视是商业电视，那么它一定是世界上最失败的。"[①]我国广电行业的旧有管理体制特点是：政事不分、政企不分、企事不分，产业与事业合二为一、事业与产业混为一体。很显然，广电系统的这个体系架构，与发展市场经济的要求是不相适应的。[②]2001年开始，我国广电系统开始了体制改革，表现在操作层面就是三个分离：局台分离、台网分离和制播分离。广电体制的一系列改革，既造就了广电系统内部众多的相关利益主体及其错综复杂的关系，也造就了广电系统复杂的运营管理模式。

其三，用人机制行政化。

传统广电向全媒体转型过程中，传统广电僵化的事业性体制机制的延续难以避免，而这一体制机制已经无法适应激烈的市场竞争和开放市场环境，突出的体现在用人机制和分配机制上。从领导方面看，传统广电媒体的领导干部还延续着政府机关公务员的行政级别，各级管理者都对应一定的级别；部分传统广电媒体领导者们的思维依然局限在传统媒体的模式中，普遍缺乏产品意识，将产品等同于内容，赢利模式基本还是围绕"内容+广告"。再次，党的干部轮岗和调动，让传统广电媒体的领导者难以在一个地方长期工作。领导者的不稳定和不确定性导致其决策注重短期效应，飘忽不定，方向感很差。[③]从分配方面看，在广电媒体中，由于员工的身份不同，往往采取"老人老办法、新人新办法"的方式区别对待，难以形成公平公正的工作氛围。行政化的分配机制限制了员工的积极性，让其丧失了市场竞争优势。

其四，运营理念落后。

在新媒体快速崛起的背景下，有实力的传统广电机构纷纷提出打造全媒体的口号或战略，但对于全媒体的具体内涵和外延缺乏统一的认识，大多停留在"全"的层面上，还是作为一个营销的概念。有广电机构认为，创办了网站、移动电视、手机电视、IPTV等新媒体，开展了多媒体报道或全媒体报道就实现了全媒体的转身。实际上在业务流程、平台等方面并未实现全媒体化，大多仍属于网台互动的运作阶段。还有人认为，

---

① 专访崔永元：我要拍案而起［J］．南方人物周刊，2005（9）：17.

② 三网融合中的广电系与电信业[EB/OL]. tm. catr. cn/view/201008/t20100817_618908. html.

③ 从19楼的成功尝试看传统媒体转型新媒体的三座大山［EB/OL］. www. tmtpost. com/11027. html.

国内广电媒体的全媒体浪潮，实际上就是电视媒体+新媒体，其实质是渠道多元化，其目的是利益扩大化，其手段是将其他渠道电视化。[①] 从实践来看，近年来几乎所有的全媒体化的努力，收效甚微。症结在于广电人仍然是用传统的思维去做全媒体，意图将全媒体囊括在广电体系内，将新媒体“电视化”。纵观目前传统媒体创办的新媒体，虽然声势浩大，但在市场影响力、号召力、用户认可度等方面都远远不及民营新媒体。目前台网互动的传播路径主要包括三种（如图6–5）：电视台与网络电视台的互动联结，电视台与视频网站的互动联结，电视台与微博的互动联结。网络电视台主要是指各省级卫视自有的广电系统电视网站，如齐鲁网、新蓝网、大象网、中国网络电视台、金鹰网。目前，网络电视台大多是对电视台节目、新闻等资源的平台位移，在台网格局中互动性、创新性与传播力都较弱。

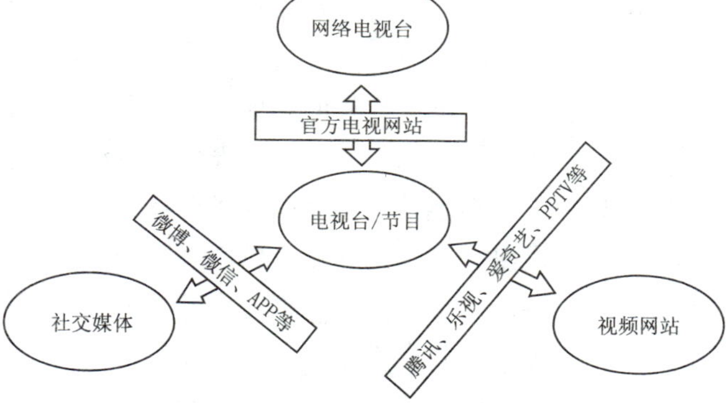

图6–5　台网互动的传播路径[②]

其五，缺乏关键核心资源。

在技术方面，与市场化网络新媒体企业相比，广电媒体缺乏强有力的技术力量。市场化网络新媒体的核心优势就是技术创新，通过技术创新，为用户提供新业务、新产品和新服务。广电媒体本身是靠技术发展起来的，但广电的技术优势仅仅局限于传统的广播电视单向传播领域。新媒体依托的是互联网的双向互动传播技术，是对传统传播技术的革命性突破。广电全媒体发展不仅需要单向线性的传播技术，更需要基于互联网的双向互动传播技术，以及基于IP网络之上的应用性技术创新。然而在网络

① 韦聚彬．电视媒体和新媒体关系的重新审视［J］．南方电视学刊，2012（5）：58.

② 笔者根据文中台网互动的路径自制图表．

传播领域，广电和其他传统媒体一样，毫无技术优势。

在资本方面，新媒体的资本运营游刃有余，而传统媒体在资本市场上还存在诸多障碍。从2000年开始，我国互联网产业已经历了四次上市潮。相比之下，国家政策对于传统媒体的融资做了严格的限制，社会资本进入媒体领域还有一定的政策风险。广电的新媒体业务的市场主体地位不强，很多业务既不能接受风险投资出让股权，也很难上市融资。因此，传统广电发展全媒体大多是通过自生的方式发展新媒体，资金主要通过行业内的自我循环来解决。根据一项对40家传统媒体和35家新媒体资金的调查现实，我国传统媒体的创新融资比新媒体更困难，融资渠道更单一，传统媒体的创新资金92.5%是由自身筹集，只有约15%来自于银行贷款；而新媒体则拥有多元化的资金来源，它们自有资金占68%，国外风投占45%，国内风投占22%，股市筹资占到14%。[①]

在人才方面，一方面传统广电媒体缺乏新媒体人才。传统广电的人才优势主要在内容生产方面，而在全媒体采编、分发、多元化营销、全媒体运营、市场开拓等方面还缺乏高层次人才。另一方面，由于传统广电体制的束缚，以及新媒体高速成长的诱惑，传统广电媒体的人才资源正在向新媒体转移。从人才流向来看，传统媒体精英流向网络新媒体已经成为一种行业现象，跳槽事件举不胜举：《环球企业家》原总经理兼执行主编李甬跳槽至网易，担任副总裁；凤凰卫视中文台执行台长刘春辞职加盟搜狐视频；香港卫视台长杨锦麟告别熟悉的传统媒体，自建团队与腾讯合作，开设专属频道，向新媒体进军；央视《对话》制片人罗振宇从央视辞职，与视频网站优酷合作推出《罗辑思维》脱口秀……时常听到传统媒体精英人才跳槽转战新媒体，却鲜少听到新媒体的高端人才跳槽到传统媒体，这些媒体精英的动向代表了媒体发展的趋势。此外，传统广电媒体的管理者缺乏人才意识，缺乏留住人才、用好人才的机制和举措，这也加速了传统广电人才的外流。

第5节　西方媒介融合发展的实现路径

尽管电视媒体融合是新兴媒体产业，但它的发展有其规律性和媒体属性，在当前的西方电视媒体环境中，这种规律性始终贯穿电视媒体融合的发展历程，通过对西方发达电视媒体融合发展状况的研究，正确地认识和对待自己，把握好发展方向，学习国外先进的媒体融合管理方式、

---

① 黎斌．电视融合变革［M］．北京：中国国际广播出版社，2011：38.

运营机制，吸收先进发展经验，从而提高自我发展水平，拓宽媒体融合国际视野，可以进一步提升我国电视媒体融合的竞争力。

一、融合发展的方向

当前，新媒体的挑战不仅仅局限于国内媒体市场，西方发达国家电视媒体更早面临新媒体的市场竞争，已经严重威胁西方传统媒体的生存。近几年来，传统电视的收视率的下滑和受众的分流是最为明显的表现。新媒体的发展，使得传统电视的付费视频和电视新闻业务受到了极大的冲击。截至2012年10月，美国网络视频用户数达到1.69亿，占到美国人口总数的53.5%，根据预计，到2015年网络视频的总流量将占互联网总流量的62%。美国最大的有线电视新闻频道CNN黄金时段的观众不断流失，从初时的每天110万已下降到2011年的69万人，2012年4月更是创下收视观众人数仅为35万人的历史最低点。同年12月CNN总裁Jim Walton正式为不断下滑的收视率和日趋减少的付费用户问题而辞职。同样，2008年到2011年间，美国福克斯新闻的受众流失率也达到了20%。

付费电视和传统电视新闻业务在美国正逐渐被网络视频和社交网络冲击，据统计，2011年全美付费电视用户退订的超过110万户，是历年来最高的一年。新媒体的发展意味着传统电视媒体开机率和收视率的份额下降，流失的用户又绝大多数属于消费能力较高消费欲望较强的年轻人，这就带来了广告商资金投入向新媒体转移。2012年全球网络视频收入达到111.4亿美元，而上一年度这个数字仅为37.9亿美元，两年增长194%。据2010年12月消息，美国科技博客BUSINESS INSIDER总编辑亨利·布罗吉特和编辑杰伊亚罗分析了美国传媒业的现状，称"'新媒体'公司的总市值已与'旧媒体'公司的总市值大致相等。美国主要新媒体公司的合计市值约为2890亿美元，而主要传统媒体公司合计市值为2960亿美元"①。随着西方移动媒体的加快发展，这一变化将进一步加剧，据美国调查机构GARTNER的最新数据，2014年全球移动音视频及其数据传输的收入将超过一万亿美元。

每一种媒介都有自身的优势和劣势，它也会将这些强加在所携带的讯息上。"新媒介通常不会消灭旧媒介，它们只是将旧媒介推到它们具有相对优势的领域。"② 面对新媒体的竞争，无论是从自身发展的需求，

① 李舒东．国际一流媒体研究［M］．北京：世界知识出版社，2013：127.

② ［美］杰克·富勒．信息时代的新闻价值观［M］．北京：新华出版社，1999：224.

还是应付市场竞争的要求，西方电视媒体全力发展媒体融合业务。

其一，电视和视频网站的融合。

西方传统电视媒体和视频网站的融合均是基于自身官网的建设基础上开展的，这是电视媒体发展规律和当时互联网技术条件双重力量作用下产生的。1995 年 8 月，CNN 率先建立了官方网站 CNN.com，成为全球首个创建官方视频网站的电视媒体。经过多年的发展，CNN.com 已发展成为国际影响力巨大的电视视频网站，网站每月访问量超过 3800 万人次，网页浏览量 17 亿次，网站视频点击量超过 1 亿。CNN 视频网在海湾战争和美国“9・11”恐怖袭击事件等新闻报道中发挥了巨大的作用，官方网站运营的成功大大加强了 CNN 电视新闻频道的传播力量，也在一定程度上缓解了新兴媒体的冲击。目前，CNN 官网下拥有视频、国际新闻、互联网报道等 14 个视频频道，为全球提供政治、体育、娱乐和科技等全方位的视音频新闻信息，成为 CNN 旗下与传统电视频道并驾齐驱的传播渠道。此外，美国另外两大电视新闻巨头 NBC 和 FOX 也积极进行了传统电视频道与官方视频网的融合工作，并着力于官方视频网的多媒体业务，通过线上和线下的互动服务形成受众的高黏合度，NBC 是全球最大的奥运会电视转播商，历年的奥运会美国视频版权均由 NBC 获得，2010 年成立的“NBC 体育集团公司”整合了 NBC 在线网络视频、有线电视网和广播电视网的资源，旗下拥有 NBC 在全球的所有体育视频网站和电视网，在 2012 年伦敦奥运会期间，NBC 通过官方视频网和体育网实现了有线电视、无线广播和在线视频的多平台传播，共为全球提供了近六千小时的比赛实况和视频新闻信息。官方视频网站的建设是西方电视媒体应对新媒体挑战的重要手段，有利于充分发挥传统电视媒体内容提供商身份的价值，对提升电视媒体融合业务的自身控制力和受关注力有着重要的作用。

其二，电视和社交媒体的融合。

当代社交媒体是在以美国为代表的西方国家快速发展起来的，Facebook、Twitter、Linkedin 均已成长为互联网社交媒体的领军企业。社交媒体的收入得益于大量网民的粘连，而传统电视要遏止观众流失的势头，就必须与互联网社交媒体进行融合，西方电视媒体通常通过两种方式进行这种融合。一是通过官方网站进行自己的社交媒体平台建设。CNN.com 于 2011 年正式发布了新版的 IREPORT 频道，该频道的主要内容提供者是全球各地的网民，由他们向视频网站平台发布自己拍摄的全球各类突发事件的视频和照片，到目前为止，网民们在 IREPORT 上共发布了超过 20 万件视频和照片，其中有两万多件被 CNN 传统电视频道采用，

2012 年，IREPORT 的浏览量较上年增长了 176%。英国电视巨头英国广播公司（BBC）也在其官网上推行社交媒体活动，BBC 官网上提倡共享的观念，用户可以按自己的要求随意修改 BBC 官网的页面设置，按自己的喜好重新编排网站新闻内容，并直接在主页上建立自己的博客和播客，为这一具有全球影响力的电视媒体和网站提供影像和图片信息。用户体验已成为西方电视媒体社交网络建设最重要的考量，成为联系传统电视渠道和互联网的重要手段。二是与其他社交媒体共同制作电视节目进行合作。2009 年在奥巴马的总统就职典礼上，CNN 和 Facebook 共同推出一个新的网页进行现场报道，CNN 利用强大的新闻制作能力为网页提供了适时现场直播视频、丰富多彩的新闻报道和背景资料，Facebook 则通过网页上提供的网友登录设置进行点评交流，结果当天网页点击量和电视频道的收视均创下当月纪录。社交媒体与传统电视的融合大大增强了电视节目的互动性和参与性。其三，电视和移动互联网终端的融合。

随着移动通信技术的飞速发展及下一代 Web 应用技术的创新，移动互联网终端业务已成长为互联网发展新的推动力和新增价值的主要来源，通过数十亿的移动互联网终端用户的参与也创造了新的可持续发展商业模式。从现实看，移动互联网应用的终端正逐步取代 PC 终端而成为互联网业务主要承载体。IT 市场调查公司 Gartner 发布最新报告称受到智能手机、平板电脑等移动终端的拉动，全球 IT 设备 2013 年出货量将达到 23.5 亿台，其中基于安卓（Andriod）平台的移动互联网终端将占今年总出货量的三分之一，而同期 PC 设备的出货量将持续下降。这就意味着互联网移动终端正成为网民最主要的上网工具，与此同时，使用移动终端收看视频的观众也逐步在增加，据尼尔森调查公司近日发布的 2013 年一季度跨屏报告称，该季度美国使用手机观看视频的用户数量为 4500 万，比 2012 年同期的 3600 万增长了 25%。其中手机视频浏览时间从每月 5 小时提高到 5 小时 29 分钟。在 PC 端，视频用户则从 1.62 亿下降到 1.55 亿，用户通过互联网移动视频平台获取影像内容已变为视频流行文化。2007 年起，西方主要电视媒体纷纷开发出针对互联网移动终端的视频内容生产和应用适配。当年 12 月，BBC 率先推出 IPLAYER 播放器，通 IPLAYER 播放器观众可以移动在线收看实时的电视直播节目，并在节目播出后可下载电视频道的所有视频内容。美国 FOX 电视台旗下的具有全球影响力的电视真人秀栏目《美国偶像》专门开发出移动应用软件（APP）在苹果的 IOS 和安卓手机平台上供用户使用，观众可以通在移动终端下载这些应用软件获取选手的信息、节目的视频并参与节目互动，还可通过各种支付方式付费下载选手的专辑和单曲。近几年来，西方主要电视媒体 CNN、BBC、ABC、ESPN 和 NBC 等均纷纷推出针对非手机互联网移动终端 APP 业务的开发，大量的独家视频内容和应用使得这种业务平台成为“移动电视”的最佳播放平台。互联网移动终端业务开展已成为西方电视媒体融合的最主要发展方向。

表6-8　全国省级电视台手机客户端统计情况

省级广电	省级电视台移动端	其他交互应用
湖南广电	芒果TV 手机电视	盯盯 芒果圈 呼啦 金鹰网手机客户端 中国最强音
江苏广电	无线江苏 长江手机台 手机视讯	-
安徽广电	安徽电视台	海豚互动 啊呦
浙江广电	浙江手机台 浙江电视台	中国好声音-视频精选 潮起钱江
山东广电	山东手机台 山东网络台	-
东方广电	-	东方卫视梦立方 中国达人秀-东方卫视 哇啦
湖北广电	湖北移动网台	星吧
陕西广电	无线陕西 陕西卫视	第一新闻 陕西两会 都市快报
北京广电	北京电视台手机电视 BRTN北京网络广播电视台	BTV大媒体
河北广电	无线河北	摇摇乐
江西广电	视讯江西 江西有线	-
广西广电	美丽广西 无线广西	广西新闻 一生所爱，大地飞歌 广西综艺 广西广电网络HiTV
云南广电	七彩云南 云南手机台	-
吉林广电	吉林手机台	吉视宝
天津广电	万视达	新拍客 天天圈
重庆广电	重庆有线 CTV掌上重庆	辣椒圈
青海广电	青海有线	掌上西宁

（续上表）

省级广电	省级电视台移动端	其他交互应用
内蒙古广电	内蒙古有线	–
西藏广电	西藏之声网	–
河南广电	–	汉字英雄 成语英雄
广东广电	–	广东卫视看点 广东电视新闻客户端
福建广电	高清互动	–
山西广电	山西网络广播电视台	–
贵州广电	–	有意思
海南广电	旅游卫视	–

二、西方国家融合发展的特点

目前，西方电视媒体围绕网络视频、社交媒体和互联网移动终端开展的电视媒体融合业务已取得长足的进步，基本实现了传统电视传播网、互联网络和通信网的三种传播渠道的链接和整合，从而为传统电视媒体重新拓展了未来发展新的空间和思路。

其一，以全球化战略促进媒体融合的发展。

西方传统媒体的全球化战略是依托于强大的经济、政治和文化实力，通过现代化的信息传播手段，借助于先进现代的全球化运营手段而开展的垄断资本主义国际扩张。西方学者弗雷德里克认为："全球化属于传播学的概念，它传达和覆盖了文化和经济的理念。"[①] 从西方电视媒体企业自身来看全球化战略，它首先是规模化的发展。2011 年，BBC 和 CNN 的电视节目分别覆盖全球 223 个和 210 个国家和地区，超过联合国会员国数量，基本覆盖了全球。强大的实力确保了电视媒体融合产业的投入。其次，当今西方电视媒体越来越借助于媒体融合渠道进行全球化营销。和以往传统电视广播式的传播不同，新兴媒体传播渠道的发展提供了点对点信息营销的可能，新传播手段的出现又为全球化提供了更加便捷的条件。CNN 提出了要挖掘可能在互联网新闻平台上投入的广告商潜力的目标，BBC 则提出"创意经济"的发展思路，通过在全球进行新的节目形态、文化产业投资发展电视媒体融合经济，同时进行全球品牌推广和增值。此外，西方电视媒体资源的整合单单依靠过去的人力管理、运营

① 王宁．全球化时代中国电影文化的分析［J］．社会科学战线，2003（5）：31.

机制是不够的，一个跨媒体、跨区域、全球化的平台建设是极其必要的，电视媒体融合平台成了资源整合的最佳选择。类似CNN、BBC、NBC、迪士尼等国际媒体集团旗下的节目资源正在通过电视媒体融合平台进行跨媒体信息共享，与此同时，不同介质媒体实现资源互换已成为普遍做法。

其二，以内容产业促进融合发展。

当前新媒体传播技术的革新，传统媒体的信息发布权正不断地被个人用户自行发布的自媒体UGC所挑战，西方电视媒体提出的“内容为王”的媒体运营理念也似乎逐渐过时，但是，他们认为，正因为如此，媒体更需要发展更具时效性、更精彩、更具关注力的内容产业。[①] 这是传统电视媒体立于不败之地的最大凭借。维亚康姆总裁雷石东说过：“受众接受一个媒体，不是因为这个媒体的技术，而是因为它所传送的内容，任何节目如果不能做到以内容取胜就不会长久。”新闻集团董事长默多克指出：“没有创新的内容，这些电子设备不过是昂贵的玩具。”[②]

首先是对内容投入的不断加大。为保持对其他竞争对手和新兴媒体的内容优势，西方主要电视媒体对内容生产加大投入，BBC负责电视媒体融合全球业务的BBC环球系列频道在2010年度就《流行音乐精曲》、《超级跑车秀》、《神秘博士》等品牌栏目的内容制作方面就投入近八亿元。CNN对节目的投入长居美国三大有线电视网前列，2011年节目投入占总支出近五成，超过其通过节目获得的广告收入，可以想见CNN对节目内容的重视程度。

其次是加强受众体验和服务。受众的黏连度是电视节目内容收视好坏的关键，这种黏连在新媒体传播发达的今天尤其变得珍贵。CNN在其媒体融合平台上就受众体验做了许多工作，它在CNN.com官网上专门设置了YOU VOICE的应用按键，用户可以通过这一功能发表对网上直播节目内容的意见，经过编辑审核后可直接传送到电视频道直播室内，在传统频道中播出并适时建立主持人和网民的联系。BBC则通过旗下的电视媒体融合平台开办了BBC链接频道和BBC校园新闻频道，起到用户通过互联网参与传统电视节目内容提供和普及互联网应用知识的作用。

再次是创新电视节目内容。受众的喜好和关注力一直以来是西方主要电视媒体节目创新的动力和核心，媒体融合业务的开展使得根据电视观众的喜好制作和创新节目成为更简单的事情，目前，英美创新推出的品牌电视栏目无一不和电视媒体融合业务有关，FOX的《美国偶像》通

---

① 李舒东．国际一流媒体研究［M］．北京：世界知识出版社，2013：88.

② 高群耀．传媒变革时代的来临及新闻集团的应对之道［J］．中国记者，2011（7）：21.

过其官网、IDOLNATION社交网络粉丝群和互联网移动终端应用软件改变了节目制作、传播和收视形态，吸纳了大量的受众参与。BBC开播20多年的老牌电视栏目《厨艺达人》则通过媒体融合渠道创新了节目制作方式，它利用官网和厨师博客、美食播客在线进行评点、菜式交流等活动，通过IPLAYER应用软件和“厨房达人学院”移动应用APP开展电视节目和互联网网民的互动，吸引了大量的人气，即创新了节目，又提高了收视。

其三，以资本运作推进媒体融合。

凭借着传统电视媒体多年的资源积累和强大的经济实力，西方发达电视媒体在媒体融合运作中普遍实行资本运作，从而迅速完成媒体融合产业基本布局，并形成规模化的产业链条，创造出新的盈利模式和收入。由于大媒体淡化了各媒体间的产业分立的界限，如有线电视运营商、软件服务商、电信运营商、硬件生产商等其他产业参与者，因此，他们必须通过更新的和更加激烈的方式加以竞争。很明显，资本化和产业化是必然的选择。

首先是通过资本运作完善产业结构和产品结构。西方主要电视集团在电视媒体融合产业发展上采取了持续的资本运作，它们通过不断的兼并、重组、收购、投资等方式，吸纳符合自身媒体发展方向或可弥补产业结构不足的新兴媒体机构，通过重新组合便可迅速投入生产，形成媒体融合规模运转。2005年，新闻集团斥资5.8亿美元收购了当时全球最大的社交网站MYSPACE后，很快就与新闻集团的传统电视业务对接，将集团下属的音视频节目内容置于MYSPACE社交网内，并在2007年正式推出MYSPACETV，在全球传播电视内容。此外，新闻集团还通过兼并方式将网络视频游戏公司IGN和SCOUT MEDIA网络体育收入囊中，目前已形成拥有30多个网络媒体的电视媒体融合集团。资本运作使西方电视媒体融合达成了传统媒体与现代媒体、内容提供商和渠道服务商的融合，从而加速媒体融合产业化的运作。

其次是打造媒体融合产业链。产业链的打造是西方主要电视集团进行媒体发展的重要手段，通过产业链形成最大程度的经营收入是最终目的，和大多国内电视媒体依赖传统电视广告的收入结构不同，西方发达电视媒体的主要收入是产业链条上的收入，电视广告收入仅占其中较少的一部分，绝大部分收入来自于资产回报、品牌营销、内容销售、订阅付费等，就连号称最重视广告收入的美国哥伦比亚广播公司CBS，其广告收入也仅占全部收入的三分之一。媒体融合和跨媒体成为西方国家电视传媒集团用于联系不同产业开展多元化业务的平台，通过利用内部产业的关联性和互补性，大力发展与电视主业有关的所有媒体融合和跨媒体产业，形成完整的打通上下游的产业链条，从而大大发挥媒体传播的广度和深度价值。新闻集团旗下的FOX电视台联合NBC创办了HULU视频网站，通过整合90多家新闻集团内部的影视机构和全美多个著名影视公司的内容资源，形成相对网络影视视频资源垄断，大大提升了用户关注度，2011年，新闻集团在HULU.com的收入超过4亿美元，2012年，全美网络视频流量HULU位居第二。

其四，给我们带来的启示。

国内传统电视媒体在媒体融合产业发展和新兴媒体市场博弈中问题不断显露出来，必须学习西方电视媒体融合好的作法，吸收其发展带给我们的经验和启示。首先，是要加大电视媒体融合产业的投入，将电视媒体融合发展的重要性提升到与传统电视发展同等重要的地位，力求保持在视频市场中的优先位置。其次，是要重视媒体融合技术的应用，只有让受众形成使用忠诚度和粘连后，电视媒体融合产业才具备量化的变现估值，才能真正产生经济和社会效益。第三，是重视媒体内容的创新，无论出于自身的媒体发展，还是与新媒体的竞争，节目创新始终是电视媒体持之以恒的发展战略。只有创作那些符合自身定位新节目，形成各自的风格和特色，才能满足受众的需求，从而产生新的关注点和产业价值。第四，是重视移动互联网电视业务的拓展，媒体移动化是不能忽视的历史趋势。要保持舆论影响力和对舆论格局的掌控能力，必须从战略层面研究并投入。[①] 目前，网易、搜狐、腾讯等门户网站也纷纷推出了自己的移动新闻客户端。2013年5月，搜狐宣布，其移动新闻客户端用户量突破一亿。国内外移动互联网的快速发展，促使传媒业迈向更深层次的变革。可以说，从西方电视媒体移动互联网媒体融合业务的发展过程上看，传统媒体与网络媒体的竞争已经逐步由内容转向了终端。拥有终端的控制权就代表着对用户的消费权、对舆论的引导权、对市场的定价权及对产业溢价的主动权。

---

① 陆小华．新媒体观［M］．北京：清华大学出版社，2008：81.

第 7 章　危机传播与心理影响

电视语言的本体属性、最优态势，就是它的拟人际的视听直观性。随着媒体技术的发展，媒体的本体属性越来越完善，在传统的新闻性和媒体本体属性二者所占的比例上，媒体新闻越来越多地向拟人际直观展示方面倾斜。但是“在每一件工具里都隐藏了一个意识形态上的偏倚和它的独特价值观和世界观；因此，它会引导我们去片面使用我们的机能、感官和情操”。换句话说，所有技术都不是中立的。[①] 从媒体信息的编码角度、制作手法到播出结构，都会产生出设置引导议程的潜在空间。

从国内外媒体的实践情况可以看到，当下的危机传播在新媒体和国际化的背景下必须走出一条具有中国特色的道路。必须同时指出的一点是，国内媒体的危机传播在实践中正在以自己的方式进行摸索和尝试。但是问题和创新相伴而行，有时媒体的报道过分渲染细节，从而加重了受众的消极心理；有时媒体的分析过于片面，从而影响了受众的社会认知；有时媒体的煽情过于做作，从而激发了受众的逆反心理等等。在进行危机传播时媒体应该在何种程度上考虑民众的心理反应，在不违背传媒道德的前提下进行危机的报道？所有的这些问题都值得我们全社会包括学者展开深入的思考和研究。

第1节　信息管理是危机传播的核心工作

一、危机传播的概念辨析

目前，国内关于“危机”有不同的称呼，如“突发事件”、“公共事件”、“紧急事件”、“危机事件”等，而为了区别企业、公司等部门危机，又有了“危机事件”、“社会危机”、“公共部门危机”、“突发性公共事件”、“政府危机”等概念。我国颁布的《国家突发公共事件总体应急预案》，对“突发公共事件”作了定义：指突然发生、造成或者可能造成重大人员伤亡、

① ［美］尼尔·波兹曼．技术垄断——文化向技术投降［M］．南宁：广西师范大学出版社，2004：13.

财产损失、生态环境破坏和严重社会危害，危及公共安全的紧急事件。

如果从信息传播价值的意义上来说，公共危机对社会受众的影响更多的是负面性和关联性。广义的理解，危机传播包括公共危机情境下社会中的一切传播活动，当然也包括公共危机本身。国内有学者将危机传播定义为："针对社会的危机现象和事件，如何用大众传媒和其他手段，对社会加以有效控制的信息传播活动。它的目的在于，按照社会传播和新闻传播规律，对危机处理过程进行干预和影响，使危机向好的方向转化。在时间紧、非常态的情况下，大众传媒更多地被运用到危机传播中。"[①]这一定义有其不足之处，主要在于将危机传播看作是一个单向的、不可互动的流程，忽视了危机中公众的能动性对危机传播和危机处理产生的影响和作用。本文认为危机传播的定义应该为：在公共危机中，以不同媒介为工具，实现组织和公众相互之间的信息传递与沟通行为。

在中国，危机状态下的各种媒体应该承担起独特的信息传播职能。从信息管理的角度看，主要涉及两个环节：一是在对危机信息收集的基础上，经过选择、加工等过程，实现危机信息的大众传播；二是通过各种媒体媒介的传播功能实现对危机舆论引导功能。我国主流媒体，在危机管理中担负着沟通政府与社会公众的"桥梁"作用。它们在危机传播中有着自身特有的优势，同时也必须承担起更加更为艰巨的责任，在危机传播中起到"公开信息、澄清事实、平息谣言、鼓舞人心"等舆论缓释的作用。在我国，主流媒体对危机事件的报道具有议题建构的效果，在客观上也可以强化或弱化舆论导向的功能。我们的调查也发现，我国民众对于组织危机处理能力的评价会受到各种媒体报道和评价的影响。同时，各种媒体对于危机事件处理的评价也会影响大众对政府危机处理能力的认知与态度。

二、信息管理的重要性分析

媒体社会的今天，一般性的危机事件都在某种程度上兼具新闻学和社会学内涵。它可以凭借典型案例的爆发而揭露某些视而不见的问题，同时以其强大的社会影响引发政府组织的关注，最终引导社会舆论的形成并推动问题的解决。但另一方面，危机事件如果处理不当，也会引起受众心理的波动和社会的动荡。因此，各国危机信息的传播都着力于满足社会对危机事件的信息需求、满足公众的知情权和维护社会稳定之间

① 方雪琴．信息公开与媒体理性——试论危机传播中的舆论引导策略[J]．中州学刊，2004（6）：13.

取得良好平衡这一关键点上。

我们认为，公共危机本身所具有的诸多特点决定了信息管理应当是整个危机管理的核心工作之一。危机事件的多样化，危机发展的不确定性经常导致危机信息的多变性和不完整。而危机信息的不完整和不确定经常会给危机事件的管理工作带来困扰。作为危机演变过程中最匮乏的一种资源，网络时代的危机信息传播不仅存在着确认困难、来源众多的特点，而且还经常会伴随事件的发展而不断发生嬗变。我们从马航 MH370 失联客机的信息传播过程中可以清晰地感受到这一规律。

其一，信息研究伴随危机管理需要。

从研究脉络的发展过程来看，“危机管理”的研究在前，研究内容基本包括危机处理策略的规划、危机管理机构的构建、危机所处环境的监控，以及和特定危机事件有关的针对性方案等，最终目的就是解决问题，挽回损失，恢复秩序，并重塑形象；而“危机信息管理”则发展在后，这方面的研究主要从信息传播方面的研究中分离而来，其发生和发展是为了呼应危机管理的实践需要而日益蓬勃发展起来的。“危机信息管理”的研究着力于危机全过程中的信息摄取、传播、发布和反馈互动，并通过相关的信息传播技术和手段加以实现，其主要目的是在于提高危机处理的效率和危机决策的准确性。当然，我们也应客观地看到危机信息管理正在越来越多地承担起安抚公众心理，塑造政府形象，引导社会舆论等职责。

其二，信息传递影响危机决策过程。

从情报学角度看，危机情境下，情报活动（如情报的搜集和分析）作用的大小取决于它在制定政策、计划、冲突局势和预警等方面对决策者帮助的程度，而信息资源则是情报活动的基础。因此，我们认为，危机管理的核心就是对危机信息的管理。例如，2005 年 3 月 20 日，日本福冈县发生里氏 7 级地震，灾害发生 30 分钟内，政府各省厅的防灾负责人均已赶到危机管理中心集合，并启动内阁府地震防灾情报系统，分析研究通过直升机拍摄的各种图像资料，统计人员伤亡和建筑物受损情况，展开积极的救灾工作。在这次里氏 7 级的强震中，仅有 1 人死亡，735 人受伤。[①]

其三，信息管理支持危机管理全程。

媒介社会的来临使得危机管理中信息管理问题日渐突出，因此必须以信息管理支撑危机管理的全过程，以及时、快速、准确、可靠的信息运用作为危机管理的应对手段，通过提高信息管理水平来提升危机管理

---

① 王德迅．国外公共危机管理机制纵横谈［J］．求是，2005（20）：18.

水平，为预防和化解危机提供强有力的信息保障。基于此，美国 FEMA 成立了以波音 747 飞机为空中指挥所的电子通讯中心，同时积极研发各种应急管理软件，大力推进使用网络光纤等最新科技作为技术支持。相对应的州级紧急事态管理办公室的常规工作主要是协调响应、警报、预警、紧急事态通讯以及应急公共广播等。在公共信息的发布方面“9·11”事件之后，美国 CNN 中心对公众关闭，相关的所有信息，由联合信息中心筛选和提供，不同的媒体实时跟踪报道事件发展和救援落实的情况。

综上所述，在危机管理过程中，如果能把信息管理工作的各项任务都落到实处，就能占据尽可能多的及时、准确的信息，就能在第一时间里及时预警，最终保证管理者提出的各项应对措施拥有更强的针对性。

三、媒体引导的海外经验总结

在危机传播过程中，新闻媒体发挥着至关重要的作用。媒体能否与政府和公众之间形成良好的互动关系是危机传播和治理成败的关键所在。危机事件无论对于何种媒体来说，都是重要的新闻素材。对于新闻媒介的从业者来说，对于危机事件的理解构成了他们日常报道模式和理念的一部分，这些报道一方面为政府的信息传播提供了迅速而有影响力的传播渠道，另一方面也满足了公众的知情权和强烈的信息需求。与此同时，媒体也在关注和报道公共危机的过程中提高了自身的收视率、发行量和影响力。

对西方新闻媒介来说，最有市场价值的是事故、水灾、火灾、地震、谋杀、战争和行业纠纷等案例。具有负面因素的新闻题材对记者来说更加重要。[①] 例如，在 2006 年美国“卡特里娜”飓风来临之际，三大电视网的现场直播活动一扫前期收视不佳的困境，马上锁定了广大民众的眼球。电视收视率调查表明：从 8 月 29 日飓风开始登陆美国到 9 月上旬，共有 2900 万美国电视观众观看节目，美国一些电视媒体例如 NBC、ABC 和 CBS 的晚间新闻节目都有了超过 20% 的收视率上升，有线电视也随着这股热潮，收视率一飞冲天。[②] 当认真分析西方媒体的危机传播行为时，我们可以直观而具体地发现目前西方媒体在公共危机传播方面的表现主要存在以下几个特点：

其一，自觉在新闻报道中弘扬自己的核心价值观。

在报告公共危机，尤其是当遭受重大的民族危机，西方媒体马上显示出了“国家利益至上”的原则。所有国家无一例外。各种媒体在操作

---

① 张威．中西比较：正面报道与负面报道［J］．国际新闻界，1999 年（1）：12.

② 赵静．国外媒体对突发事件的新闻操作［J］．新闻前哨，2006（9）：27.

中通过大量的隐性的宣传手法报道救灾、重建工作，辅助政府的相关工作，降低广大公众对政府的压力和谴责力度。与此同时，西方媒体仍然非常专注于倡导社会主流价值观，体现在新闻报道活动中就是始终高举资本主义自由、民主的旗帜。无论是报道“9·11”事件的评论中，还是在反映伊拉克战争的案例中比比皆是。例如“9·11”事件中，《华盛顿邮报》发表评论，“如果要应对未来的挑战，美国必须在符合美国价值观的基础上，提高防御能力……美国决不允许恐怖分子改变这一点”。《洛杉矶时报》称，“即便是曼哈顿浓烟滚滚，华盛顿尘土飞扬……民主依然站立”。《休斯敦时报》则认为，“就像二战时打败法西斯主义一样，美国需要同世界上所有自由、民主、文明的坚定力量一起行动”。

其二，努力在新闻报道中体现人文关怀的理念。

危机事件中，境外媒体的报道基调通常是以“人”为本，强调的是对人的价值、生命的重视程度。在危机报道中，记者一般不会首先报道经济损失，首先第一时间报道伤亡人数，其次是报道医院的抢救措施和伤员的恢复情况，然后是开展反思性报道等。与此同时，境外媒体对于可能导致公众心理波动的信息十分警觉，例如在日本的灾难新闻里，面目全非的尸体等刺激性的景象是不允许出现在相关媒体中的，在需要报道死者的时候习惯上会使用其生前的照片，展示被害者美好的形象，让人们对悲剧感到震撼，思索如何防止悲剧的再次发生。[①] 而在涉及未成年人的新闻报道中一般都会使用马赛克、变声等技术手段对其容貌和声音进行处理，以免造成二次伤害。

其三，追求在新闻报道中信息的及时和全面。

西方媒体内部普遍建立了一套完整的危机报道机制。一个重大危机事件爆发后，媒体能够及时派出人员，马上策划报道形式，并随着形势的发展而不断跟进调整。一般情况下，后方编辑部负责宏观调控和资料的搜集整理；前方记者则听从安排，专注新闻的挖掘搜集、开展针对性采访，前后方配合，完成对某一危机事件的全面和深入的报道。在实际的运作中，记者有机会发挥其主观能动性。境外媒体高度重视现场报道，不管是战争或者飓风，现场总会现场报道记者的身影；境外媒体重视新闻呈现形式的优化，努力从深度和广度实现全面报道，传播中会用图片、图表等形式帮助公众强化记忆；境外媒体强调突出自身的报道特点，经常通过独特的视角和层面对同一危机事件进行不同角度的分析和解读。例如 2005 年 3 月 20 日，日本福冈县附近的海域发生里氏 7 级地震，不

---

① 何德功．日本媒体突发事件报道的原则［J］．中国记者，2004（10）：29.

到1分钟时间，各电视台通过滚动字幕迅速报道，屏幕上马上显示出地震震源、各地区震度以及有无海啸等重要信息；日本NHK电视台不久就中断了所有的节目，反复播放关于地震的相关新闻报道：倒塌的房屋、停运的列车以及接受治疗的伤员等。

其四，遵守新闻报道业已形成的规范操作模式。

在危机事件的新闻报道中，西方媒体通过长期探索和不断积累，应该说已经构建了一套较为规范的操作模式。以火灾事件的新闻采访为例，现场记者被要求务必搜集到以下信息：火灾发生的地点和时间；火灾中受害者的相关资料；火灾中物质损失的估值；损失财务是否有火灾保险；火灾报警人姓名，参与救灾者的数量和装备；起火的原因。这些规范性的新闻报道要求被写入了不同媒体的记者手册中，形成了一套完整的操作模式，为相关从业人员提供了基本参考和基本标准。这套操作模式使得西方媒体的新闻生产能够始终保持在一个相对稳定的水平上，不会因为人才的流失和人员的流动发生剧烈的波动。

其五，积极在新闻报道中发挥教育和预警作用。

一般来说，预防是解决危机的最好方法。[①] 西方媒体的日常报道不仅重视对危机事件现场的报道，也重视关注平时的危机预警工作。西方媒体经常通过各种社会风险和不同灾难演习的新闻报道强化公众的危机意识。西方媒体也通过对突发状态的防范和应对知识的普及性传播对政府和公众进行危机预警，提高整个社会的危机防范水平。在公共危机的恢复期，西方媒体特别重视对于危机事件发生、发展和处理等各个环节的反思，并希望由此实现对全社会全方位的警示，以减少类似危机事件再次发生带来的损失。美国政府十分重视对危机进行预防，其中一项预防措施就是促进防灾知识的普及，采取多种手段、通过多种渠道对公众进行防灾教育，在全社会营造一种危机意识，加强公众的危机准备和危机防范能力。除了通过政府和非政府组织的亲力亲为，面对面向公众宣传危机知识，向民众们发放危机书刊、简报等材料，向民众讲解危机防范知识外。还通过发挥媒体的教育引导功能，针对性地传播各种危机预防知识。这种危机教育的影响人数最多。与此同时，也会借助互联网进行大众危机知识教育，通过建立专业的危机教育网站、向公众自动发送承载危机知识的电子邮件等方式，达到教育公众的目的。这种危机教育的影响范围最广。

综上所述，在互联网时代，国内的媒体不仅要面对国内的公众，还

---

① ［英］迈克尔·里杰斯特．危机公关［M］．上海：复旦大学出版社，1995：41.

要面对来自整个世界的审视，不仅要向国内传播危机信息，也要向国外传播相关信息。虽然，国内媒体同西方媒体在新闻观念、媒介生存体制以及文化、价值观等方面存在差异，我国媒体在危机报道上呈现出与国外媒体不同的报道内容和方式，但这并不意味着国外的经验不具有参考价值，我国媒体在公共危机传播中既要讲究本国报道的“个性”，也要注意全球报道的“共性”，以此帮助受众建立良好的心理，帮助政府塑造良好的形象，促进政府在公共危机治理上的积极努力。

第2节　危机中受众的媒介使用和关注重点

现代传播媒介的普及，也必然影响到人的本身，影响人的社会生活和人与人、人与社会之间的关系。危机事件中的传播活动则会产生一系列的受众心理反应。公共危机事件中最关键的因素就是人，公共危机事件报道必须是以受众为中心的。在发生危机事件的非常态情势下，受众获取信息的需求更加紧迫，因为信息沟通可以消除危机事件带来的未知性和不确定性，进而稳定受众情绪，使其做出相应的判断。危机传播中媒体从业者只有深入了解受众心理，新闻报道才能做到有的放矢，新闻信息才能更加契合受众的需要，从而有效地引导社会舆论，协助政府处理危机事件，维护社会的和谐稳定。

一、数据来源与分析方法

公共危机中的核心工作是政府借助传媒进行危机管理。为实现共同的任务，我们必须研究公共危机中我国媒体受众的心理特点和传播规律，并加以科学的引导，使得不同社会阶层融合成解决危机的合力。公共危机的控制和解决在很大程度上取决于社会舆论是否正确，社会心理是否稳定。因此，在当前的中国，信息传播的管理和受众心理的引导目前已经处于重要位置，是公共关系危机能否成功化解的关键性要素之一。

本课题组成员采用不等概率抽样（PPS）方法，在全国范围抽取了不同社会阶层的受众进行问卷调查，从我国受众的危机认知规律、危机中我国受众的心理波动规律，以及危机中不同媒体的心理影响力三个方面，多维度了解危机事件中我国受众通过媒体进行信息接收以及交流的习惯及情况。调查完成时，回收问卷5000份左右，经过整理得到有效问卷4218份。有效样本的区域分布状况比较均匀，基本覆盖了全国绝大多数省。调查数据的录入和整理使用Excel软件，数据分析使用SPSS软件13.0版。调查报告主要采用单变量频次分析与多变量间的交叉分析进行数据分析。

依据分析方法的不同，调查报告主要包含两大块内容：采用单变量频次分析的危机报道受众行为总体趋势分析和采用多变量间的交叉分析的不同特征受众行为差异分析。本章中所用调查数据全部都来自于这次调查，不再另行说明。

中国社会科学院“当代中国社会阶层结构课题组”于2002年发布研究报告，将当今中国社会的民众分成不同的社会阶层，其中的强势群体主要包括拥有相当资源的高层管理者，拥有组织资源的企业经管者，拥有文化资源的高级专业人士，拥有经济资源的私营企业主；中间群体主要包括一般社会管理者、经理人员、小微企业主、技术人员等；弱势群体主要包括商业服务人员、工人、农民、城乡无业者等。一个社会的阶级阶层结构发生重大变化的时期，往往也是该社会发生划时代变化的时期。从某种意义上可以说，社会划时代性变化，就是这个社会的阶级阶层结构的时代性变化。[①] 所以我们本次调查也基本按照中国社会科学院的划分进行分析和研究。样本中的受访者的主要特征如下：以中青年为主（年龄介于20岁—40岁）；学历一般在高中以上；男女比例在3∶2左右。样本特征具体信息情况见表7-1。

表7-1　调查样本特征一览表[②]

样本特征		人数	百分比（%）
年龄	20岁以下	594	14.1
	21-30岁以下	1815	43.1
	31-40岁	978	23.2
	41-50岁	606	14.4
	51岁以上	222	5.3
文化程度	初中及以下	549	13.0
	高中	1212	28.8
	大专、本科	2172	51.6
	硕士及以上	276	6.6
职业	干部及领导	708	16.8
	私营或个体劳动者	720	17.1
	技术人员及一般职员	972	23.1
	工人、商业服务人员	327	7.8
	农民、进城务工者	417	9.9
	学生及其他	1068	25.4
性别	男	2463	58.6
	女	1743	41.4

① 陆学艺．当代中国社会流动［M］．北京：社会科学文献出版社，2004：206.

② 表7-1至表7-13数据来自本课题组的统计数据．

二、受众的媒体使用习惯

受众消息的接收习惯的形成过程十分复杂。一方面它在众多的人群中具有共性的特征，这种共性与人的生理性需求动机有关，表现为“饥思食、渴思饮、寒思衣”。另一方面。它又具有明显的特殊性和差别化，这种特殊性是与受众所处的社会环境的复杂性有关像经济条件、生活水平、社会地位、地理环境、文化程度、风俗习惯等都会造成受众信息接收习惯的不同。

其一，危机事件中，大部分受众在事件刚发生时使用媒体，之后受众的使用频率递减。

危机事件发生时，受众最关心的是事件的最新情况。一般情况下公共危机事件涉及的人群较广，影响重大，会引起受众的普遍关注。我们以危机事件爆发为时间基点进行分析，基点之前和基点之后的时段内，受众的媒体关注度都呈现逐渐递减的态势。也就是说基点之前，危机事件有先兆的时段受众使用媒体很少；基点之后，危机事件从发生到发展直至解决，一直延伸到结束后，除了在发展到高潮时段会产生一个小幅度的上升外，受众使用媒体都呈现出不断递减的态势。可见，在危机传播中，事件刚发生时是报道的黄金时间。具体结果如表 7–2 所示：

表7–2　受众关注危机事件的时间段分析表

时间段	人数	百分比（%）	累计百分比（%）
1事件有前兆时	216	5.2	5.2
2事件刚发生时	1227	29.3	34.4
3事件发展过程中	564	13.5	47.9
4事件发展到高潮起冲突时	666	15.9	63.8
5事件在解决过程中	600	14.3	78.1
6事件结束时	87	2.1	80.2
7事件结束后	141	3.4	83.5
8不确定	690	16.5	100.0
合计	4191	100.0	

根据表中的调查数据可知，有 29.3% 的受众会选择在事件刚发生的时候关注媒体，占到了受众的大多数。此外，有 16.5%、15.9% 和 14.3% 的受众分别倾向于在不确定的时间段、事件发展到高潮冲突时以及事件在解决过程中的时候关注媒体。在事件结束时和结束后关注媒体的受众最少，分别为 2.1% 和 3.4%。

第二，危机事件中，大部分受众依据严重程度决定使用媒体时间长度，心情也有影响。

危机事件往往因其对人们心理、生活乃至社会产生较大影响而更容易引起受众的广泛关注。而选择何种媒介、使用多长事件则受到多重因素的影响。现代社会已经进入信息社会，人们获取信息的渠道不仅仅是大众传播媒介,还可以通过各种各样的传播渠道获得关心的信息,如电话、网络、手机短信等。危机事件关系每个个体的切身利益，越是严重的危机事件,受众越急切地想了解事件的情况,相互之间相关信息的传播频率、速度、数量等就会急剧攀升，利用的传播工具种类也会大大增加，会想方设法通过更多的渠道获得更多的相关信息。由于我国传媒所具有的公信力、权威性，在危机传播更显得地位的重要。因为受众对我国传播媒体的期望值相当高。

表7–3　使用媒体时间长度的影响因分析表

类别	人数	有效百分比（%）
危机的严重程度	1437	34.3%
自己的心情	618	14.7%
随机的	558	13.3%
只在固定时间使用	474	11.3%
自己对危机处理的满意程度	456	10.9%
使用时间长短取决于和自己的关系	375	8.9%
节目制作水平	276	6.6%

根据表中的调查数据可知，有 34.3% 的受众视危机严重程度决定自己使用媒体的时间长度。此外，有 14.7% 的受众会依据自己的心情使用媒体，10.9% 的受众取决于自己对危机处理的满意程度，8.9% 的受众使用时间长短取决于和自己的关系。调查结果表明，节目的制作水平对受众使用媒体长度的影响最小，只占总数的 6.6%。可见，受众在危机事件中的媒体使用主要取决于危机事件的本身影响因素，相对的和制作水平关系并不大。

其三，危机事件中，对我国受众影响最大的媒介还是电视，手机和广播并列第二位。

我们的调查发现，危机传播中各种媒体对我国受众普遍能够施加影响，其中电视媒介对受众的影响程度最高。我国受众目前在平时和危机事件发生时，选择的信息获取渠道排在第一位的都是电视。这表明电视媒体是公众获取信息的最为重要的渠道之一，有超过 60% 的人选择了电视媒体。电视媒体作为大众的传播媒介，在受众的生活中仍然具有广泛的影响。应该说，各种新兴媒体的出现和发展对传统媒体的霸主地位提出了更多的挑战，但是我们的调查结果表明在危机事件的传播竞争中，我国电视媒体仍然占有一定的优势地位。

表7–4　受众承受的刺激性程度分析表

类别	刺激程度均值	标准差
电视上的受灾画面	4.79	1.637
手机上的灾情信息	4.78	1.727
广播上的受灾情况描述	4.78	1.656
报纸杂志上的受灾照片	4.66	1.717
网络上的受灾视频	4.57	1.814

调查结果表明，危机报道对受众有一定程度刺激，且总体水平略高于平和。其中，电视媒介对受众的刺激程度最高，广播媒介和手机媒介稍次之，而网络媒介刺激最小。可见，不同媒介在危机报道中对受众的影响是不一样的。

三、危机中受众的关注重点

观众心理与传播效果是相互影响相互促进的。观众心理的变化能影响传播效果，而传播效果的不同也必然给观众心理的走向带来无限未知的可能。求知心理是人类与生俱来的本能心理，是物种在演化过程中形成的一种基本能力倾向，它可以帮助人们在获得足够多信息的基础上，对自己的行为和其他诸如心理和情绪等的演变进行合理定位。因此求知心理是危机传播中媒体首先要满足的观众心理类型，必须尽可能多地提供人们最为关心的，与他们的需求紧密联系的多种信息，通过特有的表现方式在其传播平台上加以展示。

其一，危机事件中，受众普遍关注政府的行动。

现代社会，公众要求政府时刻履行各种责任，包括政治方面、行政方面、法律方面和道德方面等，缺一不可。危机事件爆发时，政府应该努力回应社会的要求和民众的呼声，千方百计地履行好自己的职责和责任。危机事件中的抢险救灾和信息发布是危机处理中的关键环节，受众往往通过这两个环节中的政府表现来直观地评判政府的责任感，从而树立其战胜危机的信心。后现代理论家博德里拉认为，当今人类社会已经进入了一个新的类象时代。这种时代的基本特征就是符号化。“类象不再是对某个领域、某种指涉对象或某种实体的模拟。它无需原物或实体，而是通过模型来生产真实：一种超真实。”① 超真实的特点是，由符号构造的真实比存在的真实还要“真实”，还要令人信服。而这个超真实的世界主要就是通过新闻传播渠道来塑造的。

表7–5　危机中受众对政府行动的关心程度

类别	程度	人数	百分比（%）	累积百分比（%）
关心相关政府的行动	1总是	954	22.6	22.6
	2经常	1461	34.6	57.3
	3有时	1110	26.3	83.6
	4很少	522	12.4	95.9
	5从不	171	4.1	100.0

根据表中的调查数据可知，有 22.6% 的受众在危机事件中总是关注政府的行动，有 57.3% 的受众经常关注政府的行动，而从不关注政府行动的受众只有 4.1%。调查结果表明，危机事件中各级政府都应该通过新闻媒体传达正确信息，通过事实引导舆论，以达到消弭危机影响的目的。政府发布危机新闻应该遵循主动、全面、真实、及时、统一的原则。

其二，危机事件中，受众普遍关注处理的结果。

危机事件的发生包含有很多的价值评判意义，它反映的是现实的某种不足和缺陷。当一件打破常规，而又有足够大的负面影响的事情发生后，往往会让人们反思在事件背后所隐藏的制度性缺陷，从而引起公共政策方面的诉求。尤其是当具有某种相似性的事件一再发生的时候，就更容易触发人们对普遍问题的追问。正因为如此，危机事件的后续处理和问责结果往往成为目前受众关注的焦点。

表7–6　危机中受众对政府后续处理行动的关心程度

类别	程度	人数	百分比（%）	累积百分比（%）
想知道后续处理问责结果	1总是	1290	30.6	30.6
	2经常	1314	31.2	61.8
	3有时	1035	24.6	86.3
	4很少	471	11.2	97.5
	5从不	105	2.5	100.0

---

① ［美］道格拉斯·凯尔纳等．后现代理论批判性的质疑［M］．北京：中央编译出版社，1999：152.

根据表中的调查数据可知，有 30.6% 的受众在危机事件中总是关注政府的后续处理和问责结果，有 61.9% 的受众经常关注政府的后续处理和问责结果，而从不关注政府的后续处理和问责结果的受众只有 2.5%。调查结果表明，危机事件处理后各级政府都应该及时通过相关传播渠道把危机事件的后续处理情况和对相关人员的问责结果通报给受众，通过经验的中介和教训的反思，以达到举一反三和教育警示的作用。

其三，危机事件中，受众普遍关注领导人的行动。

传媒对现代社会生活的方方面面，产生着巨大的影响。我们认为不仅时势可以造英雄，在传媒政治时代，传媒也可以塑造英雄。今天的传媒在领导人的影响力上具有某种程度上的决定性，媒体的工作可以框定一个领导人的社会认同程度。在媒体社会的今天，很多领导者已经开始研究和分析其形象投射与媒体传播之间的关联性。全世界各地的领导者不断借助媒体来塑造优越形象（尽管也有“魅力假象”），以吸引民众的认同和支持。在危机传播中，受众是信息的接收者，是信息传播的终端。领导者是政府形象的重要载体之一，是政府“人格化”的代表，良好的干部形象和政府形象可以互相映衬。领导者一般都是组织的核心，对组织的存在与发展有着举足轻重的意义。危机事件中，政府领导良好的作风和亲民的形象不仅会对受灾群众起到积极的精神安抚作用，而且也会通过媒体在普通受众心中产生巨大的号召力，可以帮助更有效地实现危机管理的目标，更有利于提高政府的服务形象。

表7–7　危机中受众对政府官员行动的关心程度

类别	程度	人数	百分比（%）	累积百分比（%）
关心相关领导者的行动	1总是	870	20.7	20.7
	2经常	1137	27.0	47.7
	3有时	1209	28.7	76.4
	4很少	711	16.9	93.3
	5从不	282	6.7	100.0

根据表中的调查数据可知，有 20.7% 的受众在危机事件中总是关注领导者的行动，有 47.7% 的受众经常关注领导者的行动，而从不关注政府行动的受众只有 6.7%。调查结果表明，危机领导力是领导干部领导力的重要组成部分，很大程度上体现着领导者的领导风范与水平。危机到来时，领导者的言行具有较平时更强的社会影响力，对民众起着更大的引导作用。

第3节 危机中受众的信息解读和影响因素

传播效果的理论研究告知我们，受众首先获知信息，将获知的信息进行解读形成认识，这是受众的认知层面，然后就是心理层面，由于存在受众个体差异，以及选择性差异，产生了受众对这个信息喜欢与否，有什么感受，持什么态度。最后是受众的动机层面，即受众的需求是什么，目的是什么，这种动机决定受众采取不同的态度，以及相应的行为反应。这个过程体现了受众心理对行为反应的作用，也就是传播效果研究中的三个心理层面，即认知、态度和行为。[①]

一、信息接收类型的概括

危机事件的突发性会造成不同受众的信息接收类型间存在着很大的差异。受众的文化程度、社会阅历和生活方式等作为内因对受众的信息接收行为选择起决定作用，但由于受众是社会的人，而不是生活在真空中，外因所起的作用也不容忽视。研究危机状态下受众信息接收方式并对其进行合理的分类将有助于我们进一步准确把握媒体节目舆论引导规律的能力。受众信息接收行为由于受各种因素的影响。外在表现千差万别不可能逐个加以分析因此只能大致进行归类研究。参照现代市场学的分类方法可以根据受众的心理特征把信息接收类型分为以下五类。

第一，受众基于固定使用习惯的信息接收。指受众往往忠于一种或几种媒体节目品牌，对这些节目十分熟悉、信任，注意力稳定体验深刻形成习惯。信息接收时不假思索，不必经过挑选和比较行动迅速，时间短一般存在重复接收的问题。

第二，受众基于自身文化素质的信息接收。指受众根据自己的经验和学识判别节目信息，对节目进行认真的分析、比较和衡量后才做出是否收看的决定，他们往往不愿意受外人的影响。另外这类受众中也有一部分人的信息接收行为往往表现得非常自信有时甚至比较固执。

第三，受众基于好奇等心理需求的信息接收。指受众易受媒体信息的一些外在元素的影响关注其新奇性而忽略其内在。现代受众相对来说较为关注时尚和潮流的东西，对于一档节目的持久注意力较差。不论是何种年龄段的受众普遍喜欢从个人爱好出发寻求媒体使用方式。许多年

---

① 沙莲香．社会心理学 [M]．北京：中国人民大学出版社，2006：279-280.

龄较小的受众的信息接收模式就是基于好奇心理，其接受信息不是为了满足自身的信息需求，而是出于社会交流。他们追求新奇乐于接触新媒体和新品牌。

第四，受众基于社会交流需要的信息接收。这种类型在一般的市场学分类中是没有的，应该说它是受众信息接收行为中所特有的一种。虽然在一般的信息消费行为中也有这样的内容，但远远不像在危机信息接收需要这样需求强调。因为一般的研究还没有注意到这一点或没对它给予足够的重视。这种类型是根据马斯洛的需求层次理论而来的即受众接收某种信息是为了得到社会的认同，是为了在群体中找到一种归属感。这种信息接收类型受环境的影响比较大而且扩散力也很强。

第五，受众基于某种随机性选择的信息接收。这种信息接收行为随机性比较大。这种受众一般很少固定使用或收看某中媒体或节目。它对危机信息的接收也带有很强的随机性和随意化。对于媒体的使用更换频率很高，选台器的功能在这类受众手中利用得比较充分。

我们的调查表明，在危机事件发生时，媒体受众在收看媒体报道过程中，可以加深其印象的因素依次是：有客观公正的处理结果公布，有不为人知的内幕消息，有感人的故事或细节，评论员权威科学，主持人讲解生动，画面 / 声音感人，出现在重要播出时段，图表制作精良 / 数据翔实等。

表7–8　危机事件中，您印象较深的媒体报道，是因为哪些因素而关注它？（三项之内）[①]

客观公正处理结果公布	有不为人知的内幕消息	有感人的故事或细节	评论员权威科学	主持人讲解生动	画面/声音感人	出现在重要播出时段	制作精良/数据翔实
36.32%	34.62%	32.93%	31.96%	19.85%	18.40%	16.71%	14.04%

二、解读中的感受与担忧

媒体受众倾向于有选择地接触那些能够加强自己信念的讯息，拒绝那些与自己固有观点相抵触的信息。近年来，受众群体已经越来越趋向于细分化，从大众群体到分众群体再到小众群体，甚至是一对一传播模式，要求传媒不断提供更有针对性的节目来满足不同受众的需要。

其一，受众对我国媒体的不良感受总体趋势分析表明，很多受众认为在危机报道中，悲剧色彩太浓、有诱导情绪嫌疑、报道时间过长等情

① 数据来自本课题组调查 .

况最容易让受众产生不良感受。

在汶川地震的大量危机报道中，诸多媒体以其丰富的话语符号快速报道震区情况，实现了很好的传播效果。但是与此同时，我们是否应该反思和探讨某些值得注意的倾向，例如：媒体从业人员应不应该在灾后追问受灾群众受灾时的情形？播报感动人心的灾难故事时新闻主播可不可以流泪？哪些危机报道带着明显策划的痕迹、渗透出煽情的意味？面对震撼人心的受灾现场，用哪种报道方式更能实现传播效果？等等。这些问题都值得我们深入研究。

表7–9　受众对媒体传播信息的不良感受分析表

类别	人数	百分比
悲剧色彩太浓	1395	33.1%
有诱导情绪嫌疑	1260	29.9%
报道时间过长，受不了	1251	29.7%
矫情和做作	1188	28.2%
没有其他节目调剂	840	19.9%
画面太刺激	798	18.9%

调查结果表明，受众对媒体的不良感受产生原因较多但相对平均。其中，危机中最易让受众产生不良感受的三个原因分别是悲剧色彩太浓、有诱导情绪嫌疑、报道时间过长，各占30%左右比例。画面太刺激、没有其他节目调剂两项比较之下给受众带来不良感受的比例较小，但也均接近20%。

其二，受众对我国媒体危机报道的担忧方面总体趋势分析表明，大部分受众对媒体报道的时长和报道频率、情绪处理、刺激性把握（画面刺激性）、倾向性把握等方面认为是合适的，但也有很多受众认为媒体在真实性和细节展现这两个因素上把握不够。

灾难发生后，受众对事件发展和发展的关注容易产生情感上的共鸣，特别是诱发情绪记忆使之对灾难性场景久久不能忘怀。特别是危机报道中难以避免的某些刺激性场景往往极易使某些承受能力较弱的受众产生感觉后象。危机报道中的感觉后象是指当刺激性影像消失后，受众对刺激的感受不能马上消失，而是将继续维持一段时间。所以，为了避免不良心理反应的出现，媒体从业人员在进行危机报道中必须重视受众的心理变化，避免其传播内容引起太强的情绪记忆。于是，围绕着危机报道中隐藏的丰富新闻元素，就产生了一些值得探讨的问题。如：危机传播中新闻媒体的报道强度多少时间是比较合适的？新闻媒体的舆论引导应该采用哪种方式？新闻媒体对于某种政府或组织的救灾行为表现到何种程度？危机事件危害性和全面性的报道表现到何种程度？因此，在危机面前如何做到正确分析和理性选择，报道好灾难，便成了媒体从业者面临的重大考验。

表7–10 媒体对受众影响的决定性因素总体趋势分析表

关键弊端	1远远不够	2不够	3合适	4过分	5太过分
力度（报道的时长和频率）	12.6%	34.0%	41.8%	10.2%	1.4%
细节展现	15.8%	43.7%	35.0%	4.9%	0.5%
情绪化处理	6.4%	30.7%	40.3%	19.1%	3.5%
真实性把握	19.6%	41.9%	32.0%	5.4%	1.1%
刺激性把握（画面刺激性）	6.8%	26.7%	52.7%	12.0%	1.7%
倾向性把握	8.0%	29.2%	37.6%	19.5%	5.7%

调查结果表明，受众对媒体的力度（报道的时长和频率）、情绪处理、刺激性把握（画面刺激性）、倾向性把握这 4 项因素认为是合适的分别占据了各自的最高的百分比，分别为 41.8%、40.3%、52.7%、37.6%，但也有一定的比例的受众认为还不够。而有较多的受众认为在媒体的真实性把握和细节展现这两个因素上则不够，各自分别达到了 41.9% 和 43.7%，而认为合适的稍次之，各自分别达到了 32.0% 和 35%。综上，媒体对受众影响的各决定性因素总体上是合适的。（需要指出的是，媒体对刺激性把握这一点，超过半数的受众认为合适。）

三、心理影响的报道性因素

受众心理在人们的行为活动中起着关键的作用，而它与大众传播行为正是有因有果，轮流替换不同的角色。受众接触媒介是由于他们预期媒介可以帮助他们满足某种需要，而媒介也总是千方百计了解受众在特定条件下的特定需要，以便在传播活动中设计或传播符合其需要的新闻信息，从而达到良好的传播效果。媒介要贴近受众，重视并满足受众的要求。媒体从业人员处于信息传播链的上游，是整个传播活动的源头，也是传播内容的制作者。而受众处于信息传播链的下游，是整个传播活动的归宿，也是传播内容的消化者。所以说，媒体从业人员既可以决定着传播活动的发起时间和发起位置，也可以规定传播内容的流量与流速，也就是传播的强度和频率。信息传播的目的在于使受众的态度、行为、情感等方面产生传播者所期望的那种变化。那么，撇开传播中的其他因素不论，危机事件中对受众施加心理媒体影响的报道性因素是什么呢?

其一，媒体对心理施加影响的报道性因素总体趋势分析如下。首先，女性在这些影响的报道性因素上的均值普遍比男性稍高，但无论男女他们的均值都在2－3之间，即在“不够”和“合适”之间；此外，男性普遍认为媒体对倾向性把握是合适的，而女性则普遍认为媒体对情绪化处理是合适的，他们各自的均值都是最高的。其次，不同的年龄层受众在这些影响的报道性因素上的均值几乎没有多大差别，他们都认为媒体对倾向性把握是较为合适的，而情绪化处理稍次之，51岁以上的年龄段的受众在倾向性把握上的均值甚至达到了3.08。再次，不同的学历受众均在情绪化处理、刺激性把握（画面刺激性）和倾向性把握这三个报道性因素上的均值接近于3，即认为是比较合适的，其中在倾向性把握上的均值普遍最高，而且硕士及以上学历的受众在此均值上甚至达到了3.16。最后，不同职业的受众在这些影响的决定性因素上的均值几乎没有多大差别，对媒体在倾向性把握上普遍认为是合适的，其均值也相对最接近3，情绪化处理和刺激性把握（画面刺激性）稍次之。

表7-11　媒体对受众心理影响的报道因素总体趋势分析表

关键弊端	1远远不够	2不够	3合适	4过分	5太过分
力度（报道的时长和频率）	12.6%	34.0%	41.8%	10.2%	1.4%
细节展现	15.8%	43.7%	35.0%	4.9%	0.5%
情绪化处理	6.4%	30.7%	40.3%	19.1%	3.5%
真实性把握	19.6%	41.9%	32.0%	5.4%	1.1%
刺激性把握（画面刺激性）	6.8%	26.7%	52.7%	12.0%	1.7%
倾向性把握	8.0%	29.2%	37.6%	19.5%	5.7%

其二，媒体对心理施加影响的报道性因素受众分类分析如下。首先，就性别而言，女性在以下指标方面其决定性因素均大于男性，尤其在“力度”、“细节展示”、“情绪化处理”、“刺激性把握”几方面最为明显；其次，就年龄而言，在“真实性处理”、“刺激性把握”两方面基本上是随着年龄的增加而递增的趋势。而在“力度”、“细节展示”、“情绪化处理”、“倾向性把握”几方面，20岁以下年龄段却比较高。再次，就文化程度而言，在“情绪化处理”和“倾向性把握”上文化程度与受众影响的决定性因素呈正比；在“力度方面”各文化程度基本一致。最后，就职业而言，在“力度”、“情绪化处理”、“倾向性把握”几方面基

本一致。在“细节展示”上农民、进城务工者最高，技术人员及一般职员最低；在“真实性处理”上，农民、进城务工者最高，学生最低。

表7-12　媒体对不同特征的受众心理影响的报道性因素差异分析表

			力度（报道的时长和频率）	细节展现	情绪化处理	真实性把握	刺激性把握（画面刺激性）	倾向性把握
性别	男	均值	2.49	2.26	2.76	2.26	2.71	2.84
		标准差	0.914	0.814	0.921	0.901	0.856	1.020
	女	均值	2.61	2.38	2.91	2.27	2.81	2.88
		标准差	0.845	0.814	0.932	0.836	0.755	0.991
年龄	20岁以下	均值	2.58	2.36	2.85	2.17	2.75	2.87
		标准差	0.907	0.842	0.958	0.859	0.812	0.966
	21-30岁以下	均值	2.53	2.21	2.77	2.23	2.74	2.82
		标准差	0.930	0.838	0.961	0.900	0.804	1.022
	31-40岁	均值	2.52	2.33	2.86	2.27	2.75	2.86
		标准差	0.829	0.766	0.916	0.788	0.820	1.033
	41-50岁	均值	2.54	2.42	2.87	2.35	2.78	2.86
		标准差	0.853	0.770	0.860	0.914	0.789	0.992
	51岁以上	均值	2.59	2.57	2.96	2.59	2.82	3.08
		标准差	0.859	0.812	0.818	0.875	0.984	0.918
文化程度	初中及以下	均值	2.49	2.48	2.72	2.41	2.83	2.70
		标准差	0.851	0.797	0.892	0.890	0.939	0.847
	高中	均值	2.59	2.44	2.76	2.38	2.82	2.82
		标准差	0.854	0.806	0.847	0.858	0.837	0.964
	大专、本科	均值	2.52	2.20	2.87	2.17	2.70	2.88
		标准差	0.892	0.788	0.957	0.851	0.757	1.020
	硕士及以上	均值	2.52	2.24	2.96	2.21	2.74	3.16
		标准差	1.084	0.976	1.099	1.000	0.888	1.295
职业	干部及领导	均值	2.56	2.28	2.81	2.31	2.78	2.89
		标准差	0.895	0.814	0.955	0.924	0.868	1.077
	私营或个体劳动者	均值	2.46	2.35	2.69	2.21	2.80	2.71
		标准差	0.867	0.803	0.899	0.859	0.814	0.980
	技术人员及一般职员	均值	2.52	2.24	2.82	2.19	2.72	2.87
		标准差	0.888	0.782	0.923	0.807	0.818	1.005
	工人、商业服务人员	均值	2.59	2.32	2.85	2.47	2.72	2.94
		标准差	0.807	0.780	0.768	0.834	0.744	0.905
	农民、进城务工者	均值	2.55	2.47	2.83	2.48	2.88	2.80
		标准差	0.861	0.725	0.813	0.846	0.885	0.903
	学生及其他	均值	2.58	2.29	2.92	2.19	2.69	2.92
		标准差	0.936	0.894	1.019	0.912	0.769	1.043

可以说，各种媒体依靠声音、图像和文字等符号提供一种遥远缥缈的非直接感化现实，把受众置于一种非直接现实的意象环境中。危机传播中的各种媒体如果仅仅提供失去控制和无组织的信息，在现代社会中

就不再构成一种资源，相反，它会成为危机处理者的敌人。现代媒体技术的发展是一把“双刃的剑”，其传播效果常常具有好坏的“两重性”。但这种“两重性”并非不可避免地一定会出现。关键在于媒体手段与什么样的传播理念相结合，以及对它的认识是盲目的还是自觉的。因此，危机状态下媒体传播可能带来的社会心理效应，应当说都是媒体从业人员可以主动自觉地加以调控的。

第4节 基于最优化要求的电视危机传播策略

在新闻传播业高度发达的现代社会，在激烈的竞争状态下，新闻资源呈现出流动与共享状态，各个媒体是在平等条件下争抢新闻，任何想垄断新闻来源、控制其扩散范围的做法都不可能成功。“传播媒介的形态变化，通常是由于可感知的需要、竞争和政治压力，以及社会和技术革新的复杂相互作用引起的。”[①]换言之，新形势促使新闻从业人员把目光放在对新闻的精心制作上，通过内容的优化组合、形式的完善创新、各个细节要素的精益求精来追求传播效果的最大优化。

事实上，从简明的角度来概括，我们也可以说编辑的工作主要就是两大块：其一，整理形成电视新闻的内容；其二，确立这些新闻内容的表达形式。实际也就是通过整理与加工，把好的新闻内容运用好的形式呈现给受众。毫无疑问，危机事件中新闻内容与形式的质量在很大程度上取决于前期的策划与采摄工作，由于相关研究很多，就不再赘述。这里主要讲一下为了优化电视新闻传播效果，后期编辑中可以在哪些方面下功夫。

其一，通过信息的科学编排引导受众的心理节奏。

节奏原本是指音乐、舞蹈的音响和动作的运动过程有规律地出现强弱、长短的连续交替现象。形成节奏的因素主要有两个：一是时间长短搭配因素；一是运动过程强弱交替变化。节奏会感染人的情绪，“导演用这种节奏可以使观众激动，也可以使观众平息下来”[②]，同样的内容采用不同的剪辑节奏会产生迥异的心理效应，即高频次剪辑节奏容易使人感到兴奋紧张，而低频次剪辑节奏则容易让人感到舒缓宁静。所以，危机传播中如果要实现满足受众的信息需求和调节受众的心理状态的两个要求，那么就不仅在报道内容上要增加有效信息，还要在内容编排上实

---

① 转引自蔡凯如、黄勇贤等．穿越视听时空：广播电视传播论［M］．北京：新华出版社，2003：49.

② 转引自王永利．电视新闻学概论［M］．北京：北京广播学院出版社，1990：122.

现优化组合。科学编排应让受众在快慢有序的信息传播和详略得当的内容变化中，得到某种心理的疏解和慰藉。

首先，需要实现信息的单元式组合，做到危机传播张弛有度。在危机传播过程中，我们认为信息传播的数量与质量、强度与效果不一定成正比例关系。某一时间段内危机信息的高密度与大强度传播有时可能造成信息饱和和收视惰性现象，反而可能导致需要传播的某些有效信息的得不到重视。因此，在危机事件的新闻编排中，采用“单元式结构”，即常规性报道与配乐简讯交叉配合，单条新闻与组合式报道交替安排，综合性消息与专业性评论交融播出，形成一个个时间短小且内容多元的“信息单元”，可能更符合信息时代受众碎片化和随机性的媒体使用习惯。危机报道时节目的编排不应该按照原有的规律或模式平均化处理力量，应该突出重点，力求强化导向。所以，在节目的编排中如果遇到重要新闻，可以通过增加其时长的方法加强其信息含量，也可以通过立体化的报道形式扩展其信息深度，在提高新闻报道的内涵和形成社会热点的同时，引导社会的舆论方向。例如，1999 年 9 月 21 日的中央电视台《现在播报》节目，在 20 分钟的新闻节目中编排了 9 条当天台湾地震的消息，信息全面、详略得当。编排的主要信息包括：台湾地震的最新消息；新闻背景——台湾近百年发生六次严重地震；国家地震局专家预测台湾灾区将有频繁余震；祖国大陆专家表示愿向台湾提供技术援助；中国红十字会负责人谈对台捐助等诸多内容，这些内容基本满足了我国受众对台湾地震所希望了解的方方面面。这些节目的总时长近 10 分钟，超过当天《现在播报》节目时长一半以上。这一编排可以说既快速准确地完成了危机报道任务，也清晰明确地表达了大陆同胞的骨肉之情，值得赞许。又如，美国 ABC 晚间新闻节目在进行大量受众研究的基础上，通过精心的结构安排和新闻编排，全力争取最大传播效益。ABC 晚间新闻非常重视节目的“开场戏”，一般来说都是把新闻性最强和最能吸引眼球的事件放在头条位置，来满足受众求新、求快和求变的心理期待。而晚间新闻节目的最后一条则大多安排制作精良、故事性强和人情味浓的新闻特写。这是因为根据心理学研究结果，传播效果和信息展现的顺序之间有一定的关联性，受众往往比较关注第一个和最后一个呈现的信息。所以，美国 ABC 晚间新闻节目这样编排节目符合受众的收视规律，即开始的 10 分钟时间采用密集型信息播出方式，在某种程度上解除观众的信息饥渴感。（有研究结果表明，观众的高度集中的注意力仅仅能够维持 10 分钟左右。）接下来新闻时间缩短、而广告时间加长。最后一则制作精良的新闻特写在于满足受众欣赏的愉悦满足感，以相对轻松的内容调节受众心态，使之成为“大餐”后的“甜点”。

其次，需要把控信息的传播强度，增加危机事件的全面分析。从实践情况看，危机事件中我国电视媒体大多能够做到滚动式播出，即把危机事件的最新进展连续不断地在不同时段的电视新闻节目中播出。危机报道实行滚动播出形式，可以不断补充进展和资料，也可以连续提供分析和评论，不仅可以强化新闻的时效性和时新性，也可以增强传播的权威性和引导性。但是与此同时，我们必须强调的是危机信息由于其自身所特有的刺激性和负面性，必须注意信息传播的播出强度，过于频繁和过于密集的报道有时会引发受众不必要的心理负担。例如，汶川地震中，从 5 月 12 日至 5 月 20 日，中央电视台各频道推出的直播特别节目总时长达 676 小时，创下了电视直播的最高纪录。从 5 月 12 日地震发生到 6 月 12 日，央视新闻中心先后组织调集了 368 人的前方报道队伍，进行直播报道，这是有史以来央视最大规模的紧急行动。截至 2008 年 6 月 12 日，央视新闻频道覆盖全天的现场直播特别节目“抗震救灾、众志成城”已持续播出 466 小时 49 分，首播新闻 2687 条，专题节目 219 部。但是，央视在对汶川地震灾情的报道中，着重对四川重灾区进行报道，而对于陕西、甘肃等受灾地区报道较少，这在一定程度上产生了报道的不平衡，对这些灾区没有进行相关的报道，使观众无从了解其灾情进度，产生了新闻报道中的“真空区”，从而在重大危机事件报道中有了微小的瑕疵。

其二，通过信息的合理选择营造身临其境的感受。

一条新闻的组织化程度越高、越合理，就越能在单位时间里传递更多的信息。电视新闻是兼容了语言符号和各种非语言符号的，这些符号相加不等于简单地相加，而是一种融合。融合得好，将产生“1+1>2”的效果，融合得不好，将互相干扰，如我们常说的“声画两张皮”。由此可知，为了做到声音与画面的和谐，追求最大信息量，在电视新闻编辑阶段必须对新闻材料进行合理选择，在筛选之后，还要注意对信息进行有效整合，以营造身临其境的感受。

首先要选择有现场感的画面，强化危机事件的真实影响。“无图无真相”、“耳听为虚，眼见为实”……我们从这些普通受众的语言中，就可以清晰地看到画面对于我们信息传播真实性的强大的佐证作用，在危机事件中尤其如此。危机事件中，由于传播条件的局限和传播渠道的多元，受众就更加希望通过画面以判断事态的等级和危险的程度。针对于此，我们认为在危机报道的实践中，只有做到画面真实与蒙太奇组接真实两个方面，才可能实现完整意义上的真实影响。虚假的东西无论当时如何动人，最后都将付出加倍的代价。第一，我们认为电视画面的真实是电视新闻的基础，否则真实性就荡然无存。那么可以在危机事件的现场进行“摆、导、补”等摄录动作吗？我们认为在危机事件的现场应该尽量减少甚至避免这些带有设计性的动作。记者摄录现场画面应该学会从观察入手，以观察带拍摄，用拍摄保真实。第二，我们认为，电视画面的剪接对于真实也十分重要，蒙太奇的正确使用是关键。两组相同内容的镜头，进行顺序变化后的剪接，其新闻内涵和传播效果就会产生巨大差异。如果在危机传播中为了某种目的把 A 地画面接到 B 地新闻内容中，或者有意把人物甲当作人物乙进行处理等情况，都是相当危险和不明智的，都可能对媒体的公信力造成不必要但无可挽回的损失。所以说，要在危机报道中满足受众求真的信息需求，必须从画面真实与蒙太奇真实两方面同时着手，缺一不可。记者对危机事件现场所摄录信息进行选择的过程，实际就是一个取舍的过程。一般来说，在危机事件现场所进行的采访和拍摄过程中，记者为了保证剪辑和内容需要，都会尽可能所采摄一些声音与画面素材。但并非所有素材都包含了与危机事件相关的有效信息。所以，在编辑时，必须认真分析与处理，要注意突出与保留带有明显现场特征、对现场进行记录的镜头，使受众产生身临其境、见证和参与了整个事件的感觉，带给他们无与伦比的真实感。能够对新闻事实进行有力说明与证实的素材，特别是那些典型的、具有特征和富有表现力的细节。例如，丹・拉瑟在担任 CBS 晚间新闻主持人兼责任编辑后曾要求手一下记者：电视新闻需求“瞬间”。何谓“瞬间”？拉瑟解释说就是“让电视观众看到新闻事件的同时能感觉到它，嗅到它”。拉瑟所强调的“瞬间”，其实也就是细节。

细节可分为动作细节、表情细节、环境细节、色彩细节、声音细节、文字细节等等。俗话说“细节决定成败”，有细节与没有细节所产生的传播效果是有天壤之别的。比如，2001 年上海 APEC 会议的央视报道中，捕捉到俄罗斯总统普京的一个跷大拇指赞扬焰火晚会的细节。这个动作细节与表情细节的结合点，就成为整个新闻的高潮，起到了“画龙点睛”的作用。

其次，选择有说服力的声音，丰富危机事件的表现因素。同期声是新闻事实的一部分，能够凝固时间与空间，能够最真切地传达新闻事实。同期声的信息传递的直接性可以减少信息的不确定性，增强新闻的真实性。所谓“耳闻目睹”指人们通常相信他亲眼看到和亲耳听到的事情。危机事件的同期声大致有两种：第一是在现场随画面拍摄采录的具象音响，主要包括自然音响、动物音响、设备音响等；第二是事件现场有实质内容的语言声音，包括关联人物的讲话、记者的采访和出镜报道等。

从第一类现场声来说，它们不会对新闻本身做内容上的直接说明，也没有其他的辅助意义。但是它们的存在，可以强化现场效果，让人感受现场氛围。这类现场声如果在编辑中加以适当运用，可以带给受众一种不加矫饰的真实感。第二类现场声同样能带来更大的真实感。在采访同期声中，一般使用的画面内容是被访者的面部，景别是特写。在这样的声画组合中，表情和眼神的变化配合声音能够传递出更多被采访者的情绪和情感，更加有助于受众的符号理解。一位外国心理学家通过对人们进行交谈时信息传递情况的研究，提出了一个这样的结论：人们在交谈时，“传达一项信息的总效果 = 言词 7%+ 声音 38%+ 面部表情 55%。”[①] 在电视新闻中，言词和声音以及面部表情同等重要，是新闻信息传递的重要表达手段。电视新闻单位时间内，所传递的信息符号越多，其真实感越强。而单位时间内所传递的信息符号越少，其真实感越弱。[②] 由此可见，与播音文字稿比较，现场的报道与采访毫无疑问显得更真实、更具可信度。

若电视新闻仅仅采用主播播报和记者报道的形式，其声音必然单一，单一和单调的刺激无法形成和谐的运动节奏，容易导致观众注意力的涣散，同期声的出现使得单一的节奏出现变化，出现新的刺激点，形成新的张力，激发观众的注意力。张弛有序的刺激使新闻的节奏不至于太紧张，也不至于太松弛。

其三，通过技巧的科学运用提升受众的收视兴趣。

传统媒介中，纸媒主要是运用文字符号进行传播，广播媒介主要运用声音符号进行传播，而电视媒介则包括了图像、声音和文字等几乎所有的视觉和听觉符号。目前来看，伴随着电脑技术的成熟，电视媒介中动画制作和图表设计日臻完善和日趋普及。控制论认为：“当高强度的刺激超过知觉阀值时，可以不必有预先的响应触发，（知觉的）门就已经是打开的了。”[③] 按照刺激—响应模型论，响应信号的大小取决于刺激的强度，刺激强度越大，响应信号越大。

画面能在很大程度上简化信息的接收。危机报道中的内容众多、信息繁杂，电视媒体应该发挥信息传播易于实现可视化的优势，全方位加强现场画面、屏幕文字、电子图表、动画模拟等手段的使用。从境内外电视对各类形式要素的运用方式进行比较，可以发现境外电视很注重开

---

① 周传基．电影电视广播中的声音［M］．北京：中国电影出版社，1991：139.

② 转引自王永利．电视新闻学概论［M］．北京：北京广播学院出版社，1990：93.

③ 同②，1990：205.

拓与创新，对每种形式元素都尽量挖掘其最大的表现潜力，从多个方面加以应用。相比之下，国内电视新闻中屏幕文字用途就显得比较单一，绝大多数是用来注释同期声。从香港及内地电视台有关上海 APEC 会议报道中屏幕文字的运用中也可以清晰地看出两地存在的差距。相对而言，境外电视媒体对电子图表及动画模拟制作手段运用频繁，制作精良，技术娴熟，可视性强；国内电视媒体在这方面人才储备不足，使用较少，技术传统，可视性一般。

首先以手段的丰富，提高危机传播的视觉效果。我们认为，实践证明，特技技术的正确使用，可以提高受众的收视兴趣，也可以加强节目的表现力。目前，电视媒体行业的特技技术大致包括画面叠加字幕，动画演示过程，图表展示数据，同期声加字幕及其他特技处理等。危机传播中，有时前期所搜集的信息是不够的，现场画面信息缺乏。在这种情况下，只能在后期的编辑中进行画面背景资料的搜集与特技整理，否则受众就不能接收到更完整的信息，会影响其信息需求心理的满足程度。对比境内外电视的特技运用，我们可以发现不少有益的经验可以加以应用。整体外观方面，国外媒体显得比国内媒体大气、美观，无论是图表还是屏幕文字，前者在形状上都要比后者要大，能让受众一目了然。例如，美国 ABC 晚间新闻屏幕文字的使用就有这些规律：其一，屏幕文字的呈现形式要尽量美观和富于动感；其二，屏幕文字的色彩要和背景匹配，字形和字号要层次分明和重点突出；其三，屏幕文字使用形式多样，注重和新闻照片、新闻画面、资料背景等的组合使用。

制作技巧方面，国外媒体显得更成熟、丰富。在图表制作中，美国 CBS 新闻节目中广泛运用了淡入、淡出、幻、划、叠、缓慢进入等多种特技。CBS 新闻节目中的图表与画面大多采用“推”的方式，由远至近，直接呈现在受众眼前，使观众可以真正看清楚。CBS 制作人员十分注意图表中的色彩使用，推崇以鲜明色彩吸引受众眼球，推动其关注图表中呈现的信息。CBS 在屏幕文字使用中强调动态、强调、突出三个要求。CBS 制作人员会使用电脑特技技术产生例如粗大箭头、文字翻转、逐个显现和变形闪烁等屏幕文字效果，让受众更快地捕捉并且更容易地理解节目内容。对于屏幕文字的用色，CBS 制作人员通常会采用两种或三种对比色进行搭配，如红白搭配、绿白搭配等。普通的屏幕文字用白色标示，需要突出和强调的关键内容，就以醒目的红色、绿色等标示。在这种强烈的色彩对比中，受众的收视疲劳程度可以降低，受众的注意力也可以很快地被吸引到关键内容处。

其次以手法的创新，提升危机信息的附加影响。电视传播中的元素，就像语言的元素一样，只是在和其他元素的关系中才获得意义。首先，电视“提供”给我们的场景和声音是特别丰富多样的。文本中的色彩，场景，服装等描写需要通过读者的解码，才能转化为脑海中的影像，但由于个人的差异与不同，转换得出的影像（构图，色彩，细节）千姿百态，千差万别。而电视画面已经为制作者所设定甚至说是框定，能对受众形成一个直接的视觉刺激，画面的影像虽然直接就能被透射到脑海，但这也限制了受众的想象空间。不仅是限制想象空间，从本质上来说，应该是画面在提供了信息流的同时可以规定受众认知的一些流向。怎样编辑才能实现传播符号的优化组合呢？简而言之，主要应做到两点：一是信息内容的共振性；一是结构的有序性。所谓信息内容的共振性，是主旨相连的各个传播符号所携带的信息内容必须指向一致，互为吻合，也就是要产生“共振”，而不是互消效应。主要有对比、比喻、象征、拟人、排比和联想等手法。

有人认为，电视新闻中不应该为新闻画面配音乐，因为这样可能会削弱新闻的真实性。我们认为，危机传播过程中，出于某种特定的目的和需要，在危机新闻报道中适量使用音乐也是可以的。因为音乐如果使用科学得当，可以使电视画面中所内蕴的情感力量激发出来，在不知不觉中调整人们的情绪，激发人们的力量，加强与困难险阻斗争的决心和信心。在美国ABC晚间新闻所播出的软新闻，经常可以看到制作人员为新闻配上音乐后播出，以营造气氛和连接画面，效果应该说还是可以的。例如，2008年南方雪灾报道中，湖南卫视接到灾情命令，迅速将节目制作的重点投入到了雪灾报道中，他们制作的《突围冰雪线》特别节目在全天六档新闻节目中滚动播出，并且开播了《爱心大融冰》救灾特别节目，全天三档直播，同时播出字幕及时向广大电视观众播报抗灾资讯。作为省级媒体的湖南卫视，在这次抗击冰雪的报道中，可以媲美中央电视台的直播。其创新的形式，精彩的内容，精良的制作甚至比央视更胜一筹，有关专家评价《突围冰雪线》的报道，除了感动，更给电视观众带来深层思索、值得回味的东西。湖南卫视录制的公益宣传片《真心英雄》和《心中的暖流》是根据这次的雪情重新配词的，歌曲《回家过年》、《我们一起过年》穿插于直播节目中。

综上所述，要提高危机信息被受众选择的机率，强化危机新闻报道的传播效果，在包括电视媒体在内各种媒体的后期编辑中就必须遵循提升易受性及满足受众各项需求的原则与规律。具体而言，也就是编辑过程中需要在新闻内容的选择与补充、新闻表达形式的确立两方面着手。我们认为，内容对于受众的选择行为有决定性作用，形式必须辅助内容进行表达。同时，形式还具有独立于内容之外的意义。

第5节　社会认同视域下的形象塑造原则与手段

在危机传播中，受众是信息的接收者，是信息传播的终端。领导者是政府形象的重要载体之一，是政府“人格化”的代表，良好的领导形象和政府形象可以相得益彰。危机管理中良好的领导形象不仅会在受众心目中产生强大的向心力和感召力，有效实现危机管理的目标，更有利于提高政府的正面形象。我们调查结果表明，在危机事件中，媒体上反映国家领导人参与救灾的信息对受众影响力巨大，均值达到了 4.05，排在第三位，分析结果见表 7–13。危机事件的发生要求较高的领导者素质。领导者素质本身的高低直接影响到危机事件的应急管理的成败，有时甚至是决定因素。因此领导者全面素质的展现在此时显得相当重要。塑造领导者的良好形象，根本在于其内在素质的培养和提升。“对于领导理论不存在道德中立的基础，因为领导总是涉及价值和有关合适影响形式的潜在假设。”①

表7–13　不同媒介内容对受众的影响程度分析表（n=4218）

类别	均值	标准差
受灾者细节	4.14	1.543
受灾情况	4.07	1.581
国家领导人参与救灾信息	4.05	1.801
政府部门发布的救灾信息	3.99	1.682
国外各种媒体发布的灾情信息	3.85	1.698
权威人士（专家）发表的意见	3.74	1.662

一、领导者形象塑造原则

传媒对现代社会生活的方方面面，产生着巨大的影响。传媒在人物对社会的影响力上有某种决定性，媒体决定了一个公共人物的社会宽度。危机公关意识是指一种自觉地致力于预防和处理危机、保持政府与公众之间的良好沟通及重塑政府形象的观念和指导思想，是在危机状态下将公共关系的基本原理、基本原则内化为内在的习惯和行为规范。“是否

① ［美］加里·尤克尔．组织领导学［M］．北京：中国人民大学出版社，2004：475.

具有强烈的危机公关意识，对危机的预防和处理，对政府形象的塑造，起着完全不同的作用。因此，但凡重视形象建设的政府都应重视官员的危机公关意识的培养。”[①] 领导者树立正确的危机公关意识，是政府正确应对危机、树立良好形象的前提条件。例如，美国就有名为“全国政府传播者协会”的组织，其组成人员不仅有各部门新闻发言人，还有各政府部门的新闻官员、公共信息官员和从事媒体公关的专业人员等。这个组织的注册会员约 7000 人，已经成为美国各级政府部门与媒体、公众进行有效交流的中坚力量。[②] 美国白宫新闻办公室实行“联合采访制”，通过各大媒体的步调统一和信息集中的新闻报道，能够有效地设置传播议程，引导舆论导向，增强传播效果，安定人心。美国除联邦政府外，各级政府也都善于运用传媒的力量，设置专门的新闻发言人，与媒体打交道，保持友好关系，塑造美国形象。“9·11”事件后，美国政府成立了“公共关系办公室”。2002 年秋季，美国政府又成立了“全球交流办公室”。[③] 这些机构的成立都是为了更好地利用媒体的力量，提升政府形象，疏解反美情绪，加强政府的危机传播效果。

领导者形象塑造与受众的认知有着千丝万缕的联系。而受众认同在本质上是对领导形象的一种公共预期的效果满足，从这个意义上来说，获得受众认同是领导者形象塑造对于公共预期的迎合。本质上，领导者公共职责体现了一种认同期待。这种公共期待构成一种“意识环境”，当一名领导者的行为和表演合乎社会规范特别是合乎人们的公共期待时，他的社会认同度就高，反之就低。尽管不同民族、不同国度、不同时代的公共预期有着不同特点，但是其中也存在着超地域政治、超时代年轮特征的“共相”或“基质”。其一是“崇高”期待。人类进入共和时代以来，人们对公共权威有了更高的理想。人们期待政党领袖、国务活动家、政治家们具有纯正的品质，甚至成为“道德楷模”。其二是“才资”期待。现代民主政体为“才资期待”的实现提供了相对良好的制度环境，可以使有能力的人员提升得更快。[④] 其三是“平民”期待。“平民期待”的本质，是对“人”的特性的要求，它是对千百年来统治舞台上统治者普遍化的“神性”的反拨。它被当今社会看作是一个称得上“成功的”领袖、一个“出色的”领导者、一个“现代的”公共权威的必备素质。“平民总统”、“平

① 梁莹．危机公关和政府形象［J］．社会，2004（8）：13.

② 史安斌．危机传播与新闻发布［M］．广州：南方日报出版社，2004：140.

③ 沈国麟．控制沟通：美国政府的媒体宣传［M］．上海：上海人民出版社，2007：128-129.

④ ［澳］欧文·E·休斯．21 世纪公共行政新模式［J］．现代领导，2004（1）：29.

民首相”、“平民总理”，已经成为传媒政治时代政治家们、国务活动家们共同的形塑的形象目标。从形象的“平民期待”看，政治家展现出与普通人一样的情绪爱好，是政治家与民众缩短心理距离、民众理解政治家们的一种通道。它是政治家获得公众“印象分”的重要方面。

危机事件的处理要求领导者具有全面的素质。领导者素质本身的高低直接影响到危机事件的应急管理的成败，有时甚至是决定因素。而危机传播过程中领导者良好媒体形象的呈现的关键在于其内在素质的提高。在“媒体政治”的年代里，领导者普遍关心其形象投射与媒体间的关系，以及形象对政治治理所产生的决定性影响。全世界各地的领导者不断借助媒体来塑造优越形象（尽管也有“魅力假象”），以吸引民众的认同和支持。下面简单介绍一下危机管理中领导者形象设计的可供参考的原则。

其一，领导形象要凸显“个性”。

领袖和领导者的个性光芒，有着极大魅力。没有个性的领导者是黯淡无光的。“个人魅力”总是与鲜明个性有关，“个性”是“魅力”的前提。有个性的领导者形象未必有个人魅力，但有魅力的领导者一定有个性。例如，1998 年到 2003 年间担任国务院总理的朱镕基，给人留下深刻印象的除了其“了解经济”、“务实干练”等特质外，就是其棱角分明的独特个性，这是迥异于中国传统领导者形象的。1998 年 3 月 19 日，朱镕基在就任总理后出席记者招待会上就表态：“这次九届全国人大一次会议对我委以重任，我感到任务艰巨，怕辜负人民对我的期望。但是，不管前面是地雷还是万丈深渊，我都将一往无前，义无反顾，鞠躬尽瘁，死而后已。”①

在传媒政治时代，不仅“时势”造英雄，而且“传媒”也造英雄，甚至后者已超过了前者。凡是有鲜明个性的领导者，都能通过传播给人留下印象，毫无疑问，凡能给人留下深刻印象的领导者，更容易吸附社会大众的支持。对今天的领导者而言，如果其言行举止个性不够鲜明，那么就需要在其他方面做出补救。例如可以在形象设计上进行一些处理以便凸显个性和展示风格，形成某种传播过程中较易识别和记忆的信息符号。

其二，领导言行要符合“情景”。

一般来说，传播活动总是在一定的环境或情境中实施和完成的。迈

---

① 新民周刊［J］. 2003（3）：16.

克尔·科迪等传播学者经过研究得出这样的论断：精神状态和传播行为受到外界因素、特别是对环境的知觉的很大影响；一个人选择怎样进行传播有赖于各种战略在特定的情境中被认为有怎样的效果。[①] 例如，1960年，美国二战时期的名将艾森豪威尔为了竞选美国总统，把形象塑造的重点放在了电视媒体的传播上。艾森豪威尔开始参加美国总统竞选后，其一言一行、一举一动都依赖于其媒介形象顾问团队的策划设计。艾森豪威尔的媒介形象顾问团队为了展现其平民背景、二战英雄等特征，特意选择其故乡小镇作为正式宣布参加竞选的场所。与此同时，针对其自身条件确定其修辞质朴、平易近人等个人风格，最终艾森豪威尔得以入主白宫。“情境”原则要求尊重作为一种公共形象基础的“性格类型”，一定要避免形成外在形象与外在情景之间的过度背离，必须注重遵循各种现实要素构成的生理、物理基础。

其三，行动策划要把握“时机”。

我国历来有“因势利导”和“顺势而为”等成语，这些提法就是告诉我们做任何事情都需要把握时机。危机传播中的时机常常稍纵即逝，需要准确分析、科学研判，这既将危机变为契机的机会，也可以说是它素质和智慧的考验。许多成功领导者的形象塑造，就在于把握住了危机事件中的关键节点，实施了顺应民意的正确行为。以俄罗斯总统普京为例，上台伊始，他的知名度和权威性在民众心目中尚是一般。而随之而来的几个危机事件中他的出色表现，使得普京迅速在俄罗斯民众心里建立起了不可动摇的高大形象。例如，以强硬姿态和铁腕手段果断处置车臣恐怖分子在莫斯科进行的绑架人质事件，其坚定果决的表现展现出俄罗斯人民所期盼的政治强者的风范，民意调查显示其支持率扶摇直上。而维护国家统一和领土完整的决心使得其在车臣之战中成为一颗明星。2000年3月，作为总统的普京以副驾驶身份驾驶战机飞抵战场上空，亲自进行视察和协调战争行动。这样的举动完全符合俄罗斯民众渴望祖国统一和民族振兴的愿望。通过艰苦的战斗，车臣战争取得了胜利，俄联邦政府控制了车臣全境。可以这样说，时机的准确把握和行动的科学设计使得普京的硬汉形象从此树立起来并不可动摇。而英国前首相撒切尔夫人之所以赢得“铁娘子”的称号，并在男性占主导地位的英国政界连任两届首相，可以说在相当程度上是通过维护英国利益的“马岛之战”确立的。

其四，情感表达要符合“期待”。

危机传播中的形象塑造不能仅仅是单方面的宣传，它还需要传受双

---

① ［美］斯蒂文·小约翰．传播理论［M］．北京：中国社会科学出版社，1999：26.

方的互动。事实上，它需要调动广大受众的情感，在此基础上获得相应的社会认同。传播者和受众，他们既是传播单向流动的两端，又是双向流动的回归点。①因此，重视受众的感受，重视受众的情感喜好、情感倾向，是形象塑造的基本要则。例如，在1996年的美国总统竞选中，谋求连任的克林顿依据其媒介顾问的建议，策划而实施了在海滨的某饭店阳台上为其支持者吹奏萨克斯管的活动。其形象设计班子还精心设计了相关的行为模式和动作细节。结果，美国次日报刊的头版上，大多采用了克林顿总统戴着宽边墨镜、吹奏萨克斯管的亲民形象，收到了很好的效果。领导者形象的设计和建构需要适合民族精神，具有民族风格和民族做派，同时富有时代感。如在2000年的美国总统大选中，戈尔为了改变自己比较僵硬的形象而迎合选民，在民主党全国代表大会上与妻子相拥热吻数秒钟，引起各大媒体纷纷报道。②平时如此，危机时也是如此，领导者的形象设计和传播，其传播过程不是最主要的，其关键意义在于必须让广大受众能够感受和接受，并产生所期望的认同效果。

其五，传播强度要把握“力度”。综上所述，在现代传媒时代，领导者的形象可以通过策划与加工加以包装和推广。但是，我们必须注意的是领导者公共形象的刻意包装和强力传播不能超过限度，否则必然走向反面。美国前总统尼克松的法律顾问约翰·迪安在2004年撰写出版的《比水门案还糟糕——布什政府揭秘》一书中，曾指责“布什是迄今为止包装得最厉害的总统”，“布什并不愚蠢，而是无知，并且包装痕迹非常明显”。这位政治家极力批评布什政府“把更多的时间用在包装布什的公众形象和本年的总统大选上，而不是集中精力解决美国民众关心的问题”③。总之，形象设计也好，形象传播也好，需要把握“度”的原则，一切都要贵在自然，恰到好处。

二、领导者形象传播手段

在社会领域，我们已有了“媒体社会”的概念。现代传媒网络构建了新的社会形态，在公共生活的各个方面，“媒体逻辑”无所不在。虽然我们国家的国情和政治体制与西方不同，西方传媒顾问为领导者精心设计的形象不是为了赢得选民而进行的“政治秀”，但是专业性的传媒知识在当今大众传播媒介如此发达的时代还是必需具备的。在今天这样

① 戴元光. 20世纪中国新闻学与传播学·传播学卷[M]. 上海：复旦大学出版社，2001：115.

② 秦德君. 得失之间：公共形象设计的四大参数［J］. 决策，2005（11）：31.

③ 布什被称为最“堕落总统”［N］. 新闻晨报，2004-04-05.

一个媒介无处不在、媒介影响日益增大的今天，危机处理中的领导者只有不断加强自己的媒介素养，掌握和媒介打交道的本领，才能赢得公众的信赖和支持，保持信息强势，驾驭困难局面，维护国家和社会的安全与稳定。

其一，以人情味的报道题材调动受众情感。

危机事件处理的过程中，领导者要注意进行角度平和的“平民化”的细节设计。“普通人”感觉是现代社会民众对公共权威产生好感的主要来源之一。现代媒体视野中，各国领导者尽管出身不同、个性迥异，但“平民化”风格和“普通人”情怀却是普遍的展现目标。现代公众所期待的也是那种睿智的、亲民的领导，而不是那种充满威严感、神秘感的传奇型人物。而媒体从业人员要善于从社会需要、群众生活、民众心态的角度出发，发掘那些人所关注的焦点问题，通过领导者的思想、意识、观念和活动来努力挖掘各种与“人的感情”有关的事实。总之，人类的共同情感为领导者的人情味报道提供了心理底座。

新闻报道是由大众传播机构生产出来的一种信息产品，在不同受众群体参差不齐的多元化需求之中，可以总结出两方面共通点：一是存在共同情感，二是存在相似的特定心理需求。人类有其共同的情感品种，而所谓的“人类共同情感”，就是“指能够为人类普遍理解、引起广泛共鸣的情感，是由共同人性决定的情感”①。新闻报道的人情味，是指出新闻报道注重从人的角度切入，发掘表现那些与人性相关的内容，围绕人们的生活、情感、心理、道德、欲望等展开报道，从而唤起人的感情共鸣果。简言之，关于领导者新闻报道的人情味也要靠媒体从业人员发挥主观能动性去加以创造和表现。例如，美国前总统卡特在电视上常常穿着干活的衬衫和牛仔裤，有时挽妻携子，有时在田间参加劳动，显示出与农业时代传统价值观相关联的勤劳朴实的品质。福特在美国担任过副总统、总统，但是这两个职位都不是人民选举出来的。② 为了改变自己的形象，福特竟然在新闻班子的安排下，与前国务卿基辛格一道，在电视剧《豪门恩怨》中客串角色。

其二，以平民化新闻视角塑造其亲民形象。

危机事件中领导的视察或调研活动，应该是可以凸显领导者平面化风格的主要场合。在领导言行的策划和安排上，我们应该通过某些情节的策划或者某些语言的设计，完成平面化风格的塑造。常规来说，一次

---

① 谭容培．论情感体验与情感表现［J］．湖南师范大学社会科学学报，2004（9）：19.

② 美国前总统杰拉德•福特病逝　享年93岁［EB/OL］. view. news. qq. com，2006-12-27.

领导活动应重点突出一个话题，妥善完成一个情节，并最好形成一些言简意赅的结论性话语。而对于媒体从业人员而言，要在内容与形式上注意开拓创新，用民众的眼光和话语解读领导者的一言一行，用民众的情感和情怀回应领导者的所思所虑，以领导者的所作所为聚焦舆论热点、难点，关注弱势群体。新闻报道中的平民视角是指以平民的角度来处理新闻，把报道的事实与报道的人物与平民的生活联系起来。事实上，“党和政府的大政方针，其实最终服务的还是普通的老百姓，因此，越是关系国计民生的大事，越是应把报道落到‘民生’上，只有这样，才能让群众觉得‘国计’和自己有直接的关系，是自己的事。”[①] 比如老布什在任期间，曾聘用一些著名公关专家帮助彩排，经过精心策划将老布什定位在耶鲁知识分子形象上，并接受专家的忠告压低了嗓门，改掉在公众场合做急促手势的毛病，显示出知识分子的优雅风度；伊拉克战争结束之后，小布什登上小鹰号航母发表了一篇演说，当他在登上演讲台的时候，一路伸手与士兵击掌走了上去，就像歌星上舞台一样。这些精心策划的平面化形象通过电视传播后，让美国公众改善了对总统的印象，从而为政府政策的实施减小了阻力。又如2006年4月温家宝总理在渝考察工作，新华网刊出《温家宝：让每个中国人每天能喝上一斤奶》，从普通人的视角切入，将原本比较沉闷、程式化的领导调研的报道变得生机盎然，妙趣横生。

其三，增加同期声的运用以加强感染力。

同期声是指伴随画面形象而存在的声音，可以使观众不仅能观其形，还能同时闻其声，真正做到了视听立体感知的亲临现场、目睹事态的真实感和强烈的现场感。[②] 领导者的声音是领导者形象的重要组成部分，一个有声有画的领导者形象才是一个完整的形象，才能传达出更多有用的信息。领导者讲话的方式和内容不仅是观众欲知应知却未知的信息，也是塑造其个人形象、展示其个人魅力的重要途径。领导者的谈吐是其个性特征和学识素养的反映，也是其执政能力的一种反映，是人们认识领导者的重要通道。除了要言简意赅、主题鲜明、自然晓畅外，比较上乘的，是有自己的话语风格，并具有幽默感。所谓“眼睛可以容纳一个美丽的世界，而嘴则能描绘一个精彩的世界”[③]。因此要想更好地塑造领导者的媒介形象必须增加同期声在新闻中的运用，用更具感染力、说服力的同

---

① 杨兴锋．努力实现高度与贴近的有机统一［J］．岭南新闻探索，2003（6）：28.

② 叶子．现代电视新闻学［M］．北京：中国广播电视出版社，2005：120.

③ ［美］史蒂文·凯尔曼．制定公共政策［M］．北京：商务印书馆，1990：538.

期声来说话。例如，2007 年 1 月 1 日《新闻联播》在报道“胡锦涛总书记踏雪看望坝上村民”这条新闻时有多处都运用了同期声。在来到小儿子为营救战友牺牲的满族村民唐秀英老人家时，胡锦涛走上前握住老人的手说“大娘，您好，我是胡锦涛，我来看您了”，“走，咱们进屋说，我扶您进去”，在做到炕头和老人聊天时，胡锦涛又动情地说：“您的儿子为党和国家舍己救人，英勇献身，党和人民永远不会忘记，希一望您老人家养好身体、健康长寿。”在御道口寄宿制小学，胡锦涛深情地对老师们说：“你们长年扎根坝上高原，辛勤耕耘，默默奉献，为农村小学教育事业做出了很大贡献，你们的努力将改变许多农村孩子的人生和命运，我向你们表示深深的敬意。”一条新闻多处运用了同期声，这在以往领导者活动报道的新闻中是很少见的，同期声的运用让观众从声画两方面全方位的认知和感受了一个关心百姓疾苦、平易近人的领导者形象，这样的新闻不仅能给广大观众留下长久深刻的印象也很好地塑造了领导者的形象。

其四，以特写画面的使用捕捉典型细节。

领导者形象的策划，要注重内在的品质策划，通过细节的刻画突出，比如“对崇高理想的献身精神、对政党和朋友的忠诚、对于姓名和面孔的良好记忆、不会使人厌烦、幽默感、充沛的精力、惊人的魅力以及在争执中秉公办事和在团体各领导层中充当中间人的能力”[①]等方面的“聚焦式”的展示。特写画面的运用和典型的细节、情节是相互关联的，特写画面的运用是捕捉典型的细节和情节常用的手法。在公共形象识别上，细微之处易显人格，也最“动人”，它是领导者公共形象“公共性”和“社会性”的重要依据。特写镜头是最善于渲染情绪、抒发情感的镜头，它能带给人极强的震撼力和感染力，对领导者形象的塑造有很大的帮助作用。

CBS 的著名新闻主播丹·拉瑟曾经说过：电视新闻需要“瞬间”，一条电视新闻中至少应该有两到三个“瞬间”。何谓“瞬间”？拉瑟解释说就是让电视观众看到新闻事件的同时，能感觉到它，嗅到它，知道它。[②]“胡锦涛总书记踏雪看望坝上村民”这条新闻就运用了很多特写镜头，起到了渲染氛围和感染人心的作用。例如胡锦涛紧紧握住唐秀英老人的手的特写镜头所体现的总书记对老人的关爱，还有对村民屋外已经

---

① ［美］杰克·普拉诺等．政治学分析辞典［M］．北京：中国社会科学出版社，1986：81.

② 王纬主编．镜头里的第四势力——美国电视新闻节目［M］．北京：北京广播学院出版，1999：77.

冻上一层霜的土豆的特写所渲染出来的天气的寒冷和总书记不顾严寒来到坝上的一种对人民群众疾苦的关心的情感。又如温家宝总理 2005 年元旦来到陕西铜川因矿难遇难的陈家山煤矿副总工程师牛铁奇家里，记者捕捉到了温总理搂着牛铁奇的儿子潸然泪下的感人情节，这个画面不仅给观众带来了强烈的震撼力也有力地塑造了温总理的形象。

其五，以报道方式的联动提高传播效果。

报道方式是报道策划中一个具有无穷变数的课题，媒体从业人员工作者需要在充分发挥主观能动性前提下，遵循新闻传播规律，根据实际情况，从全媒体传播角度把不同的报道方式结合起来、联动起来，各取所长，进行综合、重构，通过多侧方、多角度、全方位、多层次的报道，展示危机事件中领导者活动的全景、全貌、全过程，使新闻信息资源配置效能达到最优化，而求产生最佳的传播效果。一般说来，报道选题越是重要，报道规模越大，就越需要整合运用多种报道方式。在信息高度发达的今天，独家新闻已越来越难以实现，因此，解读新闻已经成为媒体之间相互竞争的武器。适当地对领导者活动的新闻进行深度分析和评论会给受众带来耳目一新的感觉。例如 2006 年 11 月胡锦涛主席访问越南并参加 APEC 会议的新闻，越南为胡锦涛主席举行的欢迎仪式上越南的两位国家元首国家主席阮明哲和越共中央总书记农德孟都陪同在胡锦涛左右，其他电视台的新闻只是按部就班地对此做了报道，而凤凰卫视的新闻却通过连线评论员指出有两位国家元首共同出席欢迎仪式这是十分罕见的，这不仅体现了越南对胡锦涛主席访越的高度重视也体现了中国国力的崛起。同样，每年的 APEC 会议各国领导者都会身着举办国的传统服装合影留念，凤凰卫视评论员从合影的安排上进行深入分析并指出越南方面打破国际惯例，将胡锦涛主席安排在东道主越南国家主席阮明哲身旁，这体现了中国的大国地位和国际影响力的日益增强，这种通过深入分析得出的新信息其影响力与吸引力和独家新闻的效果几乎是相当的。2013 年 12 月 28 日中午 12 点 20 分中共中央总书记习近平在中办副主任丁薛祥的陪伴下，走进庆丰包子铺，排队、点餐、付钱、吃饭、和其他食客交谈、合影。12 月 28 日下午 1 点 20 分。加 V 认证为“时事评论员”的“四海微传播”在自己的新浪微博上首发了这条消息：“我没看错吧？！习大大来庆丰吃包子啦！果断上图。”一分钟后，有 900 万粉丝的新华社认证账号“新华视点”转发了这条微博。对国家领导人来说，“走基层”是政治生涯中非常普遍的标准动作。在新媒体环境中如何利用恰当的时机和合适的手段进行形象塑造依然是一个课题。

危机管理是一个涉及多学科的交叉研究领域，而危机传播则是以传播学为核心，由心理学、社会学、新闻学等诸多学科融汇组合而成的新兴研究方向。我们需要积极开展危机心理服务和干预方面的研究，通过电视传播手段对人们进行舆论引导的同时进行心理疏通，帮助其树立正确的人生理念，使其在危机事件中，表现出正常、良好、和谐的心理状态。

结 语

今天的世界日益纷繁复杂，尚处发展中的我国社会，面临着非常多复杂的国际问题和国内问题，目前达成的共识是一定要和平发展而不能发生激烈的武装动乱和其他任何一种可能的动乱，因此要将各种社会矛盾都限定在最小范围的影响之内进行处理。但是，新媒体裹挟着全球化时期的现代受众需求，将传统社会中原本不会引人注意的各种突发事件急剧扩大，越是想控制的，越是无法控制住，而各种网络言论的背后主导因素也呈现出逐渐嬗变的受众认知特点。

就全球化而言，从最早期的全球人员流动到货币流动，一直到媒介全球化带来的信息流动和由信息流动带来的文化符号流动，这一流动在电视媒介依靠卫星技术占领全球开始，就使人类历史进入了新的阶段，进入新媒体时期，更是出现了全新的交流和互动模式。不同国家和地区的人都可以通过即时通讯、社交网络以及分享同一个视频、加盟同一个话题组讨论同样的问题，关注同样的事件或者人物。因此加快了真正的全球一体化的速度。在这一轮全球化的过程中，有关技术会带来什么已经无法再进行清晰地预测，所以这一个时期呈现出后现代的诸多特征。在全球化的过程中，媒介产品生产的本地化或者差异化也是全球化的一部分，尤其是从媒体营销的视角看，如果没有差异化的产品，则不可能获得全球市场的认同。

就我国当下社会而言，在经历了漫长历史时期的封闭之后，一个十几亿人口的东方传统大国开始了她的艰难转型，这种转型之痛是任何一个中国人都没有经历过的，也是任何一个中国人作为个体无法预测和掌控的。在这种艰难转型中，新媒体的兴起格外引人注目，可以说，它的发展打破了所有以往我国任何一种企业或者事业的发展模式。大量的顶尖级人才迅速汇集、大笔资金迅速投入、各种社会资源迅速跟进，创意和探索充斥在所有相关的角落，在越来越多的手段应用和产品开发过程中，受众参与形成了一股洪流，彰显出社会资源广泛动员、现代化企业规范化发展的一种巨大的民间活力和创造力。但同时也带来了意识形态权威被解构、主流被碎片化等新问题。

新媒体的技术提供了一种全世界民众共享的信息平台，比如即时通讯、微博、微信、网络视频、手机客户端等，将全世界迅速连为一体，因此创造了我国信息流动不可遏制的新局面，显示出我国新媒体正在将其生产场域具有的经济资本优势转化为一种年轻的政治力量，一方面表现出推动社会进步的活力，另一方面，带有十分不确定和不明晰的文化色彩，对当下社会传统意识形态的健康和平安转型形成了不确定的影响。对此，我国各类传统媒体业已开始行动起来，通过各种形式接轨新媒体，开展融合发展的路径探索。在这种情势下，享受着特殊身份和国家政策保护的我国电视媒体，在依然还拥有相对主流话语权和传播影响力的前提下，尽可能积极寻求新媒体的融合就具有了别样的重大意义。这一重大意义与我国国际话语权的建构、现代文明社会的形成和发展、国家安定与和平等重大话题密切相关。作为文化产品生产的一部分，电视新闻巨大的影响力对引领社会风尚、建设积极的舆论环境、启蒙民众构建理性社会具有重大的作用。

因此，在以集体主义文化为基础的中国社会，调动一切可调动的资源，积极充实电视媒体生产过程中的各种要素，时刻盘点管理中的问题并及时予以解决，除了用收视率和创收指标考核之外，还需要站在更高的高度，用现代公共管理的绩效考核推动电视人。电视人需要在新闻生产中负起社会责任，准确把脉我国社会转型脉搏，实现舆论引导的创新要求，促进与新媒体的有机融合，保障我国社会的良性运转和顺利转型。

随着传播技术的不断发展和互联网的不断普及，网络这个新兴的“舆论场”正在社会中发挥着越来越显著的作用，也吸引了越来越多受众的眼球，电视媒体如何在众多新媒体中赢回自己的原有地位，继续保持影响力和公信力，除了要利用外部网络的优势之外，媒体自身也要创新，加强传播理论的探索，准确把握受众心理的变化，有效发挥电视传播的影响，需要我们每一个从事、学习和研究电视的个体为之奋斗。

主要参考文献

［1］[美]塞缪尔·亨廷顿.文明的冲突与世界秩序的重建［M］.北京：新华出版社，2005.

［2］[美]沃尔特·李普曼.公众舆论［M］.上海：上海人民出版社，2002.

［3］[英]麦克奈尔.政治传播学引论［M］.北京：新华出版社，2005.

［4］[美]马克·波斯特.第二媒介时代［M］.南京：南京大学出版社，2000.

［5］[美]大卫·阿什德.传播生态学——控制的文化范式［M］.北京：华夏出版社，2003.

［6］[法]古斯塔夫·勒庞.乌合之众：大众心理研究［M］.北京：中央编译出版社，2000.

［7］[法]皮埃尔·布尔迪厄.关于电视［M］.沈阳：辽宁教育出版社，2000.

［8］[美]约瑟夫·奈.软力量——世界政坛成功之道［M］.北京：东方出版社，2005.

［9］[英]麦奎尔等.大众传播模式论［M］.上海：上海译文出版社，1987.

［10］[美]苏珊·朗格.情感与形式［M］.北京：中国社会科学出版社，1986.

［11］[美]塞伦·麦克莱.传媒社会学［M］.北京：中国传媒大学出版社，2005.

［12］[美]赛佛林、坦卡德.传播理论：起源、方法与应用［M］.北京：华夏出版社，2000.

［13］陆学艺.当代中国社会流动［M］.北京：社会科学文献出版社，2004.

［14］甘惜分.新闻理论基础［M］.北京：中国人民大学出版社，1982.

［15］刘建明.舆论传播［M］.北京：清华大学出版社，2001.
［16］廖永亮.论调控学［M］.北京：新华出版社，2003.
［17］陈力丹.舆论学［M］.北京：中国广播电视出版社，1999.
［18］管文虎.国家形象论［M］.成都：成都科技大学出版社，2000.
［19］刘建明.当代舆论学［M］.西安：陕西人民教育出版社，1990.
［20］王纬.镜头里的第四势力——美国电视新闻节目［M］.北京：北京广播学院出版，1999.
［21］胡任.大众传播效果［M］.北京：新华出版社，2000.
［22］沙莲香.社会心理学［M］.北京：中国人民大学出版社，1987.
［23］钟大年、赵淑萍、胡芳.香港内地传媒比较［M］.北京：北京广播学院出版社，2002.
［24］张国良.新闻媒介与社会［M］.上海：上海人民出版社，2004.
［25］郭庆光.传播学教程［M］.北京：中国人民大学出版社，1999.
［26］常昌富、李依清.大众传播学：影响研究范式［M］.北京：中国社会出版社，2000.
［27］蔡铭泽.新闻传播学［M］.广州：暨南大学出版社，2004.
［28］石长顺.电视传播学［M］.武汉：华中理工大学出版社，2000.
［29］曾文经.传媒的魔力：领袖人物运用传媒力量纪实［M］.北京：时事出版社，2001.
［30］虞达文.新闻心理学［M］.北京：新华出版社，2001.
［31］陈福今、唐铁汉.公共危机管理［M］.北京：党建读物出版社，2006.
［32］胡智锋.电视美学大纲［M］.北京：北京广播学院出版社，2003.
［33］高世明.实用电视新闻［M］.北京：中国广播电视出版社，2000.
［34］孙晶.文化霸权理论研究［M］.北京：社会科学文献出版社，2004.
［35］黄匡宇.电视新闻语言学［M］.北京：中国广播电视出版

社，2000.

［36］胡百精.危机传播管理［M］.北京：中国传媒大学出版社，2005.

［37］喻国明.中国大众媒介的传播效果与公信力研究［M］.北京：经济科学出版社，2009.

［38］张龙德.广告法规案例教程［M］.上海：上海大学出版社，2006.

［39］史安斌.危机传播与新闻发布［M］.广州：南方日报出版社，2004.

［40］薛澜等.危机管理：转型期中国面临的挑战［M］.北京：清华大学出版社，2005.

［41］陆晔.电视时代——中国电视新闻传播［M］.上海：复旦大学出版社，1997.

［42］刘京林.大众传播心理学［M］.北京：北京广播学院出版社，1997.

［43］时统宇.中国电视世纪悖论：人文精神与世俗精神的碰撞和紧张［M］.北京：北京广播学院出版社，2004.

［44］滕守尧.审美心理描述［M］.成都：四川人民出版社，1998.

［45］杨仁忠.公共领域论［M］.北京：人民出版社，2009.

［46］王菲.数字新媒体时代下的媒介融合论［M］.南京：南京日报出版社，2007.

［47］叶子.电视新闻节目研究［M］.北京：北京师范大学出版社，1999.

［48］蔡凯如等.穿越视听时空：广播电视传播论［M］.北京：新华出版社，2003.

［49］王永利.电视新闻学概论［M］.北京：北京广播学院出版社，1990.

［50］赵士林.突发事件与媒体报道［M］.北京：复旦大学出版社，2006.

［51］沈国麟.控制沟通：美国政府的媒体宣传［M］.上海：上海人民出版社，2007.

后　记

对我而言，进行广播电视方面的研究是自己喜爱的事情。在研究中虽然难免遇到困难与挫折，但通过阅读不同学术领域的论著、把知识应用于实践中，带给自己的不仅仅是成功的喜悦，更多的是一种认识新事物、发现新规律的满足感与充实感，感觉最深的就是辛苦与成功的融合、压力与动力的并存。

时至今日，专著终于得以完成，既是对前期研究成果的一个浓缩，也更坚定了我继续在该领域内做进一步研究的决心和信心。这其中深藏着我对同事、学生和亲人的感激之情和感恩之心。

首先要感谢的是课题组的全体成员，从他们的身上我学到了科学的研究方法、严谨的学术作风、勤奋的工作态度以及正直的思想品格，这都是我人生巨大的精神财富，在今后的科研工作中必将对我产生深远的影响。

其次要感谢浙江卫视的王水明先生提供的鲜活的实践成果，也感谢浙江传媒学院新闻与传播专业硕士班的杨梓、白明琴、刘媛媛、邢瀚元和缪玲丹等同学提供的扎实的调研成果，他们对我的工作和研究给予了很多切实和及时的帮助，让我感到朋友和师生之间的深厚情意。

最后，还要感谢在撰写本书过程中，我们参考、引用的文章、报道的作者们。由于很多是通过互联网上获得的信息，还有一些内容根本无法知晓其作者，我对他们的文章和观点做了大量的引用，谢谢他们在研究上所做出的贡献，和对本书的贡献。

由于自己的专业知识水平有限，本书如有不当或错误之处，尚祈读者指教。

黄鸣刚

2016 年 10 月 7 日